서울·수도권 사계절 걷기 여행 코스 59

언제나 걷기 좋은
서울 둘레길

강세훈·이강 지음

비타북스

| 개정판 서문 |

"휴식과 문화 체험이 공존하는 서울 둘레길"

2015년 첫 출간되었던 〈사계절 걷기 좋은 서울 둘레길〉이, 2025년 개정판 〈언제나 걷기 좋은 서울 둘레길〉이란 새 이름으로 다시 여러분께 인사드립니다.

이 책은 여행을 사랑하는 여러분 덕분에 10년이란 시간 동안 서점에서 꾸준히 만날 수 있었고, 대만 번역판도 출간되었습니다. 그 사이, 책에서 소개했던 서울 둘레길과 서울의 많은 길들이 변모했습니다.

이번 개정판에서는 전면 개편된 서울 둘레길 2.0 21코스와 새롭게 발견한 서울 근교의 수변길 및 숲길을 담았습니다. 도보 여행의 즐거움을 배가시킬 즐길거리와 먹거리, 친절한 교통 안내와 지도 등 정보를 알차게 담았습니다. 시대의 흐름과 독자 여러분의 니즈를 반영하여 코스의 특징과 세부 정보를 업데이트하고, 더욱 풍성한 이야기를 덧붙였습니다.

둘레둘레 세상으로 나아가는 걸음

'둘레'는 하나의 큰 동그라미이자 '너와 나, 우리'라는 공동체의 의미를 내포합니다. 우리가 흔히 쓰는 '둘레둘레 길을 걷다'라는 표현처럼, 걷는다는 것은 그저 앞만 보고 나아가는 것이 아니라, 우리가 사는 둘레를 살피는 마음을 담는 행위입니다. 작게는 나의 곁과 이웃, 크게는 세상의 삶과 풍경을 너른 시선으로 바라보는 마음이죠.

그렇기에 서울 도보 여행의 가장 큰 매력은 '휴식'과 '문화 체험'의 조화입니다. 바쁜 일상 속에서도 잠시 쉬어가고, 동시에 깊이 있는 역사와 문화를 탐험하며 나의 둘레를 확장하는 경험을 할 수 있습니다.

세계인이 걷고 싶은 최고의 도보 여행지 서울

최근 서울은 전 세계인의 이목을 집중시키는 최고의 도보 여행지로 자리매김했습니다. 지난 8월 말 기준 서울을 찾은 외래 관광객이 540만 명을 넘어서며 전년 대비 무려 373.6%라는 놀라운 증가율을 기록했습니다. 전 세계 도시 중 '혼자 여행하기 좋은 도시' 1위로 꼽히기도 했습니다. 외국인 관광객의 88%가 서울 방문 목적으로 '여가, 위락, 휴식'을 꼽는다는 통계는 도보 여행이 선사하는 치유와 체험이 전 세계인의 마음을 사로잡았다는 것을 보여줍니다. 특히 요즘 전 세계를 뜨겁게 달군 화제작, 넷플릭스 애니메이션 <케이팝 데몬 헌터스(K-Pop Demon Hunters)>(이하 케데헌)의 돌풍은 한국 문화의 힘을 다시 한번 입증하고 있습니다. <케데헌>은 한국을 주요 소재와 배경지로 삼고 있습니다. 이처럼 K-콘텐츠의 배경이자 영감의 원천이 되는 곳들이 바로 우리가 두 발로 걸을 수 있는 서울의 '둘레길' 안에 있습니다.

역사와 문화, 도시와 현재가 공존하는 공간을 걷다

조선왕조 500년의 역사와 문화, 현재의 삶과 이야기가 공존하는 한국의 서울은 <케데헌>의 스토리처럼 과거와 현재가 공존하며 특별한 풍경을 그려냅니다. 주요 배경이 되었던 한양도성의 낙산 구간은 고즈넉한 성곽길을 따라 드라마틱한 서울의 풍경을 선사하고, 북촌 한옥마을은 옛 정취가 묻어나는 한옥들과 아기자기한 골목길, 그리고 현대적 감각의 공간들이 어우러져 어디서든 인생샷을 남길 수 있는 명소로 각광받고 있습니다. 인사동 거리에서는 한국의 아름다운 전통 민속품과 공예품들을 직접 만나볼 수 있으며, 과거와 현재의 공예 예술이 어떻게 조화를 이루는지 확인할 수 있습니다. 활기 넘치는 전통시장들은 김밥, 떡볶이, 국밥 등 한국인의 소울푸드를 맛볼 수 있는 미식의 천국이자, 현지인들의 활기를 그대로 느낄 수 있는 살아 있는 로컬 문화 공간입니다. 이뿐만 아니라 걸으면서 만나는 웅장한 고궁과 박물관들은 깊이 있는 역사와 문화를 직접 체험하고 배우는 데 더 없이 좋은 장소입니다.

길을 걷는 동안 우리는 더 넓은 세상과 연결됩니다. 길 위에서 마주하는 작은 꽃, 커다란 나무, 골목 이웃들의 정겨운 풍경은 삶의 이야기를 만들어줍니다.
이 책을 들고 서울의 다양한 길을 걸으며, 당신만의 둘레와 특별한 이야기를 만들어가시길 응원합니다.

2025년 걷기 좋은 어느 날
강세훈·이강

| 초판 서문 |

"사계절 걷기 좋은 서울 둘레길 여행, 준비되셨나요?"

일반적으로 '여행'이라고 하면 지금 사는 곳을 벗어나 몇 날 며칠을 보내고 오는 것으로 생각합니다. 누구나 여행을 통해서 몸과 마음에 휴식과 안정을 찾고 싶지만, 어디론가 멀리 떠나야 한다는 생각에 주저하게 됩니다. 시간과 경제적인 사정 때문입니다. 그렇다면 둘레길 걷기 여행은 어떨까요? 둘레길 걷기 여행은 숲이나 도심의 정해진 코스를 따라 걸으며 자연을 즐기고 문화유적을 살펴보는 것으로, 걸음을 뗀 그 순간부터 여행은 시작됩니다. 잠깐이라도 도심을 벗어나 걷는 것만으로도 스트레스에 많이 노출된 현대인에게 힐링의 효과가 있습니다. 또한, 주요 여행지를 걸어서 이동하기 때문에 서울에서도 가깝고 하루 안에 돌아볼 수 있어 많은 사람에게 사랑을 받고 있습니다.

〈사계절 걷기 좋은 서울 둘레길〉은 서울과 서울 근교 걷기 여행에 최적화된 60개의 길을 서울 둘레길 1~8코스와 한양 성곽길, 한양도성 도심순례길, 서울 근교 섬·강변길, 서울 근교 숲길로 선별하였습니다.
서울 둘레길은 총 157km로 크게 서울 중심부를 연결하는 내사산 둘레길과 외곽을 연결하는 외사산 둘레길로 나뉩니다. 내사산 둘레길은 남산, 낙산, 인왕산, 북악산과 4대문과 4서문을 잇는 길로 서울의 아름다운 생태, 역사,

문화자원을 천천히 걸으며 체험할 수 있는 걷기 코스입니다. 그리고 외사산 둘레길은 용마산, 관악산, 북한산을 중심으로 경기도 외각으로 이어진 대모산, 수락산, 봉산, 아차산 등의 능선을 따라 걷는 길입니다. 〈사계절 걷기 좋은 서울 둘레길〉은 서울 둘레길을 걸으며 숲길과 안양천, 불광천 등 제방이나 둔치길을 연결한 하천길, 그리고 공원 녹지를 연결한 마을길을 함께 즐길 수 있도록 코스를 소개합니다. 더불어 서울에서 가깝고, 한나절이면 돌아볼 수 있는 서울 근교의 둘레길을 담아 온 가족 나들이 장소로, 연인들의 데이트 코스로, 나만의 사색을 즐길 수 있는 장소로 손색이 없습니다.

걷기 여행은 향이 좋은 차를 천천히 음미하며 마시듯, 자연과 함께 걸어가며 내면을 돌아보는 힐링 여행입니다. 이제 서울 둘레길을 걸으며 서울 도심의 현대적인 풍경 속에 지난 역사와 문화 그리고 삶을 살피고, 서울 외곽과 수도권의 경계를 따라 이어지는 자연을 한껏 만끽하시길 바랍니다. 더불어 책을 쓰기까지 도움 주신 '숲을 찾는 사람들'의 회원들과 서울시 자연생태과 김승렬 주무관님, 책을 쓸 기회를 주신 비타북스 출판사 관계자 여러분께 감사의 말씀을 드립니다.

2015년 걷기 좋은 봄날
강세훈 · 이강

둘레길
살펴보기

서울둘레길 2.0코스

기존 8코스 → 21코스
코스당 평균 소요 시간 약 3시간
평균 코스 길이 약 8km
난도 상 중 하
총길이 156.5km

- ① 코스 수락산 6.3km
- ② 코스 덕릉고개 5.4km
- ③ 코스 불암산 6.9km
- ④ 코스 망우·용마산 7.7km
- ⑤ 코스 아차산 4.6km
- ⑥ 코스 고덕산 9.3km
- ⑦ 코스 일자산 7.7km
- ⑧ 코스 장지·탄천 8.6km
- ⑨ 코스 대모·구룡산 10.7km
- ⑩ 코스 우면산 7.6km
- ⑪ 코스 관악산 5.7km
- ⑫ 코스 호암산 7.3km
- ⑬ 코스 안양천 상류 8km
- ⑭ 코스 안양천 하류 10.2km
- ⑮ 코스 노을·한강공원 7.7km
- ⑯ 코스 봉산·앵봉산 9.1km
- ⑰ 코스 북한산 은평 5.9km
- ⑱ 코스 북한산 종로 7.4km
- ⑲ 코스 북한산 성북 6km
- ⑳ 코스 북한산 강북 7.1km
- ㉑ 코스 북한산 도봉 7.3km

서울 둘레길 · 한양 성곽길 · 한양도성 도심순례길

이 책에서는 서울 둘레길 21코스와 한양 도성길 그리고 그 안의 세부적인 길들을 한양 성곽길과 한양도성 도심순례길로 나누어 소개한다.

서울 둘레길은 새롭게 개편된 '서울 둘레길 2.0'으로 21코스를 안내한다. 서울시에서 지정한 코스로 가볍게 한나절 동안 산책하듯 둘러볼 수 있도록 거리와 난도를 표시했다. 모두 3시간 이내로 다녀올 수 있는 길로 부담없이 즐길 수 있다.

한양 성곽길은 한양 성곽을 따라 내사산(남산, 낙산, 인왕산, 북악산) 및 4대문을 잇는 한양도성을 한 바퀴 도는 순환 코스로 장엄한 성곽의 위용과 곳곳에 남아 있는 문화유적을 둘러볼 수 있다. 문화 공간, 휴식처, 편의 시설이 잘 마련되어 있어 누구나 안전하고 쉽게 도심 산책을 즐길 수 있다.

한양도성 도심순례길은 내사산 산줄기를 중심으로 4대문과 4소문을 돌아보는 코스다. 조선왕조 500년의 역사가 살아 숨 쉬는 길로 광화문과 경복궁, 종로와 청계천, 4대문과 4소문 일대의 문화유적을 걷고, 도성 안팎의 북촌, 서촌, 북정마을 등을 소개한다. 서울의 숨겨진 문화 공간과 맛집이 즐비하여 가족 나들이나 연인들의 데이트 코스로 각광받는 길이기도 하다.

서울 근교 숲과 수변길

서울 근교 숲과 수변길은 문화유산을 답사하고, 산, 들, 강, 고개, 갯벌을 걸으며 한나절 휴식을 취하기 좋은 길이다. 서울과 멀지 않아 접근성이 좋고 지역 특색이 살아 있어 독특한 볼거리가 있다.

이 책의 활용법

❶ 둘레길의 시작점과 도착점에 가까운 지하철역이나 버스 정류장을 표시했다.

❷ 하루에 돌아볼 수 있도록 코스를 나누고 둘레길 이름을 설명했다.

❸ 둘레길의 시작점과 도착점의 행정구역을 표시했다.

❹ 각 코스마다 별점으로 지수를 표시했다.

　둘레길 지수 추천의 정도를 나타낸다.
　난도 총거리와 코스의 경사도를 중심으로 별점을 부여했다. 별 1~2개는 남녀노소 누구나, 별 3~4개는 2시간 이상 걸을 수 있는 사람들에게, 별5개는 걷기에 숙련된 사람들에게 추천한다.
　산소 삼림욕하기 적당한 숲인지 여부를 표시했다.
　흙길 포장길의 정도 여부를 표시했다.
　볼거리 각 코스의 풍경, 유적지, 전시관이나 공원 등 볼거리의 정도이다.

❺ 전체 코스에 대한 전반적인 설명과 눈여겨볼 주요 지점에 대한 정보를 담았다.

❻ 소요 시간은 휴식 시간이나 즐길거리를 탐방하는 시간을 포함하지 않는 실제 걷는 시간이다. 개인의 걷는 속도에 따라 코스를 완주하는 시간은 다를 수 있다.

❼ 걸을 때 주의해야 할 지점을 설명했고, 헷갈리거나 필히 확인해야 할 부분은 '말풍선' 안에 표시했다.

❽ 코스별로 나누어 눈여겨봐야 할 지점을 설명한다.

❾ 코스 외에 주변에 즐길거리를 간단한 팁으로 소개한다.

❿ 각 코스상에서 만나는 역사 및 문화 유적지나 체험장, 둘레길에서 가깝게 식사할 수 있는 식당, 카페, 지명의 유래를 소개하여 걷기 여행의 즐거움을 더한다.

⓫ 둘레길 코스를 한눈에 살펴볼 수 있는 지도로, 도보길 내 주요 지점들을 표시했다. 주택가를 지나가거나 길이 복잡한 경우에는 주요 지점을 함께 명시했다.

⓬ 둘레길 코스의 총 거리와 걷는 시간을 표시했다.

⓭ ⓮ 지하철과 버스, 자가용으로 나누어 교통편을 정리했다. 지하철과 버스로 환승해야 할 경우, 버스 환승법과 출발점 찾아가는 방법을 명시했다. 자가용은 내비게이션에 검색하기 편리한 키워드를 명시했다.

걷기 여행을 위한 TIP

● **필수 준비물**

배낭, 트레킹화(또는 경등산화로 발목까지 목이 올라오는 미드 컷 신발), 아웃도어 재킷, 우비, 구급 약품, 헤드랜턴, 가벼운 신발, 비상식량, 식수 등.

● **걷기 여행 옷차림**

숲길은 여름에도 시원해서 오랫동안 머물면 한기가 느껴진다. 꼭 고어텍스 제품이 아니더라도 가벼운 방풍 재킷을 여벌로 챙기면 좋다. 신발은 뒤축에 새끼손가락이 빡빡하게 들어갈 수 있는 정도의 사이즈를 선택하고, 무거운 신발보다는 경등산화 또는 트레킹화를 신는 것이 편하다. 평편한 숲길을 걸을 때는 발목 아래로 오는 것을, 자갈이나 경사가 높은 곳을 걸을 때는 발목까지 오는 것을 선택한다. 여름철에는 땀 배출이 원활하게 이루어질 수 있도록 메쉬 소재의 신발을 신는다.

겨울에는 눈길을 걷기 위해 아이젠과 스패츠를 꼭 준비하고 가죽으로 만든 등산화가 좋다. 쉼터에서 쉴 때는 가벼운 신발로 갈아 신어 발을 잠시 쉬게 해주는 것도 장시간 길을 걷는 방법이다. 가방은 어깨에 메는 배낭이 편하다.

● **올바른 걷기 법**

사람들은 걷는 것을 아주 쉽게 생각한다. 하지만 둘레길을 걸을 때는 산을 오르거나 짧게는 5km, 길게는 15km 이상을 걷게 된다. 생각보다 많은 거리를 걷기 때문에 올바른 걷기 법이 필요하다. 반드시 출발 전에 스트레칭으로 가볍게 몸을 풀어주고 무리해서 걷는 속도를 올리지 말아야 한다. 걷기 운동이 건강에 도움이 된다고 해서 빠른 속도로 걷는 것을 선호하는 사람들이 많은데, 오랫 동안 걸을 때는 오히려 금방 지칠 수 있다. 숨이 약간 가쁜 상태로 걷는 것이 좋다. 걸을 때는 가슴을 펴고 정면을 바라보고 팔은 자연스럽게 흔든다. 걷기 여행을 마쳤을 때는 마무리 스트레칭을 하여 뭉친 근육을 풀어주는 것도 잊지 말자.

| 차례 |

개정판 서문 휴식과 문화 체험이 공존하는 서울 둘레길 3
초판 서문 사계절 걷기 좋은 서울 둘레길 여행, 준비되셨나요? 6
둘레길 살펴보기 8
이 책의 활용법 10
걷기 여행을 위한 TIP 13
INDEX 344

PART 01
서울 둘레길 21코스

1코스 수락산 참나무 오형제가 이웃한 숲길 도봉산역 → 당고개공원 갈림길 24

2코스 덕릉고개
도시와 자연을 잇는 생태길 당고개공원 갈림길 → 상계동 나들이철쭉동산 28

3코스 불암산
하늘을 품은 포근한 소나무 숲길 상계동 나들이철쭉동산 → 화랑대역 32

4코스 망우·용마산 도시와 자연을 잇는 나들이길 화랑대역 → 깔딱고개 쉼터 36

5코스 아차산 사람과 역사를 잇는 길 깔딱고개 쉼터 → 광나루역 42

6코스 고덕산 한강을 따라 펼쳐지는 역사길 광나루역 → 명일근린공원 48

7코스 일자산 세계가 인정한 아름답고 걷기 좋은 길 명일근린공원 → 오금1교 52

8코스 장지·탄천 자연생태가 복원된 도시 하천길 오금 1교 → 수서역 58

9코스 대모·구룡산 야생화 향기 가득한 숲길 수서역 → 매헌시민의숲 62

10코스 우면산
꽃길과 숲길이 어우러진 사계절 걷기 좋은 길 매헌시민의숲 → 사당역 68

11코스 관악산 민속신앙과 불교가 만나는 소나무숲길 사당역 → 관악산역 72

12코스 호암산 호랑이 기운이 살아 숨 쉬는 바위산길 관악산역 → 석수역 76

13코스 안양천 상류 하천을 따라 걷는 기분 좋은 산책길 석수역 → 구일역 82

14코스 안양천 하류 물길과 자연이 조화로운 길 구일역 → 가양역 86

15코스 노을·하늘공원 복원된 난지도 공원길 가양역 → 증산역 90

16코스 봉산·앵봉산 해 질 녘 낙조가 아름다운 길 증산역 → 구파발역 96

17코스 북한산 은평 하늘과 맞닿은 구름정원길 구파발역 → 북한산생태공원 102

18코스 북한산 종로
뚜벅뚜벅 북한산을 넘어 평창마을로 북한산생태공원 → 형제봉 입구 106

19코스 북한산 성북 사색에 잠겨 걷는 호젓한 숲길 형제봉 입구 → 화계사 입구 110

20코스 북한산 강북 역사를 더듬는 순례길 화계사 입구 → 북한산우이역 116

21코스 북한산 도봉 역사의 흔적이 남아 있는 길 북한산우이역 → 도봉산역 120

PART 02
한양 성곽길

인왕산 1코스 서울의 역사와 파노라마 전망이 한눈에 독립문역 → 경복궁역 126

인왕산 2코스 거대한 기암절경과 웅장한 산세 경복궁역 → 윤동주문학관 132

북악산 1코스 한양도성 최고의 산행 코스, 북악산 성곽길 창의문 → 감사원 138

북악산 2코스 용이 길게 누워 있는 와룡공원을 따라 성균관대 후문 → 혜화문 144

낙산 1코스 서울의 몽마르트르, 〈케데헌〉의 주요 배경지 한성대입구역 → 혜화역 150

낙산 2코스 성곽길을 따라 이화벽화마을 골목 탐방 혜화역 → 동대문역 156

동대문 성곽코스 단절된 옛 성곽의 흔적을 따라 동대문역 → 동대입구역 162

남산 1코스 남산순성길의 옛 성곽을 찾아서 동대입구역 원점회귀 168

남산 2코스 남산골 돌아 N서울타워까지 힐링 트레킹 충무로역 → 동대입구역 174

남산 3코스 남산 정상에 올라 남산성곽 회현자락으로 서울역 → 회현역 180

PART 03
한양도성 도심순례길

근대문화 1코스 근대문화 100년 서울 도심 시간 여행 서울역 → 시청역 186

📍 **꼭 들러봐야 할 전통시장**
대한민국 대표 로컬 시장 남대문시장 192

근대문화 2코스 민족의 숨결, 호흡하는 한 걸음 서대문역 → 독립문역 194

📍 **꼭 들러봐야 할 전통시장**
옛 옥바라지 시장에서 독립문 대표 시장으로 독립문영천시장 200

북촌 순례길 K문화의 배경이 되는 공간 안국역 원점회귀 202

📍 **꼭 들러봐야 할 로컬 플레이스**
대한민국 문화 1번지에서 즐기는 K문화 체험 인사동과 익선동 골목 208

서촌 순례길 한옥과 골목길 사이를 한강 작가처럼 천천히 경복궁역 원점회귀 210

📍 **꼭 들러봐야 할 전통시장**
적선골, 통인시장, 세종마을 음식문화거리 서촌의 골목, 시장 한 바퀴 216

북정마을 순례길 한양도성 북악성곽 아래 성북동 문화 투어 한성대입구역 → 북정마을 218

📍 **꼭 들러봐야 할 로컬 플레이스**
성곽 아래 살아 있는 서울의 풍류 한양도성 낙산성곽 아래 369마을 224

고궁코스 조선왕조의 고궁, 500년 시간을 걷다 광화문역 → 혜화역 226

📍 **꼭 들러봐야 할 전통시장**
오감 만족, K푸드 한국인의 맛과 이야기 민족시장 120년, 광장시장 232

청계천 1코스 서울을 관통하는 한양도성의 물줄기 따라 광화문역 → 동대문역 234

📍 **꼭 들러봐야 할 전통시장**
세상 만물상, 없는 것 빼고 다 있다 서울 대표 벼룩시장, 동묘시장 240

청계천 2코스 청계천 따라 삶과 문화가 흐른다 동대문역 → 용두역 242

📍 **꼭 들러봐야 할 전통시장**
충무로 뒷골목에 노포와 힙한 맛집 이야기 충무로 인현시장에서 힙지로까지 248

PART 04
서울 근교 수변길

청계천길 맑은 물이 흐르는 개천 청계광장 → 살곶이다리 252

두물머리 물래길 물안개가 피어오르는 강변 소풍길 운길산역 → 양수역 256

강화 나들길 1코스
256편의 시로 남은 강화 나들길 1코스, 심도문화역사길 강화시외버스터미널 → 갑곶돈대 260

강화 나들길 9코스
자연과 감성, 추억으로 떠나는 시간 여행 역사길 월선포선착장 원점회귀 266

한탄강 물윗길 주상절리가 아름다운 길 철원역사문화공원 → 한탄강은하수교 272

서해랑길 91코스 해 질 무렵 낙조가 아름다운 길 대부도관광안내소 → 해솔길캠핑장 278

새우젓장수의 길 어서와! 마포 이곳은 처음이지? 마포종점비 → 월드컵경기장 282

경기 둘레길 시흥 53코스 생태계의 보고, 갯골을 걷다 관곡지 → 시흥갯골생태공원 286

경기 둘레길 김포 1코스
황금색 들판과 덕포진 일몰이 아름다운 길 대명항 → 문수산성 입구 290

경기 둘레길 여주 34코스 금빛 모래 밟으며 떠나는 길 신륵사 → 강천보 294

PART 05
서울 근교 숲과 공원길

구로 올레길 산림형코스
구로 아리랑을 흥얼거리는 숲길 광명사거리역 → 계남근린공원 입구 300

남산산성 둘레길 역사의 향기가 살아 숨 쉬는 산성길 남한산성 로터리 원점회귀 304

경기도 잣향기푸른숲 임도길 마음이 치유되는 숲길 잣향기푸른숲길 원점회귀 308

경기 둘레길 25코스 최초 치유의 숲 산음자연휴양림 휴양관 → 건강증진센터 312

동작충효길 정조 행차의 길목, 노량진과 동작진 숭실대 입구 → 마포대교 316

양평 물소리길 1코스 놀멍쉬멍 걷는 양평 올레길 양수역 → 신원역 320

증미산 가는 길
상상력이 빚어낸 공원, 월드컵공원과 문화비축기지 월드컵경기장 → 증미산 324

경기 둘레길 5코스 북녘과 조강을 마주하는 심학산 숲길 이채 사거리 원점회귀 328

화성성곽길 수원의 작은 한양 수원화성 팔달문 원점회귀 334

젓갈장수의 길 만리동 너머 젓갈장수가 걷던 길 마포종점비 → 시청광장길 340

PART 01
서울 둘레길 21코스

1코스 수락산

참나무 오형제가 이웃한 숲길

도봉산역 → 당고개공원 갈림길

서울 둘레길 1코스는 서울창포원을 시작으로 수락리버시티공원을 지나 수락산 만남의 광장과 채석장전망대까지 오르는 코스다. 수락산은 삼림욕을 하기에 좋지만 직접 산을 타면 경사가 높아 오르기 힘들다. 하지만 둘레길을 이용하면 나무 그늘 속에서 천천히 주변을 살펴보며 쉽게 걸어 오를 수 있다. 또한 숲길 사이로 곳곳에 계곡이 있어 지친 발을 담그며 피로를 풀 수 있어 서울 산책로 중 으뜸이다.

둘레길 정보

둘레길	★★★☆☆
난도	★★★☆☆
산소	★★★☆☆
흙길	★★★★★
볼거리	★★★☆☆

🚩 출발점 가는 방법(도봉산역)

- **지하철** 1, 7호선 도봉산역 2번 출구. 오른쪽 정면에 서울창포원이 있음.
- **버스** 107, 140, 150번, 도봉산역에서 하차. 횡단보도 건너서 50m 1호선 도봉산역 방향으로 직진. 정면에 서울창포원이 보임.
- **주차** 도봉산 공영 주차장 이용 가능.

🚩 도착점 가는 방법(불암산역)

- **지하철** 4호선 불암산역 3번 출구로 나와 수락산 당고개공원 입구에 서울둘레길 이정표가 보임. 공원을 가로질러 숲길로 올라서면 당고개공원 갈림길이 나옴.
- **버스** 1138, 1139, 1224번, 흥안운수종점에서 하차. 사거리에서 불암산역 방향으로 약400m 직진. 당고개공원앞에 이정표가 보임.
- **주차** 주차할 곳이 없으니 대중교통 이용을 권장.

서울창포원 입구

서울창포원에서 본 도봉산 풍경

수락리버시티공원

출발 — 도봉산역 ① — 서울창포원 ② — 상도교 ③ — 수락골 ④

① → ④ 사계절 내내 수량이 풍부한 수락산

> 둘레길 중간에 갈림길이 많다. 간혹 이정표가 보이지 않을 때는 숲길 양옆으로 만든 통나무길을 따라 가면 된다.

서울창포원은 약용식물을 주제로 만들어진 공원으로, 꽃창포라 불리는 130여 종의 붓꽃이 만개한다. 화창한 봄날, 생태다리를 건너 붓꽃의 아름다움을 마주하며 걷는 둘레길은 행복하다. 창포원 후문으로 나가 중랑천을 따라 걷다 상도교를 건너면 본격적으로 수락산 밑자락을 걷는 코스의 시작이다. 수락산은 '물이 떨어지는 산'이라는 뜻이다. 수락산 능선 중 남양주 쪽에는 은류, 금류라 불리는 폭포가 있을 정도로 수락산은 물이 맑고 골이 깊다. 수락산광장 위쪽에 있는 팔각정에서 산 쪽을 바라보니 작은 계곡을 따라 졸졸 물이 흐른다. 수락산 둘레길을 걷다 보면 크고 작은 계곡을 곳곳에서 만날 수 있다. 사계절 내내 수량이 풍부해 계곡의 바위는 자연스럽게 쉼터가 된다. 수락산 입구에서 만남의 광장까지는 완만하지만 오르막과 내리막이 반복되어 걷다 보면 이마에 땀이 송글송글 맺힌다. 계곡의 물소리에 귀를 기울이며 천천히 걸어본다.

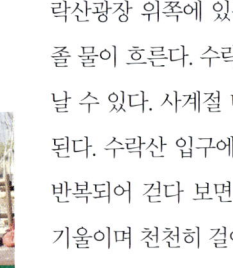
서울창포원 내 조형물

④ → ⑤ 참나무 오형제를 만나러 가는 길

수락골에서 전망대 쪽으로 걸으면 능선에서는 볼 수 없었던 참나무오형제 숲길이 나타난다. 신갈나무는 참나무 중에서 가장 많이 심어진 수종으로, 옛날 짚신을 신던 시절에 '신발 깔창으로 갈아 신는다'고 하여 이름 붙여졌다. 신록이 아름답고 시원한 나무 그늘을 만들어주어 여름에는 시원하고, 가을에는 떨어진 도토리 열매를 주우며 걷는 재미가 있다. 잎이 넓고 잎끝

수락산 구간 이정표

만남의 광장 앞 계곡

덕릉고개 가는 길

```
─────⑤─────────────⑥─────────────⑦─────────  약 6.3km
   노원골          채석장전망대      당고개공원 갈림길    2시간 50분
```

이 부드러운 것은 떡갈나무이고, 잎끝이 톱니처럼 생긴 것은 신갈나무이다. 참나무오형제숲길을 지나가면서 어떤 참나무가 있는지 살펴보는 것도 공부가 된다. 수락산은 곳곳에 갈림길이 많지만 둘레길 이정표가 잘 세워져 있어 길을 잃을 염려가 없다. 또 곳곳마다 나무 의자나 평상 등 쉬어갈 수 있는 곳이 마련되어 있어 산책하듯 걷기에 좋다.

> 수락산 구간은 탈출 경로가 많다. 체력이 약해 오래 걷기가 힘들다면, 무리하지 말고 바로 탈출 경로를 통해 둘레길을 벗어난다.

⑤ → ⑦ 서울의 모든 산이 한눈에 보이는 곳

수락산은 커다란 바위가 겹쳐진 바위산으로 나무가 없는 바위 구간에는 채석장전망대가 조성되어 있다. 수락산 만남의광장을 지나 데크길을 따라 올라가다 살짝 가파른 오르막 바위 길에 있는 채석장전망대에 오르면 사방으로 탁 트인 시야감이 최고다. 서울을 둘러싼 모든 산이 한눈에 들어온다. 정면으로 불암산, 오른쪽으로 인왕산과 백악산이 보인다.

전망대에서 잠시 숨을 돌리고 하산 길로 접어든다. 내려오는 길에 또 다시 참나무 군락지가 나타나고, 당고개공원 갈림길에서 양방향으로 서울 둘레길 이정표가 보인다. 왼쪽 숲길을 따라 가면 덕릉고개를 거쳐 상계동 나들이철쭉동산을 지나는 2코스이고, 오른쪽 내리막길은 불암산(당고개)역 방향으로 이어진다.

수락산 원숭이 바위

2코스 덕릉고개

도시와 자연을 잇는 생태길

당고개공원 갈림길 → 상계동 나들이철쭉동산

노원구

서울 둘레길 2코스는 최초 개통 시에는 불암산을 연결하는 우회로였으나 지금은 정식 코스로 탈바꿈했다. 덕릉고개는 서울시와 남양주시의 경계이자 불암산과 수락산을 잇는 고갯길로 끊어진 곳을 다시 연결한 생태 통로이다. 2코스는 깊은 숲속 길을 따라 오르막과 내리막을 반복하면서 수락산과 불암산의 아름다운 전체 풍경을 조망할 수 있다. 힘든 만큼 도전하고 싶은 욕구를 불러일으키는 구간으로 서울 둘레길 코스 중에 길이는 짧지만 난도가 높다.

둘레길 정보

둘레길	★★☆☆☆
난도	★★★★★
산소	★★★☆☆
흙길	★★★★☆
볼거리	★☆☆☆☆

🔴 출발점 가는 방법(당고개공원 갈림길)

- **지하철** 4호선 불암산역 3번 출구를 나오면 수락산 당고개지구공원 입구에 이정표가 보임.
- **버스** 1138, 1139, 1224번, 흥안운수종점에서 하차. 삼거리 앞 횡단보도를 건너 왼쪽 불암산역 방향으로 직진. 불암산역 3번 출구 앞에 이정표가 보임.
- **주차** 주차할 곳이 없으니 대중교통 이용을 권장.

🔵 도착점 가는 방법(상계동 나들이철쭉동산)

- **지하철** 4호선 불암산역 1번 출구로 나와 직진. 사거리에서 직진하여 갈월어린이공원을 끼고 오른쪽으로 150m 직진하면 이정표가 보임.
- **버스** 1138, 1139, 1224번, 흥안운수종점에서 하차. 사거리에서 오른쪽길로 직진, 갈월어린이공원을 끼고 오른쪽으로 150m 직진하면 이정표가 보임.
- **주차** 주차할 곳이 없으니 대중교통 이용을 권장.

당고개공원 갈림길 스탬프박스

학림사 갈림길 앞

고속도로 아래 데크길 입구

출발 — ① 당고개공원 갈림길 — ② 복천암 — ③ 학림사 갈림길

① → ③ 산속에 있는 출발점 당고개공원 갈림길

서울 둘레길이 최초로 개통할 당시에 2코스는 덕릉고개를 넘어가는 우회로였다. 불암산역을 가로질러 가도록 코스를 설계했다가 우회로가 정식 코스가 되면서 2코스의 시작점은 산 중턱에 위치하게 되었다. 내비게이션으로 당고개공원 갈림길을 검색하면 보광사 뒤편 경사가 급한 길을 안내하는데 제법 힘든 코스이다. 이보다 우회하더라도 수락산 당고개지구공원 입구를 가로질러 실내 배드민턴장 앞 숲길을 따라가면 쉽게 시작점에 갈 수 있다.

당고개공원 갈림길 안내판을 마주하고 왼쪽의 데크길 계단으로 내려가는 것으로 2코스를 시작한다. 수락산 자락은 산줄기가 여러 갈래로 갈라져 있어 우회하여 돌아갈 수 없다. 학림사까지 오르막과 내리막길을 계속 반복해서 걷는 숲길이다. 난도가 높아 안내서에 소개된 시간보다 여유를 가지고 걷는게 좋다.

> 중간에 갈림길이 많아 수시로 이정표를 확인해야 한다.

③ → ④ 산과 계곡을 넘어 덕릉고개 가는 길

각시붓꽃

2코스는 전반적으로 깊은 숲속을 걷는 기분을 만끽할 수 있다. 햇빛이 들지 않는 숲이라 바람이 불면 시원하다. 하지만 숲길이 좁아 마주 오는 사람이 있으면 양보해야만 지나갈 수 있다. 산과 산 사이의 계곡에는 작은 개울이 있어 맑은 물이 흘러내린다. 걷기를 멈추고 계곡물에 족욕을 즐기는 사람들을 제법 볼 수 있다. 곳곳에 쉼터와 내리막길은 데크길로 조성이 되어 있어

덕릉고개 생태 통로

불암산전망대 풍경

나들이철쭉동산

동막골공원 관리사무소 ④ — 덕릉고개 ⑤ — 상계동 나들이철쭉동산 ⑥

약 5.4km
2시간 50분

서 안전하고 편하게 걸을 수 있다. 2코스 주변에는 매점과 같은 편의 시설이 없기 때문에 충분한 식수와 간식을 준비하는 걸 추천한다. 4월에 찾아가면 철쭉 군락지와 곳곳에 피어난 각시붓꽃을 찾아보는 재미가 있다.

④ → ⑥ 편하게 꽃길 따라 불암산 속으로

미끄러운 마사토 흙길을 천천히 오르면 갈림길이 나오고 오른쪽으로 접어들면 덕릉고개이다. 덕릉은 선조의 아버지인 덕흥대원군묘를 추존하기 위해 붙인 별칭으로 남양주시에 있는 덕흥대원군묘에서 고개 명칭을 가져왔다. 덕릉고개를 기준으로 수락산을 벗어나 불암산 자락에 들어선다. 수락산 구간은 변화무쌍한 아이와 같다면 불암산 구간은 중후하고 여유로움이 느껴지는 어른의 모습이다. 2코스를 걸으면서 무척이나 힘들었던 기억을 어루만져 주는 듯한 편안함을 느낄 수 있다.

덕릉고개 철쭉길

덕릉고개는 4월 말이면 양쪽으로 철쭉이 가득한 꽃길이 만들어진다. 많은 사람들이 여기서 걸음을 멈추고 소확행을 즐긴다. 고갯길을 건너면 양쪽으로 갈라지는 갈림길이 나오는데 왼쪽으로 가면 불암산 정상으로 향하고, 오른쪽으로 가야 서울 둘레길이다. 소나무 가득한 내리막길을 따라가다 보면 탁 트인 전망대가 나타나 노원구 일대와 수락산 전체를 조망할 수 있다. 평이한 길을 따라 계속 내려가면 철쭉이 가득한 철쭉동산에 도착하고 팔각정을 지나면 2코스가 마무리된다.

3코스 불암산

하늘을 품은 포근한 소나무 숲길
상계동 나들이철쭉동산 → 화랑대역

불암산 코스는 서울 둘레길 중 가장 편하고 유유자적 걷는 맛이 나는 숲길이다. 이 코스에서는 너른 길과 군데군데 마련된 쉼터, 맨발로 다녀도 좋을 만큼 푹신한 황톳길을 만날 수 있다. 봄이면 만발하는 철쭉동산을 지나 불암산 전경을 볼 수 있는 전망대를 마주하고, 보드라운 황톳길을 쉬엄쉬엄 걷다 보면 어느새 도시 생활의 스트레스와 피로는 말끔히 사라진다.

둘레길 정보

둘레길 ★★★☆☆
난도 ★★☆☆☆
산소 ★★★☆☆
흙길 ★★★★☆
볼거리 ★★★☆☆

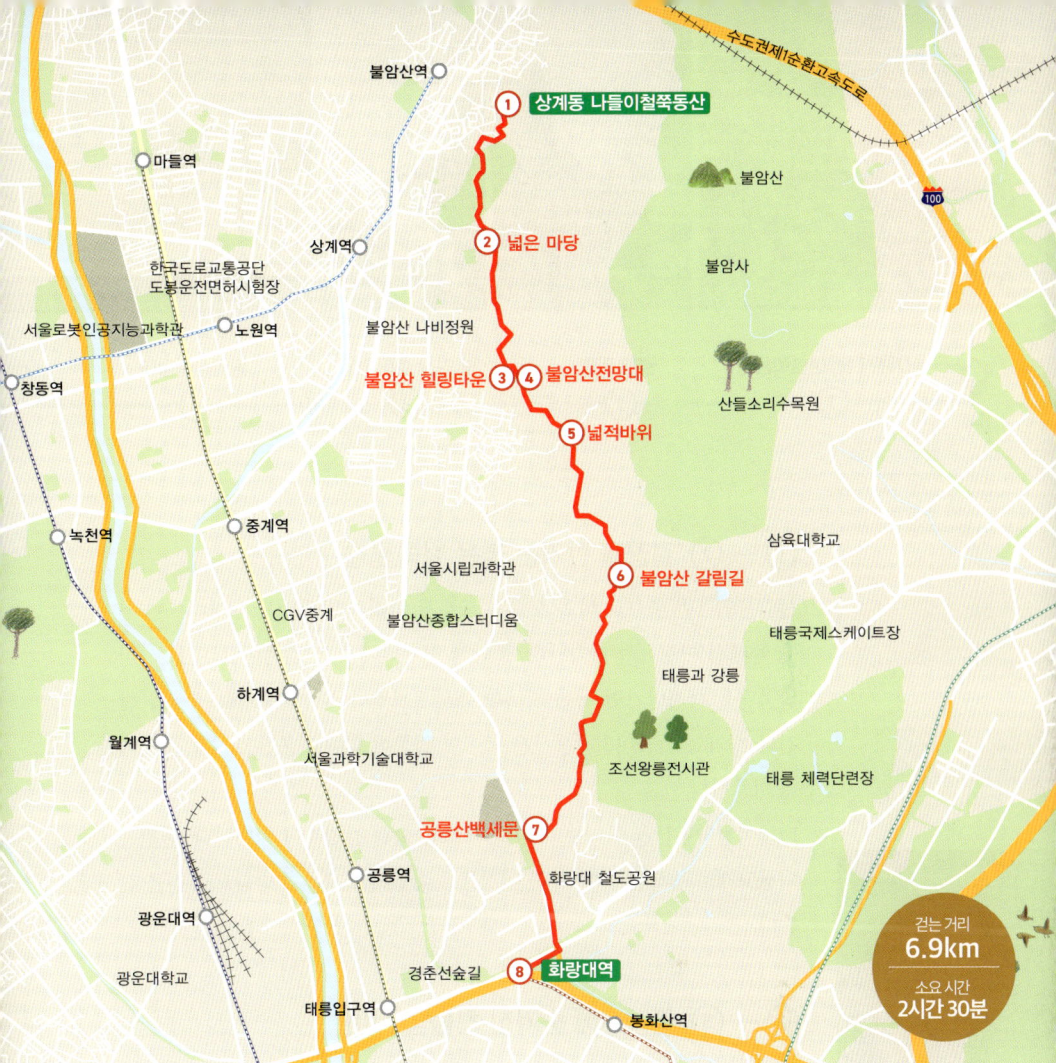

출발점 가는 방법(불암산역)

- **지하철** 4호선 불암산역 1번 출구로 나와 직진. 사거리에서 직진하여 갈월어린이공원을 끼고 오른쪽으로 150m 직진하면 이정표가 보임.
- **버스** 1138, 1139, 1224번, 흥안운수종점에서 하차. 사거리에서 오른쪽길로 직진, 갈월어린이공원을 끼고 오른쪽으로 150m 직진하면 이정표가 보임.
- **주차** 주차할 곳이 없으니 대중교통 이용을 권장.

도착점 가는 방법(화랑대역)

- **지하철** 6호선 화랑대역 4번 출구. 정면에 서울둘레길 이정표가 보임.
- **버스** 202, 1132, 1221, 2155번, 화랑대역 1번 출구에서 하차. 왼쪽 횡단보도를 건너면 서울 둘레길 이정표가 보임.
- **주차** 주차할 곳이 없으니 대중교통 이용을 권장.

PART 1 서울 둘레길 21코스 • 33

상계동 나들이철쭉동산

불암산전망대

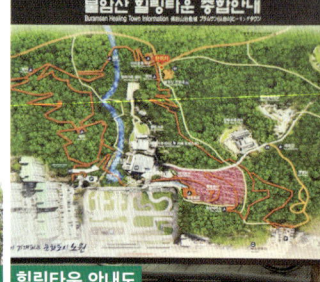
힐링타운 안내도

출발 — ① 상계동 나들이철쭉동산 — ② 넓은 마당 — ③ 불암산 힐링타운 — ④ 불암산전망대

① → ② 길꾼을 반기는 붉은 철쭉꽃길

불암산역 1번 출구로 나와 오른쪽 도로를 따라가다 건널목에 다다르면 서울 둘레길 이정표가 나타난다. 불암산 언저리에 드는 길목이다. 마을 사이 골목길을 빠져나가면 녹색 가득한 스트로브잣나무가 병풍처럼 길꾼을 반긴다. 상계동 나들이철쭉동산은 봄이면 철쭉이 피어나 붉은 손으로 등산객을 마주한다.

나들이철쭉동산을 둘러보고 길을 따르면 숲길 갈림길이 나타난다. 왼편은 덕릉고개로 향하는 길이니, 꼭 이정표를 확인하고 오른쪽 방향으로 길을 잡는다.

불암산 시비

② → ⑤ 불암산에 숨겨진 최불암 시비

불암산 둘레길은 강건한 산의 기운으로 심신을 달래기에 좋은 코스다. 산길이지만 경사가 완만하고 비교적 길 폭이 넓어 인근 마을의 주민들과 산행객들이 즐겨 오른다. 하지만 갈림길이 많아 수시로 이정표를 잘 확인해야 한다.

불암산은 산꼭대기의 바위가 부처님을 닮았다고 해서 "불암산(佛巖山)"이라고 불리며 암자와 사찰이 많다. 땅의 기운을 다스리기 위해 풍수지리적 지명으로 "필암산(붓바위산)"이라고 부르기도 했다. 큰길을 따라 걸으면 첫 번째 갈림길 모퉁이에 왕성한 땅의 기운을 상징하는 남근바위가 세워져 있다. 힘차게 하늘로 솟구친 바위를 잠시 살피고 엘리베이터가 있는 불암산전

남근바위

학도암 갈림길

황토 맨발길

넓적바위 ⑤ — 불암산 갈림길 ⑥ — 공릉산백세문 ⑦ — 화랑대역 ⑧   약 6.9km 2시간 30분

망대로 향한다. 불암산전망대에는 배우 최불암의 시비가 있는데 불암산과 이름이 같은 우연으로 세워졌다.

학도암 갈림길로 접어든다. 학도암은 불암산 중턱에 위치한 곳으로, 풍광이 수려하여 이름 그대로 학이 찾아오던 절이다. 20m 높이의 커다란 바위에 마애관음보살좌상이 새겨져 있는데 불암산의 볼거리다.

⑤ → ⑧ 맨발로 사부작사부작 걷는 황톳길

학도암 갈림길을 지나면 불암산 갈림길이 나타난다. 이 구간은 맨발로 걸을 수 있는 넓은 황톳길이 시작된다. 트레킹화를 벗어 두 손에 들고 맨발로 길을 걷는 등산객의 모습이 많이 보인다. 푸른 하늘과 소나무가 어우러진 숲 사이를 사부작사부작 걷노라면, 이내 일상의 스트레스는 사라지고 마음이 편안해진다. 단, 맨발 산행 후 따로 발을 닦을 수 있는 곳이 마땅치 않기 때문에 사전에 물티슈를 준비해야 한다.

불암산 둘레길 전망대

불암산 갈림길 이정표에서 왼쪽으로 걸어가면 제명저수지가 있는데, 4월에는 벚꽃이 만개하여 저수지 주변이 새하얀 설국으로 변한다. 공릉산백세문을 지나 화랑대역으로 빠져나오면 서울 둘레길 불암산 코스는 마무리된다.

**4코스
망우·용마산**

도시와 자연을 잇는 나들이길

화랑대역 → 깔딱고개 쉼터

화랑대역에서 시작하는 서울 둘레길 4코스는 한강이 내려다보이는 보루를 찾아가기 위한 여정이다. 도심 속 묵동천과 신내어울공원을 통과해 중랑캠핑숲과 중랑가족캠핑장을 지나 망우리고개 고가를 건너 깔딱고개 쉼터까지 걷는다. 도심 풍경 속에 하천길과 숲길이 이어져 특별한 장비 없이 집 앞에 나서듯 가벼운 옷차림으로 걸어도 좋다. 이번 주말에는 온 가족이 함께 서울 둘레길 4코스로 소풍을 떠나보자.

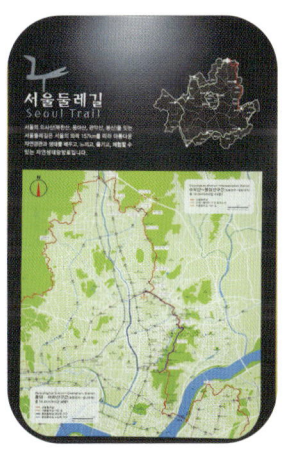

둘레길 정보

둘레길	★★★☆☆
난도	★☆☆☆☆
산소	★★★☆☆
흙길	★☆☆☆☆
볼거리	★★★☆☆

화랑대역 앞 하천길

양원역 앞 굴다리

캠핑숲 쉼터

출발 — ① 화랑대역 — ② 공릉동근린공원 입구 — ③ 신내어울공원 입구 — ④ 양원역

① → ④ 물소리를 따라 걷는 묵동천 산책길

화랑대역 출발점

묵동천은 묵동의 봉화산 기슭에서 중랑천 월릉교 부근까지의 하천을 말한다. 묵동천을 곁에 두고 걷는 코스로, 이정표가 기둥 위쪽에 있어 잘 살펴보며 길을 찾아야 한다. 화랑대역에서 공릉동근린공원 입구로 이동하여 묵동천을 따라 계단 밑으로 내려가면 4코스가 시작된다. 둘레길은 높은 산을 타는 등산로와는 달리 마을이나 강변, 도심을 지나가는 경우가 많다. 묵동천 산책길은 하천을 따라 구획 정리가 잘된 도심과 공원을 포함하고 있어 둘레길 중에 편한 코스에 속한다. 특히 하천 옆 둘레길을 따라 걸으면 물 위에서 노니는 청둥오리들의 모습에 한결 마음이 여유롭고 경쾌해진다.

'묵동'이란 지명은 과거 문방사우 중 하나인 '묵을 만들었던 동네'에서 유래했다. 그만큼 묵동천의 물이 깨끗해서 묵을 만들기에 수월했다는 것을 엿볼 수 있다. 묵동천의 물빛은 마치 묵을 갈아놓은 듯이 깊고 짙어, 보는 이의 마음을 거울처럼 깨끗하게 비춰준다. 하천 변의 풍경을 따라 걸으며 물빛에 비친 자신의 모습을 살펴보는 것도 이 코스를 걷는 또 하나의 재미이다.

묵동천 중간에서 하천길이 끝나면 제방 위로 올라와 도심 속 자투리 녹지로 조성된 신내어울공원을 따라 걷는다. 용마산로 사거리를 지나 신내역을 가로질러 양원역까지 걸어간다.

④ → ⑤ 상쾌한 숲길을 따라 캠핑장으로

양원역을 출발해 이어지는 서울 둘레길 4코스는 양원역에서 중랑캠핑숲

망우역사문화공원

갈딱고개에서 내려다본 한강 풍경

깔딱고개 쉼터 앞 스탬프박스

중랑캠핑숲 — ⑤ — 망우역사문화공원 — ⑥ — 깔딱고개 쉼터 — ⑦ — 약 7.7km 3시간

쉼터와 중랑가족캠핑장으로 이어지는 숲길 구간으로 접어든다. 서늘한 숲길 그늘은 고단한 심신을 삼림욕으로 풀어준다. 울창한 숲길로 조금 걷다 보면 캠핑숲 쉼터가 나타난다. 지역 주민들의 쉼터 공간으로 잠시 쉬어가기에 좋은 공간이다. 다시 이어진 숲길을 따라 중랑가족캠프장 방향으로 길을 잡는다. 울창한 숲 사이로 여러 갈래의 산책길이 연결되어 있다. 상쾌한 참나무숲의 기운을 느끼며 망우리고개 방향으로 숲길이 이어진다. 시간적인 여유가 있다면 중랑가족캠핑장과 숲속갤러리도 둘러보자. 중랑캠핑숲 끝에 내려오면 망우역사 제1주차장이 보인다. 고가를 따라 망우역사문화공원으로 걷는다.

⑤ → ⑦ 한국판 '페르라세즈공원' 망우리시립공원묘지

망우리고개는 근대에 접어들어 공동묘지가 세워진 곳이다. 산 자와 죽은 자의 경계를 나누는 공간 안에는 우리나라를 빛낸 안창호, 만해 한용운, 유관순을 비롯한 위인들과 시인 박인환, 소파 방정환의 넋이 잠들어 있다. 천천히 길을 따라 오르며 산의 경치와 묘지를 바라보면 아무 곳에서나 마주할 수 없는 신성한 경외심이 마음에 깃든다. 산 위에서 불어오는 바람을 맞으며 걷는 걸음이 의미 있게 다가온다. 이곳은 서울에서 가깝지만 공동묘지라는 다소 무거운 공간의 이미지 때문에 사람의 발길이 드물어 자연이 온전히 보전되어 있다. 아름다운 풍경에 저절로 걸음이 느려져 한국판 "페르라세즈공원"이라고 불러도 좋을 듯하다.

> 망우역사문화공원 뒤쪽에 유관순 열사 분묘합장표지비가 있다.

서울 둘레길 대표 코스

📷 중랑가족캠핑장

단체 이용을 제한해서 개인 및 소수정예로 건전한 캠핑을 즐길 수 있다. 인원 및 차량 출입이 제한되어 여러 가족이 동행하기는 불편할 수 있다. 텐트는 개별적으로 챙겨가야 한다. 당일 바비큐를 즐길 수 있는 사이트도 별도로 마련되어 있다.

주소 서울시 중랑구 망우로87길 110
문의 0507 1348-8138

📷 망우역사문화공원

망우리공동묘지에 위인의 추모비가 세워지면서 망우리묘지공원에서 망우역사문화공원으로 변모했다. 공원 초입 중랑망우공간에는 전시관을 비롯하여 다양한 전시와 기획 프로그램을 운영하며 카페, 전망대가 세워져 찾아오는 방문객을 맞이하고 있다.

주소 서울시 중랑구 망우로91길 2
문의 02-2094-6800

🚩 출발점 가는 방법(화랑대역)

- **지하철** 6호선 화랑대역 4번 출구. 정면에 서울 둘레길 이정표가 보임.
- **버스** 202, 1132, 1221, 2155번, 화랑대역 1번 출구에서 하차. 왼쪽 횡단보도를 건너면 서울 둘레길 이정표가 보임.
- **주차** 주차할 곳이 없으니 대중교통 이용을 권장.

🚩 도착점 가는 방법(깔딱고개 쉼터)

- **지하철** 7호선 사가정역 4번 출구. 사가정공원으로 직진하여 데크길을 따라 올라가면 됨.
- **버스** 2112, 2227, 2230, 2312번, 사가정시장역에서 하차. 사가정공원으로 직진하여 데크길을 따라 올라가면 됨.
- **주차** 주차할 곳이 없으니 대중교통 이용을 권장.

5코스 아차산

사람과 역사를 잇는 길

깔딱고개 쉼터 → 광나루역

5코스는 서울 둘레길 중 가장 인기 있다. 한강을 따라 나란히 산세를 이룬 망우산을 시작으로 깔딱고개를 넘어 용마산 갈림길을 지나 아차산으로 가는 길이다. 각 구간마다 우리 민족의 시대별 역사와 사회·문화적 배경을 둘러볼 수 있다. 높지 않은 산마루 사이로 유유히 흐르는 한강의 장엄한 모습이 고요하고 한가롭다. 초반의 고됨을 뒤로하고 여유로운 마음으로 아차산 구간을 지나며 지난 역사의 발자취를 따라가 보자.

둘레길 정보

둘레길	★★★☆☆
난도	★★☆☆☆
산소	★★★☆☆
흙길	★★★★★
볼거리	★★★★☆

PART 1 서울 둘레길 21코스 • 43

망우리고개 입구

깔딱고개 계단

용마산 5보루터 풍경

출발 → ① 깔딱고개 쉼터 → ② 용마산 5보루 → ③ 헬기장 → ④ 아차산

① → ② 사계절 내내 수량이 풍부한 수락산

망우산과 용마산은 깔딱고개를 통해 산길을 이었다. 그래서 망우역사문화공원에서 깔딱고개를 넘어 용마산 능선까지 오르는 코스는 쉽지 않다. 중간에 오르는 계단이 200여 개나 된다. 기도하는 마음으로 한 계단씩 밟고 오르다 보면 어느새 마지막 계단이다.

용마산 능선에 올라서면 5보루터가 나오고 한강의 풍경이 펼쳐진다. 잠시 숨을 고르며 유유히 흐르는 한강을 바라보면 다소 무거웠던 가슴속이 시원하게 뚫린다. 용마산 능선에 올라서면 서울 둘레길과 구리 둘레길 표시가 이중으로 되어 있어 헷갈리기 쉽다. 잘 확인하며 주 능선길을 따라 직진해야 5코스를 완주할 수 있다.

② → ④ 용마산에서 아차산 능선 아래로 굽이치는 한강

헬기장

용마산 능선에서 아차산 4보루 성터 방향으로 길을 잡는다. 길을 걸으며 한강 쪽을 바라보니 산 위에 성처럼 보이는 보루가 군데군데 눈에 들어온다. 고구려가 한강 이남의 백제와 대치하고 있을 때 쌓아놓은 보루로 한강이 내려다보이는 최고의 전망지로 손꼽힌다. 발 아래로 힘차게 흐르는 한강의 모습이 장관이다. 그래서 많은 등산객과 사진가들이 한강을 보기 위해 계절에 상관없이 오른다.

아차산 4보루 성터

해맞이광장

아차산생태공원

아차산 해맞이공원 ⑤ — 아차산 관리소 ⑥ — 아차산생태공원 ⑦ — 광나루역 ⑧   약 4.6km 2시간 10분

④ → ⑧ 나만의 맞춤형 트레킹이 가능한 아차산길

아차산은 조선 명종 때 이름 난 점쟁이인 홍계관이 '아차' 하는 순간에 절벽 아래로 떨어져 처형된 곳이다. 이때부터 아차산이라 불리기 시작해 지금까지 이렇게 불리고 있다.

용마산에서 아차산 능선을 타고 내려오면 해맞이광장이 나타난다. 서울의 대표적인 일출 포인트로 알려지면서, 새해 첫날이면 일출을 보기 위해 수많은 사람들이 찾는다. 아차산생태공원까지의 내리막길은 구리시와 광진구에서 자체적으로 조성한 길과 갈림길이 섞여 있다. 여기에 광진구에서 조성한 데크 산책길이 더해져, 개인의 걷기 능력이나 성향에 따라 구간을 짜서 다양하게 맞춤형 걷기 여행을 즐길 수 있어 서울 둘레길 중 가장 인기가 많다.

> 아차산 1~4보루 성터는 한강 북쪽의 야경을 볼 수 있는 최고의 장소이다. 안전사고를 대비하여 손전등을 챙기고 여럿이 동행하길 권한다.

아차산 4보루에서 내려다본 야경

서울 둘레길 대표 코스

📷 아차산 4보루 성터

한강을 차지하기 위해 삼국이 치열하게 전투를 벌일 때 고구려가 한강 방어를 목적으로 축조한 것으로 추측되는 보루 중 하나다. 용마산과 아차산 일대에 일정한 간격으로 설치하여 한강 이남 백제의 성이었던 풍납토성과 몽촌토성이 가장 잘 보인다. 지금은 몇 개의 보루터만 남아 있고, 그중 4보루는 보수를 마무리하여 한강 북부를 조망하기 좋은 장소가 되었다.

📷 해맞이광장

해맞이광장은 서울 강동 지역에서 가장 먼저 일출을 볼 수 있는 곳이다. 산 중턱에 넓은 무대와 전망대 시설이 있어 해마다 수많은 인파가 찾는 명소이다.

출발점 가는 방법(깔딱고개 쉼터)

- **지하철** 7호선 사가정역 4번 출구를 나와 사가정 공원으로 직진하여 데크길을 따라 올라가면 됨.
- **버스** 2212, 2227, 2230, 2312번, 사가정시장역에서 하차. 사가정공원으로 직진하여 데크길을 따라 올라가면 됨.
- **주차** 주차할 곳이 없으니 대중교통 이용을 권장.

도착점 가는 방법(광나루역)

- **지하철** 5호선 광나루역 1번 출구 정면 횡단보도 앞에서 서울 둘레길 이정표가 보임.
- **버스** 130, 370, 9301번, 광나루역에서 하차. S-oil 주유소 방향 횡단보도를 건너면 이정표가 보임.
- **주차** 광진구민체육센터 내 주차장 이용 가능(광진교 앞).

6코스 고덕산

한강을 따라 펼쳐지는 역사길

광나루역 → 명일근린공원

예로부터 우리나라 사람들은 한강 중심에 모여 살았고, 둘레길도 역시 한강을 따라 이어진다. 광나루역에서 시작되는 이 코스는 한강을 중심으로 이어지는 길이다. 광진교를 따라 한강을 건너면서 시작되는 강변 코스는 한강공원을 거쳐 암사동선사유적지를 지나 샘터공원까지 이어진다. 광진교 교각 아래로 보이는 한강의 모습을 조망할 수 있고, 암사동선사유적지에서는 길맛의 묘미를 느낄 수 있다.

둘레길 정보

둘레길	★★★☆☆
난도	★☆☆☆☆
산소	★★★☆☆
흙길	★★☆☆☆
볼거리	★★★★☆

🚩 출발점 가는 방법(광나루역)

- **지하철** 5호선 광나루역 2번 출구 정면 횡단보도 앞에 서울 둘레길 이정표가 보임.
- **버스** 130, 370, 9301번, 광나루역에서 하차. S-oil 주유소 방향 횡단보도를 건너면 이정표가 보임.
- **주차** 광진구민체육센터 내 주차장 이용 가능(광진교 앞).

🚩 도착점 가는 방법(고덕역)

- **지하철** 하남검단산행 5호선 고덕역 4번 출구에서 200m 직진 후 이마트 사거리 횡단보도 건너편으로 서울 둘레길 이정표가 보임.
- **버스** 340, 3412, 강동01번, 고덕역에서 하차. 200m 직진 후 이마트 사거리 횡단보도 건너편으로 서울둘레길 이정표가 보임.
- **주차** 이마트 또는 이화빌딩 주차장 이용 가능.

광진교

한강공원

자전거공원

출발 — 광나루역 ① — 광진교 ② — 암사둔치생태공원 ③ — 암사동선사유적지 ④

① → ② 붉은 낙조가 떨어지는 광진교

광나루역에서 광진교 남단까지 오른쪽 보행자 도로를 이용해 건넌다. 광진교를 걸으며 교각 아래를 바라보니 멀리 한강의 물줄기가 흐른다. 출발점인 광나루는 한강 변에 위치한 나루 중 매우 중요한 곳이다. 서울에서 부산으로 향하는 길목에 위치해 임진왜란 이후 서울과 부산을 연결하는 파발로 역할을 했다. 이로 인해 "광진", "광장"이라는 명칭으로 불려오다가 광진교가 건설되면서 나루터의 기능은 사라지고 지명만 남았다.

천호대교가 건설된 이후 광진교는 통로 역할과 쉼터이자 전망대의 역할을 담당했다. 늦은 오후, 한강과 빌딩 사이로 떨어지는 붉은 낙조는 광진교만의 볼거리로 장관이다.

> 광진교를 건널 때 오른쪽은 보행자용이고 왼쪽은 자전거 전용 길이니 안전을 위해 보행자 도로를 이용하길 권한다.

② → ③ 억새꽃이 흐드러진 한강 산책길

한강 억새꽃

광진교를 건너면 한강을 따라 암사동선사유적지까지 강변을 걷는 코스다. 이 코스는 한강공원 중 자전거 도로가 가장 잘 조성되어 있어 자전거공원이라 불린다. 자전거공원과 4대강 자전거 종주길이 거쳐가는 지점으로 자전거 타기에 좋다. 특히 주말이면 강변길을 따라 사람들이 자전거를 타고 줄지어 달리기 때문에 반드시 보행자 도로로 걷고 안전사고에 유의해야 한다. 또한 이 코스는 가을부터 초겨울까지 억새꽃이 만개하여 군락을 이루며 길꾼들의 발걸음을 붙잡는다. 억새꽃 사이로 향긋한 커피 한 잔을 들고 걸어보자.

암사동선사유적지

고덕산에서 바라본 풍경

명일근린공원 입구

고덕산	샘터근린공원	명일근린공원	약 9.3km
⑤	⑥	⑦	3시간

③ → ④ 한강 변을 따라 암사동선사유적지까지

강변을 지나 올림픽대로를 교차하는 지점에서 암사동 방향으로 길을 잡으면 암사선사유적지 방향이다. 암사동은 한강 유역을 따라 한반도 역사의 중심이었다. 이 지역은 신석기 시대에는 대규모 취락지였고, 백제 시대에는 위례성에 인접했던 요충지였다. 암사동이란 지명은 '큰 바위가 있는 곳에 절을 세웠다'는 뜻이다. 특히 신라가 한강 유역을 차지하였을 때는 9개의 사찰이 있었던 거대 도시였다.

④ → ⑦ 사부작사부작 걷는 낮은 고덕산숲길

암사동선사유적지를 살펴보고 암사대교 밑을 가로질러 아리수정수센터 정문 앞으로 향한다. 아리수정수센터는 국내에서 가장 큰 정수센터로 하루에 160만 톤의 수돗물을 생산하여 서울시의 1/3지역(강동구를 비롯한 10개 구)에 수돗물을 공급하고 있다. 아리수정수센터 정문 왼쪽으로 고덕산으로 향하는 숲길이 보인다. 완만한 경사길을 따라 올라가면 해발 85m의 고덕산전망대에 도착하여 아차산과 구리시까지 내려다볼 수 있다. 고덕산부터 샘터공원까지는 유유자적 걷는 숲길이다. 숲이 우거져 하늘이 보이지 않을 만큼 빽빽하다. 숲속을 벗어나 사거리 횡단보도를 건너 샘터배드민턴장 앞 숲길을 따라 명일근린공원 입구까지 걸어간다. 고덕산 코스보다 더욱 완만한 산길이어서 산책하는 기분으로 걷기 좋다.

즐길거리

광진교 8번가

광진교 교각 사이에 설치된 하부 전망대로 전 세계에 3개밖에 없는 시설이다. 유유히 흐르는 한강을 투명한 발판 밑으로 내려다볼 수 있고, 다양한 소규모 전시회와 공연이 수시로 열린다. 특히 드라마 촬영지로 잘 알려져 있다. 늦은 밤 한강의 야경을 보면서 머무르기에 좋다.

주소 서울시 강동구 천호2동 527-2
문의 02-476-0722

7코스 일자산

세계가 인정한 아름답고 걷기 좋은 길

명일근린공원 → 오금1교

일자산과 성내천을 돌아가는 이 코스는 서울 둘레길이 만들어지기 전까지 "강동그린웨이"로 불렸다. 몇 해 전 태풍에 길이 훼손되었으나 잣나무를 심고 산책 데크길을 조성하여 서울 둘레길로 재탄생했다. 길을 걷다 보면 쉼터와 운동기구가 곳곳에 설치되어 있어 이를 즐기는 지역 주민들을 자주 마주친다. 낮은 경사이지만 삼림욕을 위한 울창한 숲과 허브 향이 가득한 산길이 있는 도심 속 청정 지역이다.

둘레길 정보	
둘레길	★★★☆☆
난도	★★☆☆☆
산소	★★★☆☆
흙길	★★★☆☆
볼거리	★★☆☆☆

은행나무 가로수길

명일공원 스탬프박스

일자산해맞이공원

출발 — ① 명일근린공원 — ② 강동그린웨이가족캠핑장 — ③ 일자산해맞이공원

중간에 화장실이 없기 때문에 음료를 제한해서 마신다.

① → ② 강동을 대표하는 걷기 좋은 푸른 길

7코스는 지역주민들의 산책 코스이자 휴식 공간으로 잘 알려진 명일근린공원을 관통하여 화훼단지를 거쳐 강동가족캠핑장 방향으로 길을 잡는다. 이 코스는 지역의 대표적인 명품 산책로로 "강동그린웨이"라 불린다. 국제시민스포츠연맹(IVV)으로부터 '아름답고 걷기 좋은 길'로 인증을 받았다. 천호대로에 있는 화훼단지를 지나자 각양각색의 꽃이 인도까지 올라와 있다. 토종 야생화도 있지만, 짙은 색깔의 관상용 꽃까지 다양하게 길가에 피어 있다. 온갖 꽃을 한꺼번에 볼 수 있는 코스는 서울 둘레길 중 이곳이 유일하다.

② → ③ 야자수 가마니가 깔린 흙길을 따라 허브 향 속으로

샘터공원 나무 데크길

명일근린공원과 일자산해맞이공원은 큰 도로를 제외하고 생태 육교로 이어져 있어 남녀노소 누구나 안전하게 편안한 산책을 즐길 수 있다. 길동생태공원 둘레를 지나는 길은 길게 쭉 뻗어 있어서 "일자산길"이라고도 불린다. 그만큼 걷기가 수월한데, 일자산으로 오르는 구간 역시 가파른 오르막길 없이 편안한 길이다. 바위가 없는 흙길에 야자잎 가마니를 깔아놓았는데, 길의 운치를 더하고 방향을 제시하는 길라잡이 역할을 해준다.
일자산 구간을 걷다 강동캠핑장 방향으로 벗어나면 허브천문공원 이정표가 보인다. 허브천문공원에서는 사계절 내내 허브 향기가 가득한 꽃길이 열린다. 정신을 맑게 해주는 허브 향기에 취해 잠시 쉬어갈 만하다. 일자산 코

방이동생태경관보전지구

일자산에서 본 풍경

오금교 가는 길

일자산둔굴 ④ — 방이동생태경관보전지구 ⑤ — 오금1교 ⑥   약 7.7km 3시간 15분

스는 산속에 있지만, 좁은 오솔길이 아니라 넓은 인도 같은 곳으로 걷는 동안 마음이 여유로워진다. 가벼운 차림으로도 불편하지 않게 다닐 수 있다.

③ → ⑥ 도심 속에 숨어 있는 방이동생태경관보존지구

일자산 정상 쉼터를 지나 서하남IC 사거리로 길을 잡아 넓은 길을 따라 여유롭게 걷다 보면 어느새 감북공원묘지 옆을 지나게 된다. 묘지는 깔끔하게 정리되어 있어 무섭게 느껴지지 않고, 오히려 일자산 위에 설치된 조형물처럼 보인다. 공원묘지를 지나 내리막길에 접어들면 오른쪽으로 좁은 내리막길이 눈에 들어온다. 직진하면 하남시 방향으로 서울 둘레길에서 벗어난다. 숲에 가려진 좁은 내리막 숲길로 빠져야 서하남IC 사거리까지 쉽게 갈 수 있다.

성내천 주변은 자연 습지 지대여서 생태 경관 보존 지역으로 지정되었다. 서울 둘레길은 습지의 동식물을 관찰하고 체험할 수 있는 방이생태학습관 옆을 거쳐간다. 학습관 안쪽으로 들어서면 나무 데크길이 습지 둘레에 걸쳐 있어 산책과 휴식을 취할 수 있다. 방이생태학습관을 지나 직진하여 성내천과 조우하고 왼쪽으로 하천을 건너 올림픽공원으로 향하면 코스가 마무리된다.

> 서하남IC 방향으로 일자산 끝자락에 다다르면 갈림길이 나온다. 오른쪽 내리막으로 내려가야 서하남IC 사거리로 갈 수 있다.

일자산 석양

즐길거리

서울 둘레길 대표 코스

📷 일자산허브천문공원

길동 배수지 위에 사계절 꽃이 피는 허브 꽃(라벤더 등 120여 종 식재)과 관천대, 전망데크, 산책길이 조성되어 있다. 밤에는 별자리 모양의 조명이 설치되어 반짝거리고, 바로 옆에는 강동가족캠핑장이 있어 둘러볼 만하다. 개방형 공원으로 연중무휴로 즐길 수 있다.

주소 서울시 강동구 둔촌동 산86 | **문의** 02-3425-6450

📷 길동자연생태공원

생물의 서식처 제공과 종의 다양성을 증진시킬 목적으로 조성되었다. 국내의 두 번째 생태공원으로 원시림 같은 자연환경 및 반딧불을 볼 수 있다. 사전 예약을 해야 하고, 입장객은 1일 최대 400명으로 제한한다.

주소 서울시 강동구 천호대로 1291 | **문의** 02-472-2770

⭐ 출발점 가는 방법(고덕역)

- **지하철** 하남검단산행 5호선 고덕역 4번 출구. 200m 직진 후 이마트 사거리에서 횡단보도 건너편에 서울 둘레길 이정표가 보임.
- **버스** 340, 3412, 강동01번, 고덕역에서 하차. 200m 직진 후 이마트 사거리에서 횡단보도 건너편에 서울 둘레길 이성표가 보임.
- **주차** 이마트 또는 이화빌딩 주차장 이용 가능.

⭐ 도착점 가는 방법(오금1교)

- **지하철** 5호선 올림픽공원역 1번 출구. 정면의 성내천 산책길을 따라 약 600m 직진, 오금1교 아래 서울 둘레길 이정표가 보임.
- **버스** 3214, 3319, 3220, 3412, 3413번 올림픽공원역에서 하차. 왼쪽 성내천 산책길을 따라 약 600m 직진, 오금1교 아래 서울 둘레길 이정표가 보임.
- **주차** 올림픽공원 내 주차장 또는 올림픽프라자상가 주차장 이용 가능.

8코스 장지·탄천

자연생태가 복원된 도시 하천길

오금 1교 → 수서역

8코스는 올림픽공원역을 기점으로 성내천을 건너 도심 숲길을 걷고 탄천을 따라 걷는다. 아파트 단지와 숲 사이의 산책로를 걸으며, 탄천의 자연을 만끽할 수 있다. 성내천 물길을 시작으로 녹색의 공원이 띠를 이뤄, 아파트와 도시의 빌딩 숲 사이에 숨통을 열어주는 길이다.

둘레길 정보

둘레길	★★★☆☆
난도	★★☆☆☆
산소	★★★☆☆
흙길	★★☆☆☆
볼거리	★★★★☆

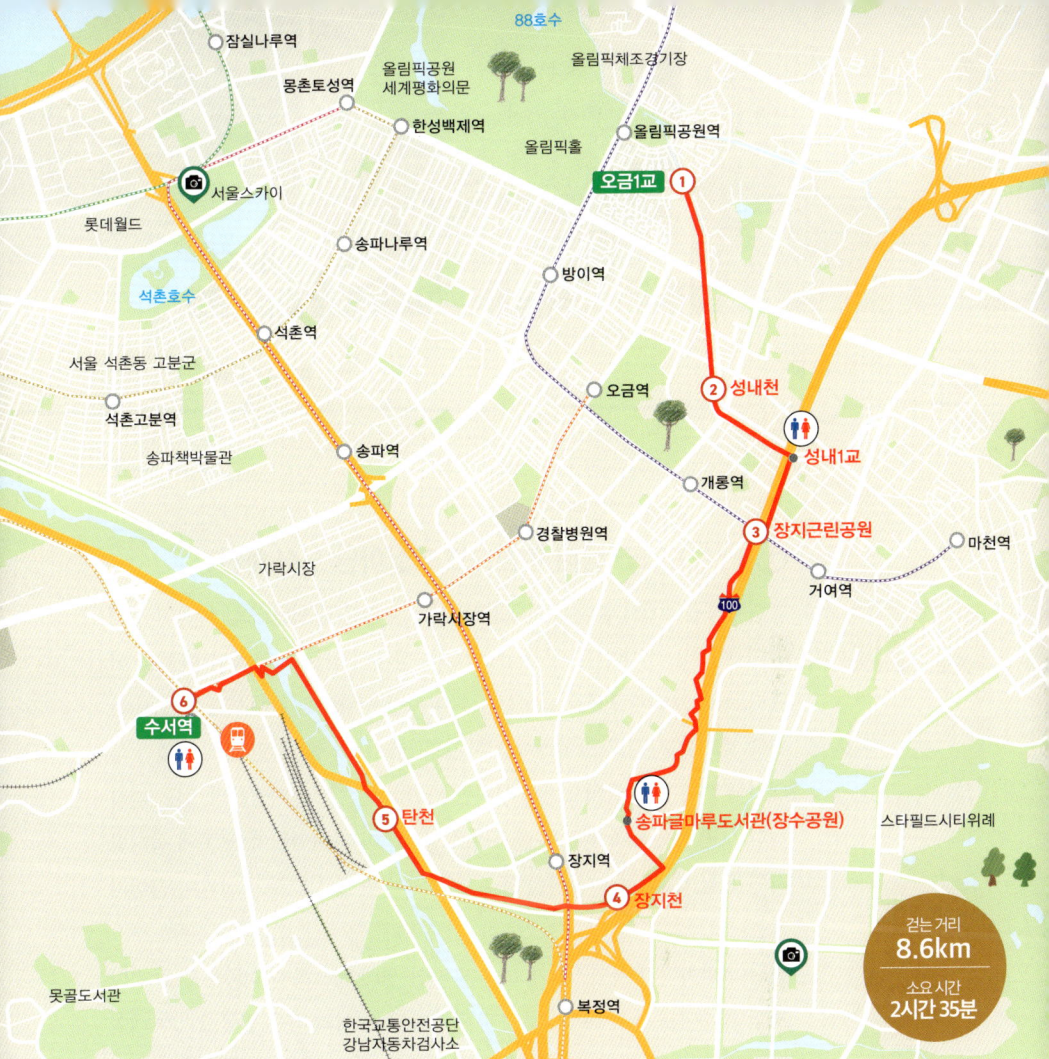

🟊 출발점 가는 방법(오금1교)

- **지하철** 5호선 올림픽공원역 1번 출구. 정면의 성내천 산책길을 따라 약 600m 직진, 오금1교 아래 둘레길 이정표가 보임.
- **버스** 3214, 3319, 3220, 3412, 3413번, 올림픽공원역에서 하차. 왼쪽 성내천 산책길을 따라 약 600m 직진, 오금1교 아래 서울 둘레길 이정표가 보임.
- **주차** 올림픽공원 내 주차장 또는 올림픽프라자상가 주차장 이용 가능.

🟊 도착점 가는 방법(수서역)

- **지하철** 3호선, 분당선 수서역 6번 출구 나와 직진, 오른쪽에 서울 둘레길 이정표가 보임.
- **버스** 402, 2412, 6900, 직행1007번, 수서역에서 하차. 오른쪽 50m 직진, 오른쪽에 서울 둘레길 이정표가 보임.
- **주차** 수서역 6번, 1번 출구 옆 공영주차장 이용 가능(유료).

오금1교 앞

성내천

장지근린공원

출발 — 오금1교 ① — 성내천 ② — 장지근린공원 ③

① → ② 자연 생태 복원으로 되살아난 도심 하천길

올림픽공원역에서 출발해 성내3교까지의 구간을 걸으면 도심 하천인 성내천이 보인다. 성내천은 옛 몽촌토성의 '성내리'라는 마을에서 이름을 따왔다. 원래는 한강으로 합류하는 물길이지만 수량이 부족해 메마른 도시 하천에 불과했고, 간혹 장마철에만 하천의 본모습을 볼 수 있었다. 그랬던 성내천에 한강 물을 끌어오면서 시원한 자연 하천으로 탈바꿈했다. 길을 따라 걷다 보면 시원하게 흐르는 물소리로 발걸음이 가벼워진다. 곳곳에 쉼터와 자연 관찰 데크, 물놀이 시설 등이 조성되어 있어 시민들의 발길이 끊이지 않는다.

> 성내3교를 지나 오른쪽 표시를 따라 하천 밖으로 나와야 한다.

물길이 살아나자 자연스럽게 하천의 자연 생태계도 복원되었다. 길을 걷다 보면 물가의 수생식물이 푸릇하게 피어나고, 잉어와 작은 민물고기가 헤엄치는 것을 볼 수 있다. 특히 여름철이면 푸른 버드나무가 숲을 이뤄 물가에 잠시 쉬어가기 좋은 그늘을 만든다. 또 가을에는 산책길 옆으로 노랗게 물든 은행나무 잎이 떨어져 가을의 정취와 낭만을 만끽하기에 더할 나위 없이 좋다. 성내천을 건너 성내3교를 지나면 조용한 주택가를 가로질러 장지근린공원으로 이어진다.

성내천 잉어떼

② → ③ 논두렁은 산책길이 되고, 논밭은 아파트 단지로

성내3교를 지나면 거여동 사거리부터 장지근린공원이 조성되어 있다. 도심지 주택가의 휴식 공간과 낮은 구릉 자락을 살려 주민들의 공원으로 재

송파글마루도서관(장수공원)

탄천변 산책길

수서역 앞 광평교 주변 억새 군락지

장지천 ④ —— 탄천 ⑤ —— 수서역 ⑥   약 8.6km 2시간 35분

탄생되었다. 공원에는 분수대와 체육 시설 등이 갖춰져 있고, 화원과 아기자기한 조형물이 꾸며져 있다. 천천히 공원 구간을 걷다 보면, 흙길과 키 큰 메타세쿼이아나무가 좌우로 펼쳐진 산책로를 만날 수 있다. 산책객을 위해 야자수 가마니를 깔아놓았는데, 밟을수록 마음이 평온해진다. 공원 초입에서 송파글마루도서관이 있는 장수공원까지 이정표가 잘 표시되어 있으며 샛길이 존재하지만 어디를 걸어도 문제가 되지 않고 수월하게 장지천 입구까지 갈 수 있다.

장지근린공원 메타세쿼이아 숲길

③ → ⑥ 억새꽃이 피는 장지천과 탄천을 따라

송파글마루도서관에서 아파트 단지를 가로질러 직진하면 외곽 고속도로를 만난다. 오른쪽 인도를 따라가면 장지천산책길에 도착한다. 장지천 또한 건천이었으나 수변 공원 조성 사업으로 자연친화적인 하천이 되었다. 이정표를 따라 조성된 장지천과 탄천의 수변 산책길은 대부분 포장된 길이다. 그래서 쉬엄쉬엄 걸어야 발이 편안하다.

탄천(숯내)은 옛 성남시 일대에 숯 공장이 많아 검은 물이 흘러내리면서 불린 이름이다. 하지만 이제 검은 물길 대신 봄이면 노란 개나리가, 가을이면 억새가 군락을 이루며 하천을 물들인다. 왼편으로 탄천을 두고 걷다가 광평교가 보이면 인도교를 건너 스탬프박스를 지나 수서역에 이른다.

9코스 대모·구룡산

야생화 향기 가득한 숲길

수서역 → 매헌시민의숲
(매헌윤봉길의사기념관)

대모산과 우면산을 잇는 코스로 강남권 서울 둘레길 중 백미다. 수서역을 기점으로 새롭게 조성된 대모산숲속야생화원과 유아숲체험장을 둘러보고 양재천을 따라 매헌시민의숲을 걷는다. 서울 강남을 대표하는 대모산과 구룡산의 산세를 만끽하고, 도심 풍경을 조망할 수 있다. 등산로와 숲길, 맨발 체험로 등으로 조성되어 있어 자신의 호흡에 맞는 맞춤 산행도 가능하다. 산 곳곳에 다양한 형태의 쉼터와 야생화가 꽃 내음을 풍기며 길꾼을 반겨준다

둘레길 정보	
둘레길	★★★★☆
난도	★★☆☆
산소	★★★★☆
흙길	★★★★☆
볼거리	★★★★☆

쌍봉약수터

불국사 아래 생태자연학습원

불국사 앞 대웅전

출발 — 수서역 ① — 대모산숲속야생화원 ② — 불국사 ③ — 구룡산 ④

> 불국사, 구룡산 입구, 내곡동은 대중교통 접근이 용이하여 힘들면 이 구간을 통해 둘레길을 빠져나갈 수 있다.

① → ② 붉은 소나무 숲길에서 즐기는 삼림욕

수서역 6번 출구로 나오면 오른쪽에 대모산 초입이 보인다. 대모산은 지팡이를 짚은 할머니를 닮은 산으로 붉은 소나무가 울창하다. 한반도 중부권의 산 중에서 적송을 마주할 수 있는 산은 많지 않은데, 대모산은 등산객들에게 적송이 하늘로 솟구치는 장관을 선사한다. 특히 봄에 가면 송진과 솔방울에서 특유의 상쾌한 향을 발산해서 진정한 소나무 삼림욕을 즐길 수 있다. 하늘이 보이지 않을 만큼 빽빽한 소나무 숲이 우거져 뜨거운 여름에도 시원하게 걸을 수 있다. 산 정상에 오르면 시야가 확 트이는 구간이 나타나는데, 도심을 내려다볼 수 있어 속이 시원해진다.

오르막과 내리막이 반복되는 구간으로 힘들지만 곳곳에 약수터와 쉼터가 있어 쉬어갈 수 있다. 게다가 숲속야생화원이 새롭게 조성되어 다양한 야생화를 체험할 수 있다. 이곳만 둘러보아도 충분히 좋다.

② → ④ 치유를 경험하는 숲속체험장

쌍봉약수터에 앉은 새

쌍봉약수터를 지나 대모산 숲길을 걷다 보면 일명 '불국사 앞마당'이 나타난다. 경주의 불국사와 이름이 같아 처음 온 사람은 의아해하지만 안내판을 보면 '불국사'가 확실히 맞다. 대모산의 불국사는 고려 후기에 창건하여 약사보살을 모신 오래된 사찰이다. 사찰을 한 바퀴 돌아보고 오른쪽 계단을 올라 조금만 가면 유아숲체험장이 보인다. 야외 공연장처럼 조성된 이곳은 맨발 걷기 및 체력 단련 시설이 곳곳에 있어 아이들과 놀기에 편하다. 봄이

개암약수터

여의천앞

매헌윤봉길의사기념관

여의천 — ⑤
매헌윤봉길의사기념관 — ⑥
매헌시민의숲 — ⑦

약 10.7km
4시간 50분

되면 숲을 체험하기 위해 아이들이 몰려온다. 체험장 위쪽에는 소나무숲과 벤치가 곳곳에 설치되어 있어 삼림욕을 통해 치유의 경험을 해볼 수 있다. 대모산은 약수터가 많은 편인데 서울 둘레길을 조성하면서 나무 벤치와 정자 같은 편의 시설을 함께 마련해놓았다. 서울 둘레길 중 가장 편의 시설이 잘 갖춰진 코스이기도 하다.

> 대모산과 구룡산 둘레길에는 약수터가 많다. 수시로 수질 검사를 하기 때문에 '적합/부적합' 권고 표시가 바뀌니 취수하기 전에 확인해야 한다.

④ → ⑦ 서울의 모든 산이 한눈에 보이는 곳

개암약수터를 지나면서 구룡산으로 접어든다. 9마리의 용이 하늘에 오르려다 마지막에 오르지 못한 용이 누워서 생긴 산이 구룡산이라고 한다. 산자락 숲길을 벗어나면 분주히 달리는 차량의 소리가 들려 다시 도심 속으로 되돌아왔다는 사실을 실감한다.

여의천 끝자락에 다다르면, 벚나무가 양옆으로 줄지어 서 있는 도심 속의 산책길이 나타나 눈과 마음을 편해진다. 매헌시민의숲공원에는 참전기념비와 매헌윤봉길의사기념관 등 역사 유적지가 있어 둘러보는 시간이 유익하다. 메타세쿼이아 산책길이 깊은 숲처럼 울창한 수림대를 형성하고 있어 천천히 둘러보기에 좋다.

구룡산에 핀 관중

서울 둘레길 대표 코스

📷 대모산숲속야생화원

대모산 일원동 지역에 조성된 야생 화원이다. 과거 무단 경작지를 복원하여 야생화를 비롯한 다양한 식물을 체험할 수 있도록 화원으로 조성했다. 전체를 둘러볼 수 있는 무장애 데크길은 한솔공원과 대모산길과 연결되어 있어 접근성이 좋고 계절마다 다양한 야생화를 경험할 수 있는 명소이다.

주소 강남구 일원동 산63-57
문의 02-3423-6284

📷 매헌시민의숲

양재동에 위치한 공원으로 가족 단위 소풍이나 연인들의 데이트 장소로 애용된다. 넓은 부지에 다양한 수종이 있어 계절마다 푸르고 붉은빛을 뿜어낸다. 벤치, 바비큐장, 정자 등이 곳곳에 설치되어 있고, 고속도로가 옆에 있어도 차량의 소음이 크게 들리지 않아 여유를 만끽하기에 좋다.

주소 서울시 서초구 매헌로 99
문의 02-575-3895

먹을거리

🍴 청국장과 보리밥

수서역 6번 출구로 나와 공영 주차장을 가로질러 가면 일반 단독주택이 늘어서 있는 끝자락에 보리밥집이 있다. 청국장 특유의 군내가 없어 젊은 사람에게도 인기가 있다. 더욱이 식사 후 무제한으로 맛볼 수 있는 미숫가루 스무디와 보리로 만든 튀밥도 일품이다.

주소 서울시 강남구 광평로 46길 5-5 | 문의 02-3414-3313
메뉴 청보리 정식, 두루치기 정식

🔴 출발점 가는 방법(수서역)

- **지하철** 3호선, 분당선 수서역 6번 출구. 60m 직진, 오른쪽에 서울 둘레길 이정표가 보임.
- **버스** 402, 2412, 6900, 직행1007번, 수서역에서 하차. 오른쪽 50m 직진, 오른쪽에 서울 둘레길 이정표가 보임.
- **주차** 수서역 6번, 1번 출구 옆 공영주차장 이용 가능.

🔵 도착점 가는 방법(양재시민의숲역)

- **지하철** 신분당선 양재시민의숲역 5번 출구. 왼쪽 150m 직진, 오른쪽에 서울 둘레길 이정표가 보임.
- **버스** 140, 400, 421, 440, 4432번, AT센터 양재꽃시장에서 하차. 왼쪽 삼거리에서 왼쪽 방향으로 150m 직진, 맞은편에 서울둘레길 이정표가 보임.
- **주차** 양재시민의숲 공영주차장 이용 가능.

10코스 우면산

꽃길과 숲길이 어우러진 사계절 걷기 좋은 길

매헌시민의숲 → 사당역
(매헌윤봉길의사기념관)

대모산과 우면산 구간 중 양재시민의숲역과 사당역을 아우르는 코스다. 양재시민의숲 구간은 수목이 울창해 숲길과 꽃길이 이어진다. 우면산 구간은 산길을 따라 걷는다. 양재시민의숲은 꽃들로 수놓아진 화원과 쉼터와 체육 시설, 산책로를 갖추고 있어 도심 속에서 산책을 즐기기에 안성맞춤이다.

둘레길 정보

둘레길	★★★☆☆
난도	★★☆☆☆
산소	★★★☆☆
흙길	★★★★★
볼거리	★★☆☆☆

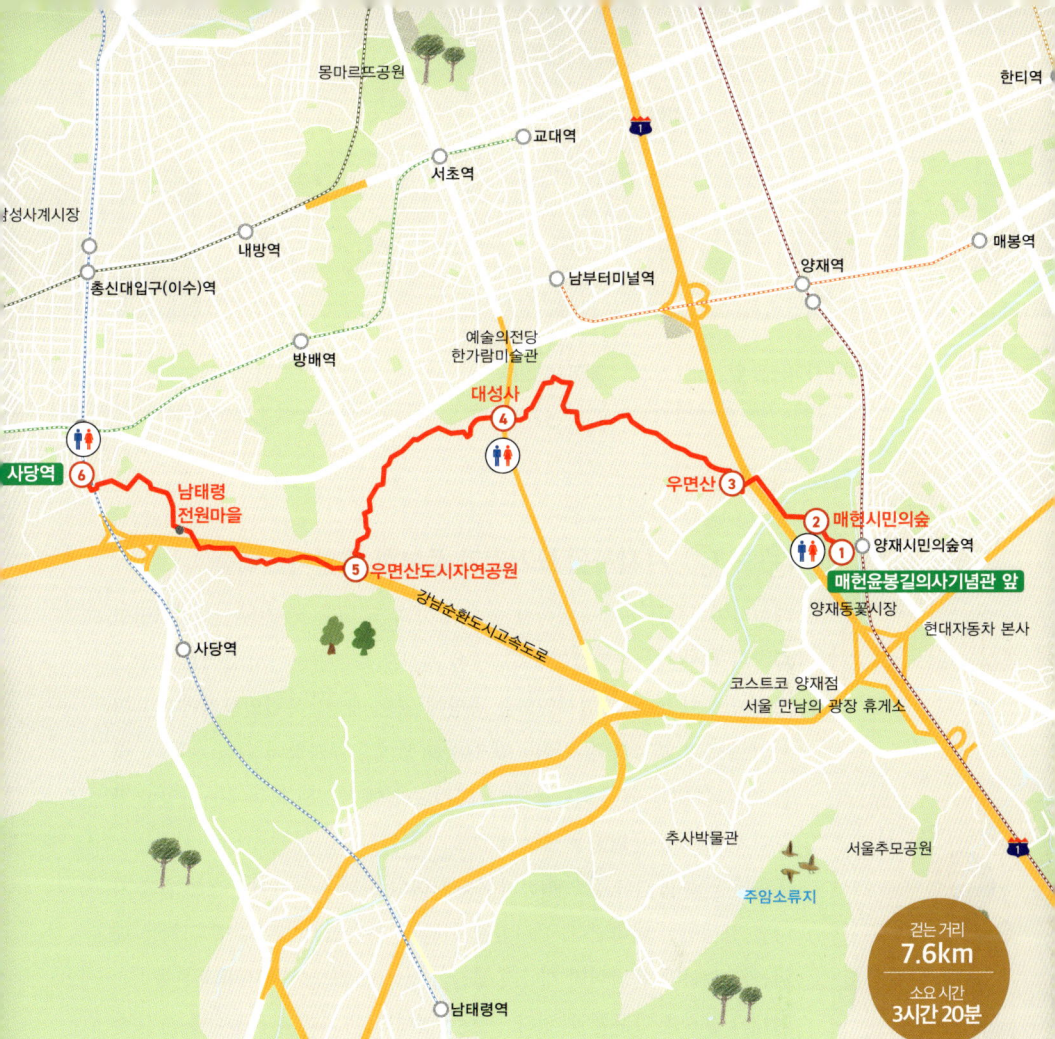

🟥 출발점 가는 방법(양재시민의숲역)

- **지하철** 신분당선 양재시민의숲역 5번 출구. 왼쪽으로 150m 직진, 오른쪽에 서울 둘레길 이정표가 보임.
- **버스** 140, 400, 421, 440, 4432번, AT센터 양재꽃시장에서 하차. 왼쪽 삼거리에서 왼쪽 방향으로 150m 직진, 맞은편에 서울 둘레길 이정표가 보임.
- **주차** 양재시민의숲에 공영 주차장 이용 가능.

🟦 도착점 가는 방법(사당역)

- **지하철** 2, 4호선 사당역 5번 출구. 정면에 서울 둘레길 이정표가 보임. 왼쪽 남태령 방향으로 250m 직진, 삼거리에서 관음사 이정표 따라 이동.
- **버스** 502, 540, 4212, 4318, 5528, 8155, 7001번, 사당역에서 하차. 남태령 방향 150m 직진, 삼거리에서 관음사 이정표 따라 이동.
- **주차** 사당역 1번 출구 옆 공영 주차장 이용 가능.

매헌윤봉길의사기념관

양재시민의숲 내 초화원

양재시민의숲에 핀 꽃

출발 — ① 매헌윤봉길의사기념관 앞 — ② 매헌시민의숲 — ③ 우면산

① → ② 사시사철 볼거리가 풍부한 매헌시민의숲

> 서울 둘레길은 화원과 매점 앞에서 왼쪽길을 따라가면 된다.

매헌시민의숲은 시민공원이자 숲이며 산책 코스다. 10코스는 매헌시민의숲 입구에서 매헌윤봉길의사기념관을 시작으로 우면산까지 돌아보는 코스로 갈림길이 많다. 매헌시민의숲 중앙에 있는 매헌윤봉길의사기념관은 의사의 유품과 훈장이 전시되어 있으며, 화장실과 주차장이 있어 우천 시 비를 피할 수 있는 쉼터 역할을 한다. 공원 초입에 조성된 화원에는 다양한 꽃들이 심어져 있어 발길을 잡는다.

윤봉길의사 동상

꽃향기를 맡고 길을 걸으면 전나무숲 사이의 산책로가 이어진다. 숲길을 지나면 양재천이 나타난다. 사시사철 천변을 따라 꽃과 나무들이 고개를 내미는 구간이다. 봄날이면 개나리 꽃길이 열리고, 가을이면 바람에 흔들리는 억새의 장관을 마주할 수 있다. 또 여름철이면 온 가족이 물놀이를 즐길 수 있는 별도의 공간도 마련된다. 흐르는 물에 발을 적시며 잠시 쉬어가기에 적당하다. 양재천의 설경 역시 도심의 풍경과 대비되어 특별한 풍경을 선사한다.

② → ⑤ 잣나무 숲길을 따라 삼림욕을 즐기며

> 대성사 이후부터는 갈림길이 많기 때문에 서울 둘레길 표시를 수시로 확인하면서 가야 한다.

양재천을 따라 걷다 양재천교 옆 다리를 건너 우면교(고가) 아래에서 왼쪽 방향으로 접어들면 KT연구개발본부 삼거리가 나온다. 여기에서 우면지구 근린공원을 찾아가면 본격적인 우면산 코스다. 서울 둘레길은 서울과 경기도의 경계를 이루는 외사산을 따라 조성되었는데, 관악산과 구룡산 사이에

대성사 가는 숲길

성산약수터 앞 잣나무 군락지

우면산 숲길

대성사 ④ ──── 우면산도시자연공원 ⑤ ──── 사당역 ⑥   약 7.6km 3시간 20분

위치한 우면산은 경사가 높은 길과 평편한 길이 반복되어 길 맛이 남다르다. 우면산 입구에서 이정표를 따라 산길로 오른다. 잣나무숲이 우거진 숲은 청량해서 가슴이 탁 트인다. 천천히 걸으며 삼림욕을 즐기기에 충분하다. 조금 더 오르면 우면산도시자연공원이 나타난다. 이곳은 태풍으로 인해 무너진 계곡을 다듬고 석축을 쌓아, 지역 주민들의 사랑을 받는 공간으로 재탄생했다.

> 우면산 능선을 걷다 힘들면 서울시인재개발원과 대성사, 우면산도시자연공원에서 빠져나갈 수 있다.

⑤ → ⑥ 천연 전망대 너럭바위에 오르다

사당역까지 걷는 구간은 곳곳에 사방댐이 설치되어 오르막과 내리막이 빈번히 반복된다. 그래서 충분한 휴식이 필요하다. 우면산 구간은 잣나무숲과 성산약수터 쉼터 등 군데군데 쉼터가 마련되어 있다. 길을 걷다가 힘들면 숲속 어디서든 쉬어가고 다시 오를 수 있다.

성산약수터 쉼터를 지나 고개를 하나 넘으면 커다란 바위로 만들어진 천연 전망대가 나타난다. 주변에 나무가 많지 않아 시야가 확 트이는데, 조망감이 좋아 도심의 풍경을 만끽하며 쉬어가기 편안하다. 성인 몇 명이 거뜬히 앉을 수 있는 너럭바위에 올라 방배동의 빌딩 숲과 우면산의 숲 자락을 내려다보며 땀을 식히기에 그만이다. 남태령 전원마을로 하산 길을 잡으면 사당역이 바로 앞이다.

너럭바위에서 바라본 풍경

11코스 관악산

민속신앙과 불교가 만나는 소나무숲길

사당역 → 관악산역

사당역에서부터 관악산을 아우르는 이 코스는 낮은 오르막과 푹신한 솔잎이 가득한 숲길로 이어진다. 선비가 갓을 쓰고 있는 형상을 닮았다 해서 관악산이라고 이름이 붙여졌다. 사시사철 푸른 소나무가 울창하고 빽빽해 햇빛을 가려주기 때문에 상쾌한 걷기 여행을 즐길 수 있다. 바위산인 관악산 산줄기를 따라 영험한 산의 기세와 자연의 여유로움을 만끽하고, 낙성대를 거쳐 서울대 관악산 입구까지 가는 코스다.

둘레길 정보

둘레길	★★★☆☆
난도	★★☆☆☆
산소	★★★☆☆
흙길	★★★★☆
볼거리	★★★★☆

🔴 출발점 가는 방법(사당역)

- **지하철** 2, 4호선 사당역 5번 출구. 정면에 서울 둘레길 이정표가 보임. 왼쪽 남태령 방향으로 250m 직진, 삼거리에서 관음사 이정표 따라 이동.
- **버스** 502, 540, 4212, 4318, 5528, 8155, 7001번. 사당역에서 하차. 남태령 방향 150m 직진, 삼거리에서 관음사 이정표 따라 이동.
- **주차** 사당역 1번 출구 옆 공영주차장 이용 가능 (유료).

🔵 도착점 가는 방법(관악산역)

- **지하철** 2호선 신림역에서 신림선으로 환승하여 관악산역에서 하차, 1번 출구로 나와 관악산공원 입구에 둘레길 이정표가 보임.
- **버스** 501, 506, 5511, 5515, 5528, 6515번, 관악산 입구(관악아트홀)에서 하차. 정면에 관악산 입구로 직진, 등산로 입구에 서울 둘레길 이정표가 보임.
- **주차** 관악산 만남의 광장에 공영주차장 이용 가능 (유료).

소나무숲

관음사 앞

무당골전망지

출발 — 사당역 ① — 관음사 ② — 무당골전망지 ③ — 전망대 ④

즐길거리

관음사

신라 말, 도선국사가 창건한 비보사찰로 관음보살이 모셔진 사찰이다. 조선 숙종 때 극락전을 개축하였으나, 1970년대부터 증개축을 통해 현재의 모습을 하고 있다.

① → ④ 바위산의 기운을 받으며 무당골 전망지까지

사당역을 기점으로 관음사, 무당골전망지, 전망대로 올라 낙성대로 내려서는 코스다. 사당역 4번 출구 앞에는 관악산 둘레길과 서울 둘레길 이정표가 함께 표시되어 있다. 모양도 비슷하니 꼼꼼히 확인해서 길을 잡아야 한다. 서울 둘레길은 사당역 4번 출구를 거쳐 관음사 방향이다. 관악산은 산 전체가 소나무로 뒤덮혀 있는 송림숲으로 짙은 청록의 솔숲 사이를 걷는 길맛이 최고다. 가을에도 겨울에도 짙은 녹색의 숲길을 걷노라면 이내 마음이 편안해진다. 관악산을 멀리서 바라보면 정상이 바위산이라 마치 조선시대 화가 정선의 〈진경산수화〉를 보는 듯하다. 간결하고 단순하지만 아름다운 풍경에 시선을 뺏긴다.

관음사 앞에 이르면 본격적인 둘레길이 시작된다. 산으로 오르는 숲길은 낮은 오르막과 내리막이 연거푸 나타난다. 강건한 기운이 느껴지는 바위산의 형상이 길에 묘미를 더한다. 숨이 좀 찰 때면 구간의 중간 지점인 무당골전망지와 전망대 구간이 나타난다. 관악산은 서울에서 산 기운이 강한 산 중에 하나다. 그래서 무당골전망지로 오르는 산길 곳곳에 기도를 드리는 제사터나 굿을 하기 위해 찾은 사람들의 흔적이 남아 있다. 무당골을 지나면서부터는 길이 다소 수월해진다. 전망대까지의 중간 능선은 한적하고 조용하게 걷기 좋다. 천천히 걸음을 내디디며 자연의 소리에 귀를 기울이다 보면 마음이 정갈해진다.

무당골 제사터

무당골전망지 풍경

낙성대 사당 앞

관악산 가는 숲길

낙성대공원 ⑤ — 서울대학교 정문 ⑥ — 관악산역 ⑦

약 5.7km
2시간 30분

④ → ⑤ 별이 떨어진 자리, 낙성대에서

전망대에 올라서니 관악구의 도심 일대가 한눈에 내려다보인다. 맑은 날이면 멀리 서달산과 한강을 건너 북한산 능선까지 조망할 수 있다. 탁 트인 전망대에서 하염없이 앉아 있다가 하행길을 서두른다.

낙성대로 향하는 길은 숲길과 도심 구간이 이어진다. 낙성대는 고려 장군 강감찬이 탄생한 곳으로 관악산 아래 '별이 떨어진 곳'이란 의미로 지명이 붙여졌다. 지금까지 많은 이들의 발길이 이어지고 있으며, 사당 앞으로 너른 부지에 잠시 쉬어갈 도심 공원이 있어 강감찬장군의 행적을 되짚어보고, 숨을 돌리고 쉬어가기에 적당하다.

> 전체 구간에 관악산 둘레길 이정표가 설치되어 있다. 어느 이정표를 따라가도 관악산 입구까지 갈 수 있다.

⑤ → ⑦ 서울의 모든 산이 한눈에 보이는 곳

낙성대에서 서울대까지는 또 다시 낮은 구릉을 넘어가야 한다. 서울대학교 캠퍼스를 돌아 내려가는 길로 서울대 정문 앞을 지나 관악산 입구까지 가야 한다. 신림선 관악산역이 생겨 코스 접근성이 훨씬 쉬워졌다. 관악산공원 초입부터 맑은 계곡물과 관악산 야외식물원, 관악산 호수공원을 따라 오르는 등산로가 있어 등산객의 모습을 자주 볼 수 있으며 12코스를 가는 길이기도 하다. 매년 봄이 되면 철쭉꽃이 피어 산책하기에 더욱 좋다.

12코스 호암산

호랑이 기운이 살아 숨 쉬는 바위산길

관악산역 → 석수역

관악산은 도심에서 가깝고 완만한 고개만 넘으면 거대한 바위산의 풍경을 볼 수 있어 주말이면 수도권 산행객들로 붐빈다. 관악산공원 입구에서 석수역으로 가는 코스는 관악산 정상으로 가는 코스와 7부 능선을 따라 걷는 서울 둘레길 코스가 교차로처럼 연결되어 있어 등산로와 숲길을 선택하며 걸을 수 있다. 더불어 호랑이 기운을 누르기 위해 지은 호압사와 삼성산이 연결되어 있어 위엄 있는 바위산의 진면목을 느끼고 잣나무숲에서 삼림욕을 경험할 수 있다.

둘레길 정보	
둘레길	★★★★☆
난도	★★☆☆☆
산소	★★★★★
흙길	★★★★★
볼거리	★★★★☆

PART 1 서울 둘레길 21코스 • 77

관악산 입구

전망 좋은 바위

호암산잣나무산림욕장

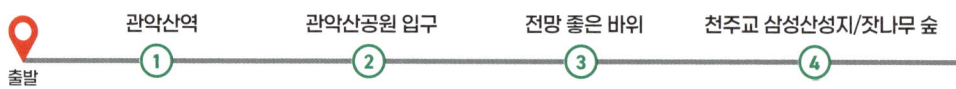

출발 — 관악산역 ① — 관악산공원 입구 ② — 전망 좋은 바위 ③ — 천주교 삼성산성지/잣나무 숲 ④

① → ③ 호랑이의 뜨거운 기운이 머문 산

관악산공원 입구를 기점으로 관악산 등산로 방향으로 걷다가 물레방아 조형물이 있는 곳에서 오른쪽 숲길을 따라 전망 좋은 바위가 있는 숲길로 방향을 잡는다. 길을 따라 걷다 보면 바위산인 관악산의 기세를 엿볼 수 있다. 관악산은 풍수지리적으로 화산(火山)에 해당돼서 주변 산자락을 따라 흐르는 계곡이 없다. 반대로 무너미고개 바로 건너편인 안양 방향은 계곡에 물이 넘쳐 유원지가 들어설 정도다. 그래서 무학대사는 한양에 도읍을 정할 때, 관악산을 바라보지 않도록 인왕산을 뒤로하여 도읍을 정해야 한다고 주장했다. 하지만 정도전이 이를 반대해 결국 태조는 경복궁의 자리를 북악산 뒤로 잡았다고 한다. 전망 좋은 바위를 지나 천주교 삼성산성지 방향으로 오르면 잣나무 숲길이 이어진다.

잣나무와 소나무가 무성한 관악산 중턱까지 천천히 삼림욕을 하며 오르막 구간을 걷는다. 아직 길의 묘미를 제대로 아는 사람이 적어 조용히 산책하듯 걷고 싶다면 딱 좋다.

③ → ⑥ 메타세쿼이아 숲길과 잣나무 숲의 삼림욕

> 호압사까지 가는 길은 갈림길이 많아 서울 둘레길 이정표를 자세히 확인해야 한다.

관악산과 삼성산 아래 자락에는 산림욕장이 곳곳에 조성되어 있다. 쭈욱 뻗은 잣나무와 메타세쿼이아나무가 하늘을 떠받치고 있는 기둥처럼 보인다. 잣나무 밑에 돗자리를 깔고 누워 담소를 나누거나, 도시락을 먹는 사람들이 여럿 보인다. 산림욕장을 벗어나 삼성산성지 주변에는 작은 정자와 피크닉

관악산 풍경

호암산 이후 데크길

호암산폭포로 가는 엘리베이터

호압사 — ⑤ 호암산잣나무산림욕장 — ⑥ 호암산폭포 — ⑦ 석수역 — ⑧   약 7.3km 3시간 30분

벤치가 있어 숲을 즐기러 오는 사람들에게는 최적의 장소이다.
관악산의 불 기운과 삼성산의 호랑이 기운을 막기 위해 지은 호압사를 지나면 잣나무가 우거진 산림욕장을 만날 수 있다. 키가 큰 잣나무 숲 사이로 곳곳에 쉼터를 조성해놓아 맑은 공기를 마시며 삼림욕을 즐기기에 안성맞춤이다. 삼림욕을 할 때는 얇고 가벼운 옷차림으로 피톤치드 성분이 몸속에 잘 들어오게 한다.

> 서울 둘레길은 잣나무숲산림욕장 숲 안쪽에서 쉬었다가 경유하여 데크길을 따라 내려가면 된다.

⑥ → ⑧ 한폭의 동양화 같은 관악산과 호암산

관악산의 모습을 제대로 보려면 빽빽한 숲을 지나 삐죽 튀어나온 돌덩이 위에 올라서야 한다. 관악산에서는 경복궁이 한눈에 내려다보이는데, 조선시대 양녕대군은 여기에서 경복궁을 보며 임금을 그리워했다고 한다. 관악산은 계절마다 각양각색의 모습을 자랑한다. 가을에는 단풍과 바위산이 어우러져 서양의 수채화를, 겨울에는 녹음이 가득한 소나무와 설경이 어우러진 동양의 산수화를 보는 듯하다.
잣나무산림욕장에서 한참 머무르다 석수역 방향으로 내려가는 길을 서두른다. 석수역으로 향하는 길은 데크길이 놓여 있어 편하고 안전하게 걸을 수 있다. 중간에는 호암산폭포를 조망할 수 있는 쉼터가 있다. 호암산폭포는 망가진 산자락에 지어진 인공 폭포로 7월부터 10월 사이에 3차례에 걸쳐 운영한다. 데크길을 따라 계속 걸어가면 석수역에 다다른다.

잣나무숲 삼림욕

서울 둘레길 대표 코스

📷 호압사

풍수지리상으로 경복궁으로 향하는 관악산의 불 기운과 삼성산의 호랑이 기운이 불길했다고 한다. 그래서 이를 막기 위해 호랑이 꼬리에 해당하는 삼성산 끝자락에 사찰을 짓고, 호압사라고 이름을 붙였다고 전해진다. 비보사찰로 조선시대 초 무학대사가 창건했다.

주소 서울시 금천구 호암로 278 요사체(B동) | 문의 02-803-4779

📷 호암산잣나무산림욕장

푸른 바늘잎 나무는 피톤치드가 많이 분비되는 수종이다. 그중 편백나무와 잣나무가 으뜸인데, 삼성산성지와 호압사를 지나면 넓은 잣나무 숲이 펼쳐진다. 푹신한 이불처럼 나뭇잎이 두텁게 깔려 있어 쉬어가기에 좋다.

주소 서울시 금천구 호암로 250

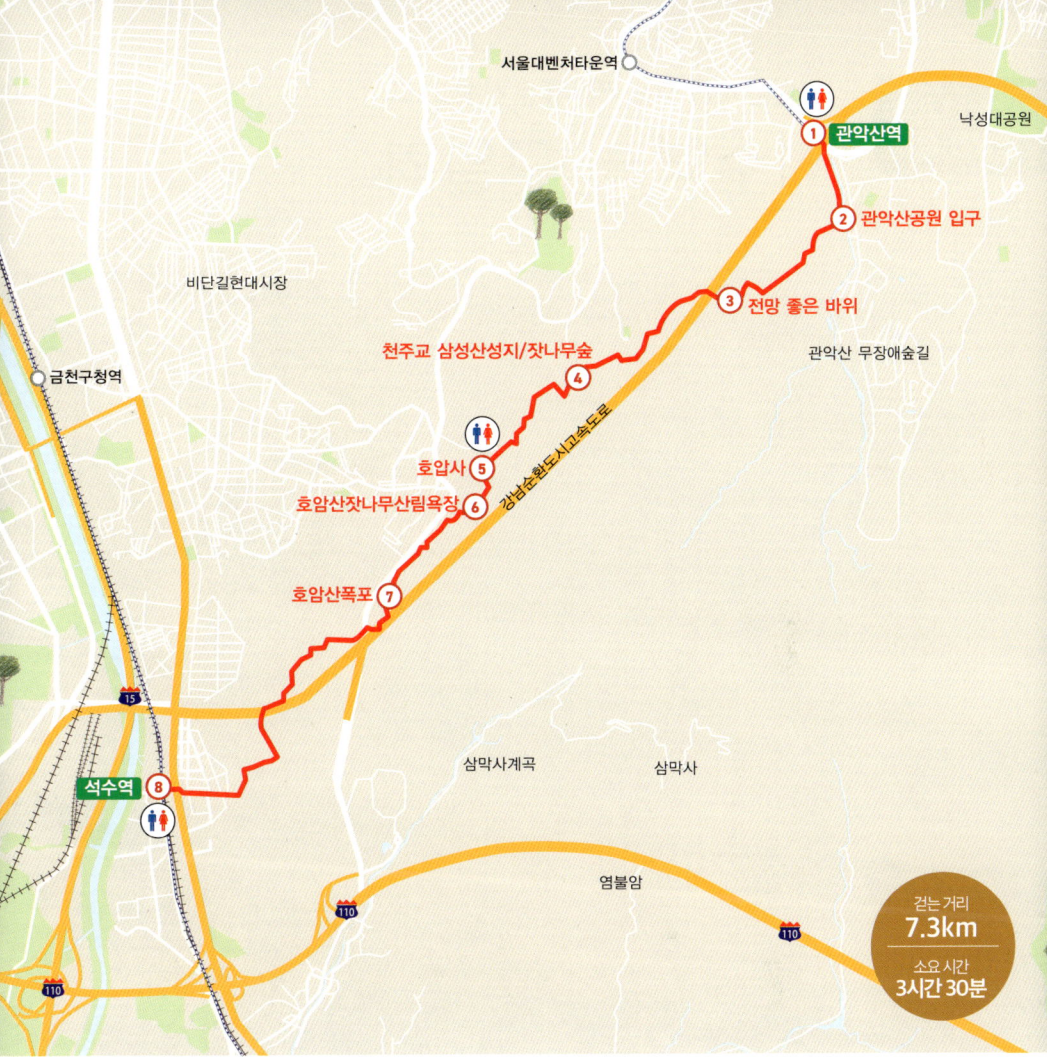

🟥 출발점 가는 방법(관악산역)

- **지하철** 2호선 신림역에서 신림선으로 환승하여 관악산역에서 하차, 1번 출구로 나와 관악산공원 입구에 둘레길 이정표가 보임.
- **버스** 501, 506, 5511, 5515, 5528, 6515번, 관악산 입구(관악아트홀)에서 하차. 정면에 관악산 입구로 직진, 등산로 입구에 서울 둘레길 이정표가 보임.
- **주차** 관악산 만남의광장 공영주차장 이용 가능 (유료).

🟦 도착점 가는 방법(석수역)

- **지하철** 1호선 석수역 1번 출구. 육교를 건너서 직진, 서울 둘레길 이정표가 보임.
- **버스** 5530, 5531, 5625, 5713번, 석수역에서 하차. 정면 육교로 올라가 왼편으로 직진. 육교 가운데에 서울 둘레길 이정표가 보임.
- **주차** 주차할 곳이 없으니 대중교통 이용을 권장.

13코스 안양천 상류

하천을 따라 걷는 기분 좋은 산책길

석수역 → 구일역

서울 둘레길 전체 코스 중 유일하게 하천으로만 구성된 길이다. 안양천 양옆으로 난 산책길과 자전거길은 한강까지 이어지는데, 봄에는 안양천 전체의 풍경을 조망하며 벚꽃이 흩날리는 길을 걸을 수 있다. 또 억새와 갈대가 우거진 하천 옆의 산책길을 걸으며 두루미, 청둥오리 등 철새들이 노니는 모습도 볼 수 있다. 도심에서 멀지 않은 곳에서 전원의 풍경을 즐길 수 있어 가족 단위 산책객들에게 더할 나위 없이 좋다.

둘레길 정보

- 둘레길 ★★★☆☆
- 난도 ★★☆☆☆
- 산소 ★★★☆☆
- 흙길 ★★☆☆☆
- 볼거리 ★★☆☆☆

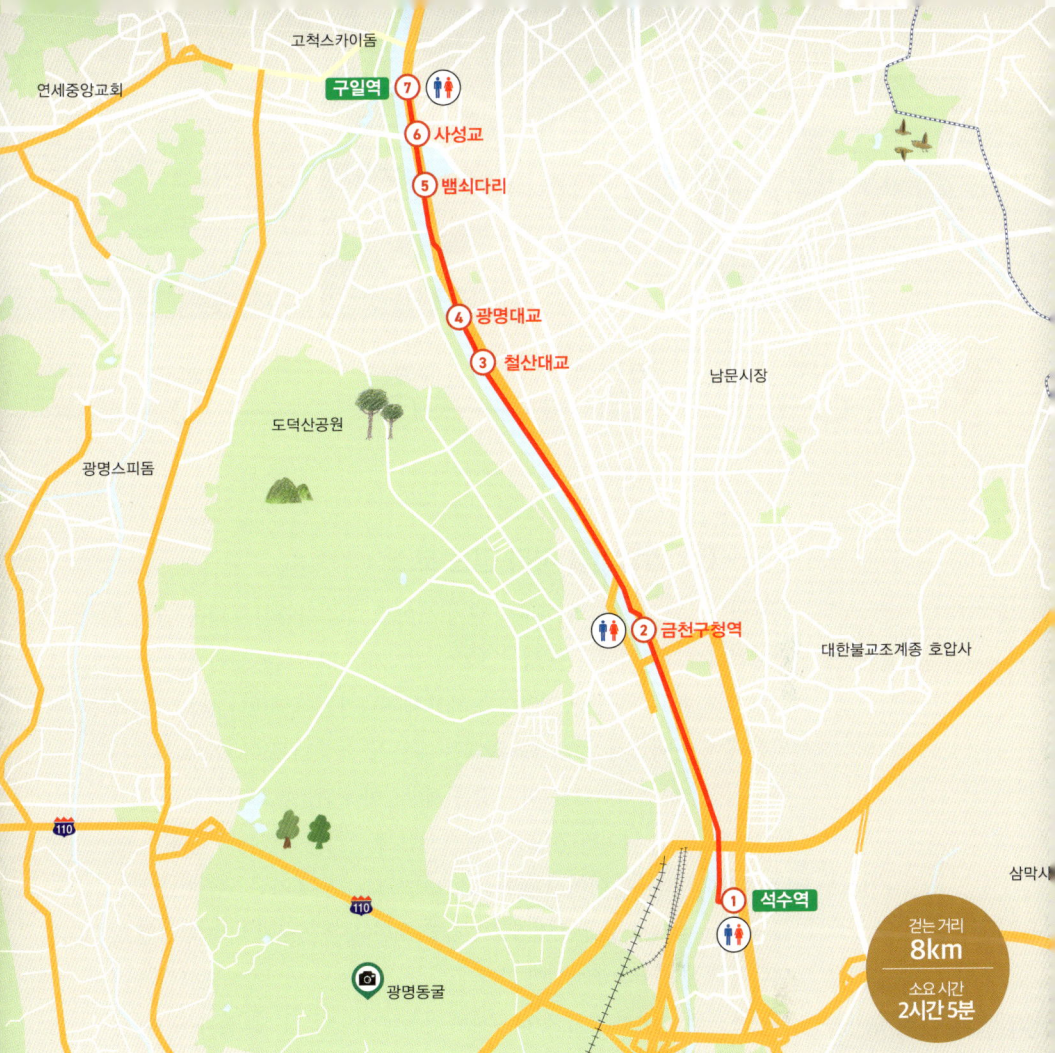

출발점 가는 방법(석수역)

- **지하철** 1호선 석수역 2번 출구. 아파트 단지 사잇길로 직진. 삼거리에 서울 둘레길 이정표가 있음.
- **버스** 5530, 5531, 5625, 5713번, 석수역에서 하차. 정면 육교로 올라가 석수역 방향으로 직진.
- **주차** 주차할 곳이 없으니 대중교통 이용을 권장.

도착점 가는 방법(구일역)

- **지하철** 1호선 구일역 1번 출구. 정면 하천길 변에 서울 둘레길 이정표가 있음.
- **버스** 마을버스 구로 10번, 구일역에서 하차. 육교를 건너 안양천 제방길로 진입하여 오른쪽으로 이동하면 서울 둘레길 이정표가 보임.
- **주차** 주차할 곳이 없으니 대중교통 이용을 권장.

석수역

안양천 고가 밑 산책길

안양천에서 노는 백로

출발 — 석수역 ① — 금천구청역 ② — 철산대교 ③ — 광명대교 ④

① → ② 안양천을 따라 걷는 코스

> 구로 올레길은 안양천 제방길을 따라 이어져 있다.

석수역 2번 출구 정면의 아파트 단지 사이를 지나 안양천을 따라 걷는다. 안양천에서 목동 방향으로 꺾어 500m 걸어가면 고속도로 교각 밑으로 조성된 산책길이 나타난다. 안양천은 하천이 지나가는 지역마다 상류는 인덕원천, 중류는 학고개천, 금천구 일대는 대천 등 각각 다른 이름으로 불렸다가 안양천으로 통합되었다. 이 구간은 제방길이라 단조롭고 심심할 수 있지만, 비가 내리는 날이면 안양천으로 흐르는 물줄기를 바라보며 걸을 수 있다. 금천구청역까지 이어진 제방길은 고속도로 때문에 자연스럽게 교각 밑을 지난다. 산책로 곳곳에 지역 주민들을 위한 운동 기구가 마련되어 있고, 쉼터와 화장실이 잘 조성되어 있다.

길이 철로와 나란히 뻗어 있어 수시로 전철이 지나다니는 걸 볼 수 있다. 걷다 보면 함께 달리는 기분이다. 곳곳에 놓여진 징검다리를 성큼성큼 뛰어 건너는 것도 잔잔한 재미다. 걷다 지치면 하천에 조성된 생태 공원에서 잠시 쉬며 녹음에 취해 물새가 노니는 풍경을 살펴볼 수 있다.

안양천 징검다리

② → ④ 벚꽃 떨어지는 연분홍색 길

금천구청역까지 고가 아래 포장된 산책길을 걸었다면, 금천교 앞 인라인 스케이트장까지는 안양천 산책길을 따라 걷는다. 오른쪽 경사길을 따라 오르면 철산대교까지는 가로수가 그늘을 드리운 제방길이다. 봄이면 벚나무가 흐드러지게 피어나 꽃 터널을 이룬다. 바람에 흩날리는 벚꽃의 정취를 만끽

안양천 풍경

안양천 벚꽃길

철산교 가기 전 제방 산책길

```
    뱀쇠다리          사성교           구일역
      ⑤              ⑥              ⑦         약 8km
                                              2시간 5분
```

하며 걷다 보면 마치 흰 눈이 내리는 것 같은 착각이 든다. 또 여름에는 검붉은 버찌가 상큼한 향을 풍기며 벚꽃이 지나간 자리를 대신한다.

④ → ⑦ 철산교 지나 뱀쇠다리를 건너

> 강변의 산책길과 제방 벚꽃길을 번갈아가며 걷는다. 둘레길 이정표가 간혹 안 보이거나 헷갈리면 제방길만 따라 한강합수부 방향으로 걸어간다.

철산대교와 광명대교 구간은 제방길이 이어지지 않아 안양천 옆으로 우회하여 걷는다. 철산대교로 나오면 구로구의 상징물인 수출의다리를 건너 가리봉 로데오 거리도 둘러볼 수 있다.

광명대교부터 구일역까지는 다시 벚나무 가득한 제방길로 쉽게 갈 수 있고, 사상교가 보이기 시작하면 안양천을 낮게 가로지르는 제법 큰 콘크리트 다리가 놓여 있다. 뱀쇠다리로 일제강점기 때 지어졌으며 경기도와 서울을 잇는 유일한 다리다. 뱀쇠다리는 경기도 광명시와 서울 구로구 가리봉동을 연결한다. 철산동의 옛 이름인 '뱀수'에서 유래되어 "뱀쇠다리"라고 불렸다. 뱀쇠다리를 둘러보고 제방길을 따라 걸어가면 걷기 여행의 종점인 구일역이다.

뱀쇠다리

14코스 안양천 하류

물길과 자연이 조화로운 길

구일역 → 가양역

동식물이 살지 못했던 안양천은 생태 복원 작업을 거치면서 지금의 모습을 되찾았다. 길을 걷다 보면 청둥오리, 왜가리 등과 작은 물고기들이 헤엄치는 것을 볼 수 있다. 천변에 피어나는 계절 꽃과 갈대숲으로 둘러싸인 산책 코스는 지역 주민에게 인기가 높다. 안양천 물길을 따라 황금내근린공원으로 합류하면 가슴이 탁 트이는 풍경을 마주한다.

둘레길 정보

- 둘레길 ★★★☆☆
- 난도 ★★☆☆☆
- 산소 ★★★☆☆
- 흙길 ★★☆☆☆
- 볼거리 ★★★☆☆

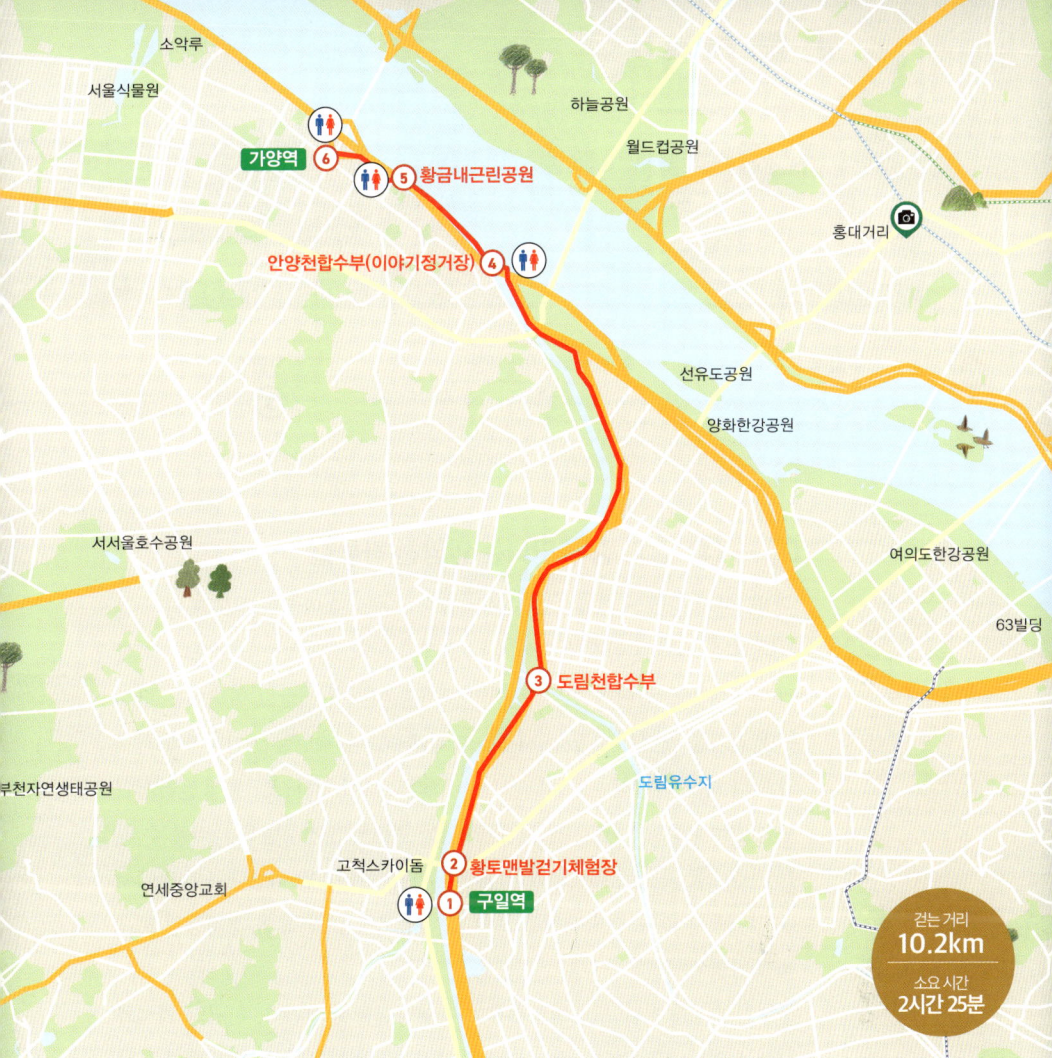

🟠 출발점 가는 방법(구일역)

- **지하철** 1호선 구일역 1번 출구. 정면 하천길 변에 서울 둘레길 이정표가 있음.
- **버스** 마을버스 구로 10번, 구일역에서 하차. 육교를 건너 안양천 제방길로 진입하여 오른쪽으로 이동하면 서울 둘레길 이정표가 보임.
- **주차** 주차할 곳이 없으니 대중교통 이용을 권장.

🔵 도착점 가는 방법(가양역)

- **지하철** 9호선 가양역 4번 출구. 정면 가양대교 방향으로 이동하면 서울 둘레길 이정표가 보임.
- **버스** 660, 672, 6627번, 가양역, 현대아파트에서 하차. 가양역 사거리에서 오른쪽으로 돌아 가양대교 방향으로 이동하면 서울 둘레길 이정표가 보임.
- **주차** 주차할 곳이 없으니 대중교통 이용을 권장.

구일역에서 안양천제방길 가는 길

황토맨발걷기체험장

구현전망대에서 본 풍경

출발 — 구일역 ① — 황토맨발걷기체험장 ② — 도림천합수부 ③

① → ③ 강과 강이 만나는 안양천 하류길

> 방향 표시판 디자인이 동일하기 때문에 표시판을 자세히 확인해야 한다. 무조건 안양천제방길을 따라간다고 생각하면 된다.

구일역에서 출발해 왼쪽으로 보이는 좁은 고가도로 아래의 인도를 따라 걷는다. 서울 둘레길 이정표 옆에 구로 올레길 이정표도 덧붙어 있으니 잘 확인하여 방향을 잡아야 한다. 구일역 고가를 지나면 제방길 한편에는 황토맨발 걷기를 체험할 수 있는 시설을 마련해놓았다. 제방길을 걷다가 고척교와 만나 다시 안양천변길로 내려선다. 그리고 다시 경사길을 통해 올라서면 구현전망대에 도착한다. 안양천은 하천을 정비하면서 주변을 둘러볼 수 있는 전망대를 곳곳에 세워놓았다. 높은 망루는 아니지만 나름대로 제방에서 내려다볼 수 있다. 전망대에 오르면 목동과 고척동 일대, 돔 경기장의 모습을 조망할 수 있다.

구현전망대를 지나 도림천합수부까지 제방길을 따라간다. 천변의 억새와 갈대 사이로 흰뺨검둥오리, 쇠오리, 고방오리, 청둥오리 등 철새들이 노니는 것이 보인다. 안양천은 철새의 먹이가 풍부하고 하수처리장 방류수로 겨울에도 하천이 얼지 않아 철새의 서식지로 알맞다. 도림천합수부를 지나 신정교 옆 오르막 계단을 올라 영롱이갈대2구장까지 제방길을 따라 걷는다.

도림천합수부 지나 안양천변 벤치

③ → ④ 벚꽃 흩날리는 제방길을 따라

도림천합수부를 지나면서 안양천의 강폭이 점차 넓어져 징검다리도 더 이상 보이지 않는다. 도림천합수부 이후부터는 서울 둘레길 이정표와 영등포 수변 둘레길 이정표가 동시에 설치되어 있다. 영등포 수변 둘레길은 제방길

 안양천 벚꽃길
 은행나무 가로수길
 안양천합수부 전 제방 산책길

안양천합수부(이야기정거장) ④ — 황금내근린공원 ⑤ — 가양역 ⑥

약 10.2km
2시간 25분

중턱을 지나지만, 서울 둘레길은 제방 맨 위 벚꽃 길을 따라 걷는 길이다. 봄이면 벚꽃이 흩날리고, 여름이면 시원한 물소리로 더위를 식히며 걸을 수 있다. 어느 길을 따라 가도 안양천합수부까지 이어진다. 합수부에 다다르면 좁은 하천에서 느끼지 못했던 한강의 거대함을 느낄 수 있다. 상쾌한 바람이 불어와 가슴을 시원하게 해준다.

> 황금내근린공원부터 가양역까지 공원 구간은 가로수가 우거진 곳으로 단조로운 물길을 벗어나 상큼함을 느낄 수 있다.

④ → ⑥ 물길이 만나는 안양천합수부를 따라

안양천합수부는 안양천을 따라 걸어 올라온 사람과 한강을 따라 걸어온 사람이 만나는 곳이다. 물길이 만나는 지점에서 사람들 역시 만남과 헤어짐을 반복한다. 그래서 자연스럽게 넓은 쉼터가 조성되었다.

쉼터에서 머물다가 한강 하류 방향으로 강을 따라 인도교를 건넌다. 한강 합류부에서 1.7km 정도를 걸으면 황금내근린공원으로 통하는 두 번째 토끼굴이 나타난다. 황금내근린공원의 산책길은 푹신한 흙길과 고무매트 길이 연이어져 있어 걷는 동안 발의 피로감이 덜하다. 황금내근린공원에서 빠져나와 가양아파트 교차로에서 오른쪽 건널목을 건너면 안양천 구간의 종점인 가양역이 보인다.

 황금내근린공원 앞

15코스 노을·하늘공원

복원된 난지도 공원길

가양역 → 증산역

난지도는 원래 난초와 지초가 자라고 온갖 꽃이 만발하는 아름다운 섬이었다. 조선 후기의 대표적인 지리서 〈택리지〉에서는 풍수가 좋은 곳으로 손꼽혔지만, 1977년 강둑을 새로 만들면서 난지도는 약 15년간 쓰레기 매립장으로 사용되었다. 8.5톤 트럭이 하루에 3,000번을 오가며 거대한 쓰레기가 산처럼 쌓였고, 1993년 수용 한계량에 도달하여 폐쇄되었다. 그 뒤 난지도는 생태 정화 작용을 거쳐 다시 꽃이 피고 철새가 찾아오는 섬으로 변신하게 되었다. 15코스는 난지도를 크게 돌고 메타세쿼이아 숲길과 각종 공원을 돌아보며 자연을 즐길 수 있다.

둘레길 정보	
둘레길	★★★★☆
난도	★★☆☆☆
산소	★★★☆☆
흙길	★★☆☆☆
볼거리	★★★★☆

가양대교 엘리베이터

가양대교 위에서 본 올림픽대로

메타세쿼이아 숲길

출발 — 가양역 ① — 가양대교(보행자 엘리베이터) ② — 한강생태습지공원 ③ — 메타세쿼이아 숲길(노을공원~하늘공원) ④

① → ③ 본연의 아름다운 모습으로 돌아온 난지도

가양역 4번 출구로 나와 300m 정도 직진하면 가양아파트 교차로다. 왼쪽으로 꺾어 가양대교를 건너서 한강 북단에 이르면 왼쪽 보행자 길에 난지도 공원으로 향하는 엘리베이터가 있다. 난지도는 본래 난초가 피어나는 난지천과 불광천, 한강으로 둘러싸인 아름다운 섬이었다. 계절마다 다양한 색깔의 꽃이 피고 철새가 날아와 쉬어가던 아름다운 섬으로 '꽃섬', '중초도(中草島)'라고도 불렸던 섬이다.

하지만 경제 개발이 한창일 때 쓰레기 매립장으로 사용되고, 그러다 수용 한계량에 도달하여 폐쇄되었다. 그 뒤 서울시의 노력으로 정화 작용을 거쳐 이제 다시 꽃이 피어나는 난지산으로 변했다. 마포 방향으로 공원 산책길을 따라 500m 걸어오면 왼쪽으로 하늘공원과 연결된 토끼굴이 나타난다. 토끼굴을 통과해 계단을 올라 넓은 길을 따라 10분 정도 걸으면 메타세쿼이아 숲길이다. 여기서부터는 자유롭게 공원 안팎을 둘러보며 불광천까지 걷는다.

> 가양대교를 건널 때는 왼쪽 보행자 길을 따라가야 엘리베이터를 탑승해서 한강공원으로 갈 수 있다.

메타세쿼이아 숲길

③ → ⑥ 황홀한 축제의 현장이었던 상암월드컵경기장

인공 산인 하늘공원을 올라 한강을 내려다보거나 한강과 난지천생태공원을 둘러봐도 좋고, 메타세쿼이아 숲길과 하늘공원으로 오르는 계단을 따라 한 바퀴 둘러보아도 좋다. 봄에는 난지천공원에서 벚꽃과 개나리를 배경으로 사진을 찍고, 초여름에는 흐드러진 버드나무 길을 걷는다. 또 가을날에

문화비축기지

상암월드컵경기장

불광천 옆 산책길

문화비축기지 ⑤ — 월드컵경기장역 ⑥ — 불광천 ⑦ — 증산역 ⑧   약 7.7km 2시간 10분

는 억새 가득한 하늘공원 정상에서 노을을 바라본다.

메타세쿼이아 숲길을 지나 문화비축기지를 거쳐 상암월드컵경기장 방향으로 길을 잡는다. 석유 비축 시설이었던 산업 시설이 매봉산과 더불어 문화비축기지공원으로 탈바꿈했다. 2002년 한·일 월드컵 때 대한민국을 붉게 물들였던 붉은 악마의 함성 소리가 아직도 월드컵경기장에 남아 있는 것 같다. 경기장 주변은 매봉산 숲길과 연결된 복합 문화 단지로 변모하여 쇼핑몰과 영화관 등의 시설을 갖추고 있다. 증산터널 앞 오른쪽 경기장 방향으로 들어서면 메인 광장이 있다. 광장을 가로질러 월드컵경기장역 3번 출구 옆으로 불광천과 연결된 산책길을 따라간다.

> 상암월드컵경기장 1층에는 2002년 한·일월드컵을 기념하기 위한 기념관이 조성되어 있다.

⑥ → ⑧ 민물고기와 오리떼가 헤엄치는 불광천

상암월드컵경기장에서 불광천으로 접어들어 왼쪽을 바라보면 하천을 가로막은 듯한 북한산 능선이 보인다. 불광천은 자연 하천이 흘러 맑은 물에 민물고기가 노닐고 오리떼가 헤엄을 친다. 불광천 양옆으로 산책길이 조성되어 있는데 서울 둘레길은 왼쪽 길이다. 증산3교를 지날 때까지 계속 천변길을 따라 걷는다. 증산 3교에서 290m 정도 걸어 왼쪽 경사로를 오르면 건널목 앞으로 증산역이 보인다.

불광천변 풍경

즐길거리

서울 둘레길 대표 코스

📷 상암월드컵공원

월드컵 개최 기념과 난지도 생태 복원을 위한 목적으로 5개의 테마로 조성된 공원이다. 한강난지공원, 난지천공원, 평화의공원, 하늘공원, 노을공원으로 구분되어 있다. 전기차 셔틀 차량을 제외하고 일반 차량은 통행할 수 없으며, 공원에 사용되는 에너지는 자연으로부터 얻어 이용하는 것이 특징이다. 하늘공원과 노을공원은 저녁 9시 이후에는 출입할 수 없으니 야경을 보려면 이전에 올라가야 한다.

주소 서울시 마포구 하늘공원로 86
문의 02-300-5500

📷 문화비축기지

1970년대 석유 파동 이후 석유비축의 절실함을 느끼고 건설되었다가 2002년 월드컵을 앞두고 안전상의 이유로 폐쇄됐다. 시민 아이디 공모를 통해 문화비축기지라는 문화 시설로 탈바꿈해 운영 중이다. 전시 및 공연, 워크샵 등 문화 행사가 지속적으로 개최되는 장소이다.

주소 서울특별시 마포구 증산로 87
문의 02-376-8410

🔴 **출발점 가는 방법(가양역)**
- **지하철** 9호선 가양역 3번 출구. 정면 가양대교 방향으로 이동하면 서울 둘레길 이정표가 보임.
- **버스** 660, 672, 6627번, 가양역, 현대아파트에서 하차. 가양역 사거리에서 오른쪽으로 돌아 가양대교 방향으로 이동하면 서울 둘레길 이정표가 보임.
- **주차** 주차할 곳이 없으니 대중교통 이용을 권장.

🔵 **도착점 가는 방법(증산역)**
- **지하철** 6호선 증산역 2번 출구. 횡단보도 앞까지 이동하면 서울 둘레길 이정표가 보임.
- **버스** 571, 753, 7019, 7021, 7611번, 증산역에서 하차하면 서울 둘레길 이정표가 보임.
- **주차** 주차할 곳이 없으니 대중교통 이용을 권장.

**16코스
봉산·앵봉산**

해 질 녘 낙조가 아름다운 길
증산역 → 구파발역

봉산은 서울 외곽의 낮은 산으로 북쪽을 방비하는 토성 같은 모양이고, 앵봉산은 서오릉을 감싸 안고 있다. 해발 200m로 낮은 산자락이지만 오르막과 내리막길이 반복되기 때문에 걷다 보면 숨을 헐떡일 수밖에 없다. 하지만 곳곳에 다양한 수종의 숲이 있어 자연 학습장이라 일컬어도 좋은 코스다.

둘레길 정보	
둘레길	★★★☆☆
난도	★★★★☆
산소	★★★☆☆
흙길	★★★★★
볼거리	★★☆☆☆

증산동에 열린 감나무 열매

봉산 구간 팥배나무 군락지 갈림길

봉산정

출발 — ① 증산역 — ② 증산체육공원 — ③ 봉산도시자연공원 — ④ 봉산해맞이공원

> 숲길 곳곳에 정자 쉼터와 근린 체육 시설이 있어 비를 피하거나, 간단한 도시락 식사가 가능하다.

① → ③ 자연을 배우기에 좋은 숲

증산역 앞 증산로 5길을 따라 산 밑자락까지 직진하면 증산체육공원에 이른다. 잠시 숨을 고른 뒤 축구장 옆 오솔길을 따라 능선을 올라 봉산정 방향으로 길을 잡는다. 봉산도시자연공원은 계절마다 다양한 꽃을 볼 수 있으며, 잣나무숲이 상쾌한 푸른빛을 발한다. 마치 자연 학습 체험장을 걷는 것 같다. 송전탑이 보이는 오르막길을 지나면 봄이면 하얀 꽃이 만발하는 팥배나무 군락지를 볼 수 있는 관찰 데크길이다. 연이어 서어나무, 아까시나무, 밤나무 군락지 등 다양한 수종을 관찰할 수 있다.

③ → ④ 봉수대 불길이 타올랐던 봉산해맞이공원

오르막과 내리막을 반복하는 봉산 능선은 예상보다 힘들다. 하지만 곳곳에 잠시 쉬어갈 수 있는 작은 정자가 있다. 숭실고등학교 뒤편에는 편백나무 치유의숲이 조성되어 삼림욕 체험이 가능하고 나무 사이 산책길을 걷는 재미가 쏠쏠하다.

봉산 정상에 오르면 봉화대가 재현되어 있다. 북쪽 여진족의 침입에 대비하기 위해 의주에서 시작한 봉수가 안산(예전의 무악) 봉수대까지 연결되는데, 이곳 봉산정이 봉수 신호의 중간 역할을 했다. 해 질 무렵 정상에 오르면 낮은 구릉과 넓은 평지에 노을이 흐르고 지평선의 낙조를 볼 수 있다. 정상의 동남쪽은 북한산과 안산, 인왕산이 빙 둘러져 있다. 이곳은 3.1운동 이후 주민들이 모여 독립 만세를 외쳤던 장소로도 알려진 의미 있는 곳이다.

봉산정 앞 봉수대

봉산정에서 바라본 북한산 풍경

서오릉고개 생태 육교

앵봉산가족캠핑장

서오릉고개 ⑤ — 앵봉산 ⑥ — 앵봉산가족캠핑장 ⑦ — 구파발역 ⑧

약 9.1km
4시간 15분

④ → ⑧ 해 질 무렵 낙조가 멋진 앵봉산

봉산정 뒤편으로 서오릉고개 방향 내리막길이 있다. 일부 경사가 급한 곳이 있으므로 천천히 내려가야 한다. 봉산정을 벗어나니 경기도와 서울을 가르는 서오릉고개가 나타난다. 이제는 봉산과 앵봉산을 연결하는 생태 다리가 생겨 횡단보도를 이용하지 않아도 된다. 생태 다리를 건너 만나는 오르막 코스는 급경사 숲길이 이어진다. 이 구간부터는 앵봉산으로 오르는 길이다. 앵봉산은 응봉이라는 별칭을 가지고 있는데, 숨이 탁탁 막힐 정도의 급한 경사로 사람들의 발길이 적어 한가롭다. 잠시 숨을 돌리고 깊은 숲길을 따라 서오릉까지 걸어간다.

> 산길이 험하니 어두워지기 전에 숲길을 벗어나야 한다.

앵봉산 정상은 북쪽을 바라보는 탁 트인 풍경이 멋지다. 정상에서 구파발역으로 가는 길목 앵봉산 중턱에 있는 전망대는 나무가 없어 훨씬 더 풍부한 풍경을 보여준다. 해 질 무렵 낙조를 전망하기 좋은 장소이다. 숲길을 1km 정도 걸어 내려오면 오른쪽에 급하게 꺾여 내려가는 길이 보인다. 내리막길 끝자락의 갈림길에서 다시 오른쪽으로 접어들면 앵봉산가족캠핑장이 보인다. 자연 생태 모습을 그대로 살린 공원길을 따라 걷다 보면 통일로와 만나는 곳에 버스 정류장이 보인다. 지하철을 이용하려면 건널목을 건너 롯데몰 사잇길로 직진한다.

서울 둘레길 대표 코스

📷 봉산해맞이공원

봉산 정상에 조성된 공원으로 봉수대와 팔각정인 봉산정이 세워져 있다. 서쪽 방향에 높은 산이 없어서 낙조를 보기 좋은 장소이다. 동쪽으로는 북한산 능선과 인왕산, 안산을 모두 바라볼 수 있는 조망대가 있다.

주소 서울시 은평구 구산동 산 136-13
문의 02-969-2003

📷 서오릉

조선시대 왕가의 무덤으로, 숙종의 능인 명릉을 비롯한 경릉, 창릉, 익릉, 홍릉을 서오릉이라 하며, 세계문화유산으로 등재되었다. 벌고개에서 걸어서 15분 정도 거리에 있으며, 앵봉산에서 서오릉으로 갈 수 있는 숲길도 있다.

주소 경기도 고양시 덕양구 서오릉로 334-32
문의 02-359-0090

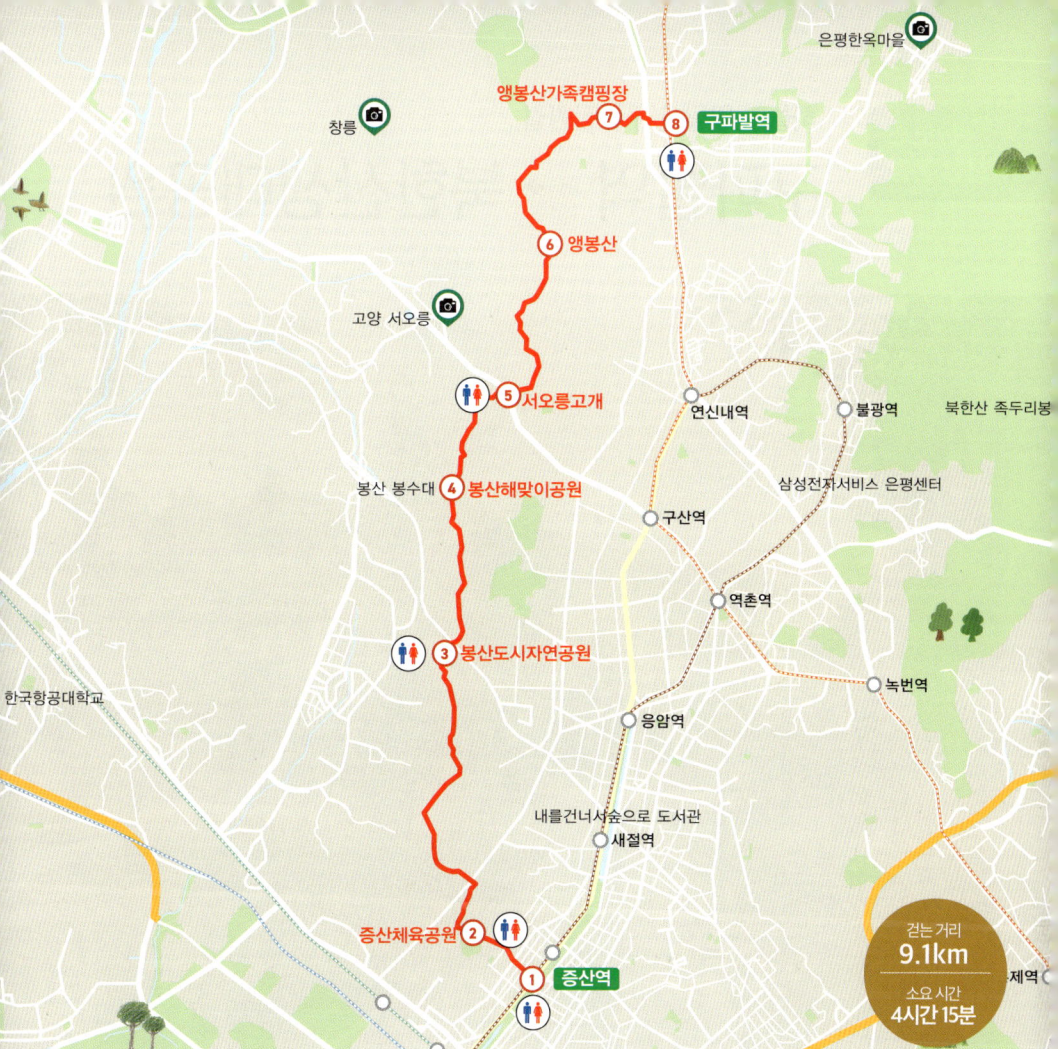

출발점 가는 방법(증산역)

- **지하철** 6호선 증산역 2번 출구. 횡단보도 앞까지 이동하면 서울 둘레길 이정표가 보임.
- **버스** 571, 753, 7019, 7021, 7611번, 증산역에서 하차하면 서울 둘레길 이정표가 보임.
- **주차** 주차할 곳이 없으니 대중교통 이용을 권장.

도착점 가는 방법(구파발역)

- **지하철** 3호선 구파발역 2번 출구. 도로를 따라 직진. 하천 산책길 입구에 서울 둘레길 이정표가 보임.
- **버스** 360, 704, 720, 7211, 7722번, 구파발역 2번 출구에서 하차. 도로를 따라 60m 직진. 하천산책길 입구에서 서울 둘레길 이정표가 보임.
- **주차** 구파발역 환승주차장 이용 가능(유료).

17코스 북한산 은평

하늘과 맞닿은 구름정원길
구파발역 → 북한산생태공원

서울 둘레길 17코스는 구파발역에서 시작하여 하늘전망대에 올라 북한산생태공원 앞까지 내려가는 코스다. 구파발천을 따라 정겨운 이름을 가진 다리를 거쳐 은평뉴타운의 끝인 밥할머니교로 올라와 선림사를 우회하여 북한산 자락에 합류한다. 절벽 옆에 조성된 데크길을 지날 때면 향로봉과 족두리봉의 바위산을 바라볼 수 있다.

둘레길 정보

둘레길	★★★★☆
난도	★★☆☆☆
산소	★★★☆☆
흙길	★★★★☆
볼거리	★★★★☆

⭐ 출발점 가는 방법(구파발역)

- **지하철** 3호선 구파발역 2번 출구. 도로를 따라 직진, 하천 산책길 입구에서 서울 둘레길 이정표가 보임.
- **버스** 360, 704, 720, 7211, 7722번, 구파발역 2번 출구에서 하차, 도로를 따라 60m 직진. 하천 산책길 입구에서 서울 둘레길 이정표가 보임.
- **주차** 구파발역 환승주차장 이용 가능(유료).

⭐ 도착점 가는 방법(북한산생태공원)

- **지하철** 3호선 불광역 2번 출구. 왼쪽 인도를 따라 800m 직진, 생태공원 앞 횡단보도에서 서울 둘레길 이정표가 보임.
- **버스** 7022, 7211, 7212번, 북한산래미안아파트에서 하차. 서울 둘레길 이정표가 보임.
- **주차** 주차할 곳이 없으니 대중교통 이용을 권장.

구파발천 모습

북한산 둘레길

북한산하늘전망대 가는 하늘다리

출발 — 구파발역 ① — 구파발천 ② — 선림사 ③ — 불광중학교 ④

① → ④ 북한산 둘레길과 만나는 서울 둘레길

> 불광중학교 앞에서 대중교통을 이용할 수 있으니 힘들 경우 빠져나올 수 있다.

구파발은 조선시대 서울과 의주를 잇는 파발 말의 경유지였다. 그래서 사람과 말이 항상 쉬거나 대기하던 곳이었다. 지금은 은평뉴타운이 들어서면서 사람이 쉬는 동네로 변모했다. 구파발역 2번 출구로 나와 100m 직진하면 왼쪽에 선림사 앞까지 이어진 구파발 하천길 초입이 나타난다. 아파트 단지 가운데로 흐르는 하천길은 북한산 능선의 끝자락과 붙어 있어 자연스레 북한산 둘레길 코스와 연결된다. 박석고개를 지나 북한산 품으로 들어서면 숲길이 편안하다.

하천길이 끝나는 삼거리에서 왼쪽 힐스테이트 아파트 폭포동 사잇길로 150m 올라가면 체력 단련 시설이 나타난다. 북한산 둘레길이 양쪽으로 표시되어 있는데 오른쪽에 표시된 '불광중학교' 또는 '구기동' 방향을 따라가야 한다. 이제부터는 서울 둘레길 이정표와 북한산 둘레길 이정표가 같이 설치되어 있어 헷갈릴 수 있으니 잘 확인하면서 걸어야 한다. 숲길을 20여 분 걸으면 불광로 18길과 만나는 불광중학교 앞이다. 정문 앞 삼거리에서 왼쪽으로 방향을 틀어 불광로 18길을 따라 걷는다. 바닥에 북한산 둘레길 표시를 따라 걸으면 골목 사이를 지나 북한산 자락이 보이기 시작한다.

④ → ⑥ 키 큰 잣나무를 발 아래로 내려다볼 수 있는 길

하늘다리 앞 풍경

불광중학교 앞으로 내려와 동네를 가로질러 작은 수리공원 숲길을 가로질러 정진사 앞 숲길에 다다른다. 땀이 맺힐 정도로 오르막길을 오르면 평평

북한산하늘전망대에서 바라본 북한산 풍경

북한산생태공원

옛성길 시작점

정진사 ⑤ — 북한산하늘전망대 ⑥ — 불광사 ⑦ — 북한산생태공원 ⑧

약 5.9km
2시간 45분

한 숲길이 이어지고 북한산하늘전망대로 오르는 나무 데크길이 나타난다. 전망대까지 좁은 비탈길과 절벽 옆면의 길을 따라 걷는다. 나무 데크길이 잘 조성되어 있어 안전하게 걸을 수 있다. 육교처럼 높이 떠 있는 나무 데크길을 걸으며 키 큰 잣나무 숲을 발 아래로 내려볼 수 있다. 마치 하늘 위를 걷는 느낌이어서 구름정원길이라는 이름으로 불린다. 하늘전망대는 망루가 아니고 절벽 앞으로 탁 트인 공간으로 조성되어 있다.

⑥ → ⑧ 하늘전망대에서 바라보는 북한산

전망대에 서면 인왕산과 안산, 백련산이 지척에 보일 정도로 가깝다. 반대편으로 북한산의 일부 능선도 조망할 수 있다. 잠시 풍광을 둘러보다 전망대에서 왼쪽으로 내려서면 하행길이 시작된다. 가파른 계단 길을 밟고 조심히 내려서면 불광사를 지나 아파트 단지가 나타난다. 포장 시멘트 길에 녹색의 북한산 둘레길 띠가 길게 표시되어 있는데, 이를 따라가면 구름정원길의 종점인 관문 표시가 나타나고 북한산생태공원 앞에 다다른다. 한편 이 코스는 길이 좁고 바위가 많아 겨울철에는 조심해야 할 코스 중 하나이다. 그래서 겨울에는 반드시 장비를 철저하게 갖추고 걸어야 한다.

> 북한산생태공원에서 불광역까지는 버스 한 정거장 정도의 거리로 걸어가도 무방하다.

북한산생태공원 앞 숲길

18코스 북한산 종로

뚜벅뚜벅 북한산을 넘어 평창마을로
북한산생태공원 → 형제봉 입구

북한산 둘레길의 옛 성길과 평창마을길을 에둘러 걷는 코스다. 북한산 자락에 숨겨져 있는 탕춘대성암문을 지나 고풍스런 주택가가 있는 마을을 지난다. 평창마을길은 북한산 자락을 돌아보는 코스 중 유일하게 마을 이름을 딴 곳으로 조용한 주택가를 걸으며 더불어 아름다운 숲길의 정취도 느낄 수 있다.

둘레길 정보

둘레길	★★★☆☆
난도	★★☆☆☆
산소	★★★☆☆
흙길	★★☆☆☆
볼거리	★★★★☆

🚩 출발점 가는 방법(북한산생태공원)

- **지하철** 3호선 불광역 2번 출구. 왼쪽 인도를 따라 800m 직진, 생태공원 앞 횡단보도에서 서울 둘레길 이정표가 보임.
- **버스** 7022, 7211, 7212번, 북한산래미안아파트에 하차. 서울 둘레길 이정표가 보임.
- **주차** 주차할 곳이 없으니 대중교통 이용을 권장.

🚩 도착점 가는 방법(형제봉입구)

- **지하철** 4호선 길음역 3번 출구. 버스로 환승.
- **버스** 110(A), 7211번, 롯데아파트에 하차. 건널목을 건너 오른쪽 북악터널 방향으로 200m 직진, 왼쪽 오르막길 따라 이동. 길 입구에 북한산 둘레길 이정표가 보임.
- **주차** 주차할 곳이 없으니 대중교통 이용을 권장.

북한산 둘레길 쉼터

탕춘대성암문

탕춘대 옛 성벽의 모습

출발 — 북한산생태공원 ① — 전망대 ② — 탕춘대성암문 ③ — 구기터널 삼거리 ④

① → ② 북한산 능선을 따라 걷는 옛 성길

북한산생태공원에서 도로 맞은편 장미공원으로 진입해 오르막길 옆 서울둘레길 이정표를 보고 따라 걷는다. 건널목을 건너 장미공원과 약수터를 지나면 왼쪽으로 오르막 데크 계단이 나타난다. 옛 성길 구간의 시작점으로 가파른 계단의 경사가 있어 쉽지 않다. 500m 정도 오르면 하늘이 열리고 능선에 다다른다. 잠시 숨을 돌리고 다시 숲길을 따라 500m 걸으면 전망대가 나타난다. 여기서부터는 갈림길이 많이 나타나는데 어디를 가더라도 다시 만난다. 북한산 능선 풍경을 바라보며 걷다 보면 일부 무너진 성곽의 흔적을 발견할 수 있다.

② → ④ 연산군이 지은 탕춘대

연산군은 지금의 세검정 자리에 탕춘대라는 누각을 짓고 여흥을 즐겼고, 이를 가로지른 성을 탕춘대성이라고 불렀다. 한양도성과 북한산성을 연결하는 성이다. 지금은 비봉으로 향하는 등산로가 나란히 이어져 있다.
암문을 통과해 상명대 방향으로 200m 정도 걸어가면 아직도 굳건히 버티고 서 있는 탕춘대성의 바깥 외경을 마주할 수 있다. 탕춘대성암문으로 가는 숲길은 굵은 모래처럼 잘게 부서지는 흙길이라 미끄러지지 않게 주의해야 한다. 암문을 지나 비봉 방향으로 50m 올라 오른쪽 데크 계단을 타고 구기동 방향으로 내려서면 옛 성길 코스가 끝난다.

탕춘대성암문으로 가는 길에 밤나무

청련사

연화정사

평창마을 풍경

| 평창동마을길 | 청련사 | 연화정사 | 형제봉 입구 | 약 7.4km |
| 5 | 6 | 7 | 8 | 4시간 |

④ → ⑧ 앤티크 한 멋이 살아 있는 평창마을길

숲길을 벗어나 구기동마을에 접어든다. 구기터널 반대 방향으로 5분 정도 걸으면 구기터널 삼거리다. 여기서부터는 녹색의 띠가 그려진 인도를 따라 걷는다. 도로를 따라 400m 정도 걸어 왼쪽 도심 속 텃밭을 지나면 평창마을이다. '평창(平倉)'은 조선시대에 대동미를 관리하는 선혜청, 수도 방어를 담당했던 총융청의 가장 큰 창고였다. 재물을 보관하기에 최적의 입지였다. 평창동에는 시대별 가옥들의 형태가 남아 있어 다양한 건축물을 보기 위해 찾아오는 사람들이 많다. 산과 맞닿은 도로변 길을 따라 걸으니 북한산 둘레길이 나타난다. 걷는 내내 평창동을 내려다볼 수 있는데, 산자락과 어우러진 양지 바른 마을 풍경이 펼쳐진다.

북한산 능선 중 끝자락에 자리한 청련사 방향으로 길을 잡는다. 북한산의 영험한 산 기운을 받는 자리에 위치한 청련사는 형제봉 탐방 안내소 구간까지의 중간 쉼터 역할을 한다. 산자락 바로 아래 도심 길을 따라 이어져 있어 경사가 급한 길이 여러 차례 나타난다. 형제봉 입구에 거의 다다를 때쯤이면 연화정사라는 작은 사찰이 나타난다. 상시로 문을 여는 곳이 아니나 개방되었을 때 가면, 평창동 일대를 편안하게 조망할 수 있는 장소이다. 연화정사에서 250m 정도 걸어가면 왼편으로 형제봉 탐방 안내소가 나타난다.

형제봉 탐방 안내소

19코스 북한산 성북

사색에 잠겨 걷는 호젓한 숲길

형제봉 입구 → 화계사 입구

형제봉 탐방 안내소에서 이준열사묘역까지의 코스는 명상길, 솔샘길, 흰구름길로 이어진다. 마을을 가까이 두고 걷지만 깊은 산속에 들어와 있는 것처럼 고요하고 적막하다. 3개의 짧은 코스가 연결되어 있어 그날의 컨디션에 따라 골라 걸을 수 있다. 3개 코스를 모두 소화하면 충분한 삼림욕을 맛볼 수 있다. 천천히 걸음을 옮기며 계곡의 청량한 물소리에 귀를 기울이면 마음이 정갈해진다.

둘레길 정보

둘레길	★★★☆☆
난도	★★☆☆☆
산소	★★★☆☆
흙길	★★★★☆
볼거리	★★★☆☆

형제봉 갈림길 쉼터

정릉탐방소 가는 숲길

정릉탐방소 솔샘길 시작점

출발 — 형제봉 입구 ① — 북한산 정릉탐방지원센터 ② — 성북생태체험관 ③

① → ③ 솔향기를 맡으며 걷는 숲길

> 형제봉 갈림길은 북악산하늘길과 연결하여 갈 수 있으며, 국민대 방향으로 빠져나갈 수 있는 갈림길이다.

형제봉 탐방 안내소를 기점으로 새롭게 설치된 데크길을 따라 능선까지 오른다. 능선에서 오른쪽 정릉 방향으로 걸으면 북악산으로 이어지는 명상길이 보인다. 길 이름처럼 걷는 내내 고요하다. 험하고 좁은 숲길을 지날 때는 정신을 집중하느라 모든 잡념이 사라지는데, 명상길을 통과하고 나면 마음이 비워지는 느낌이 든다. 비봉 갈림길을 시작으로 연이어 갈림길이 계속 나타난다. 계단으로 내려와 왼쪽의 비봉 쉼터에서 잠시 걸음을 멈추고, 오른쪽으로 내려서면 정릉천과 연결되는 작은 계곡길이 나타난다. 한여름에는 시원한 계곡물에 족욕을 할 수 있다.

정릉 탐방 안내소에 다다르면 솔샘길 구간이다. 도로에서 CU편의점 삼거리를 지나 왼편으로 방향을 틀면 솔샘공원이 나타난다. 솔샘길은 솔향 가득한 소나무와 잣나무가 공원 뒤편에 넓게 자리 잡고 있다. 생태공원을 둘러보며 솔향의 짙은 숲 내음을 즐길 수 있고, 벚꽃 등 계절마다 피어나는 꽃구경도 할 수 있다. 또 공원 내에 생태 습지 화원이 조성되어 있어 창포, 물옥잠 같은 수생식물들이 피어난다.

북한산생태숲공원 아래 습지 화원

③ → ⑤ 구름 사이로 북한산 능선이 보이는 곳

성북생태체험관을 지나면서 이어지는 흰구름길은 오르막과 내리막이 반복되기 때문에 평소보다 천천히 걷는 게 좋다. 북한산 구간에는 두 군데에 타원형 전망대가 설치되어 있다. 그중 먼저 세워진 구름전망대는 사방으로 펼

| 구름전망대 | 흰구름길 구간 둘레길 풍경 | 빨래골 쉼터 |

빨래골 ④ — 흰구름전망대 ⑤ — 화계사 입구 ⑥   약 6km 2시간 50분

쳐진 조망감이 으뜸이다. 주변의 북한산 능선뿐만 아니라 바로 옆 도봉산과 건너편 수락산과 불암산의 능선까지 한눈에 담을 수 있다. 단, 전망대 정상의 공간이 좁아서 잠시 관망 후에 다음 사람들을 위해 양보하는 것이 미덕이다.

또한 흰구름길에는 옛 궁녀들이 빨래를 하기 위해 찾아왔다는 '빨래골'이 있다. 편평한 바위가 있어 등산객의 쉼터가 되어준다. 여름이면 수건을 적셔 땀을 식히는 사람들이 제법 많다.

⑤ → ⑥ 마음을 편하게 해주는 내리막길 따라

탁 트인 전망대를 뒤로하고 다시 숲이 우거진 숲길을 걸어 내려간다. 화계사까지 가는 마지막 내리막길 구간이다. 흙길이어서 마음이 편하다. 봄에는 철쭉을 비롯한 야생화가 곳곳에 피어나 꽃구경을 하는 재미가 쏠쏠하다. 화계사가 보이면 사찰로 들어가지 않고 오른쪽 숲길따라 일주문 방향으로 간다. 북한산 동쪽에 위치한 화계사는 조선 왕가에서 지은 절로 화계동(華溪洞)으로 이전하여 지으면서 화계사(華溪寺)라고 이름을 바꾸었다. 화계사는 '꽃과 시냇물, 사찰이 아름다워 3가지 아름다움을 갖췄다'라는 뜻을 담고 있다. 흥선대원군의 친필이 쓰인 명부전 형판이 유명하다. 화계사에 들러 정갈하게 마음을 다듬고 코스를 마무리한다. 화계사 앞에서 빠져나와 500m 내려오면 버스 정류장이 있다.

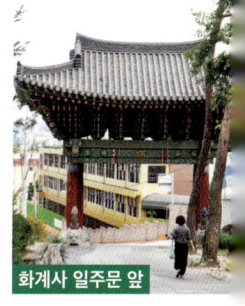

화계사 일주문 앞

서울 둘레길 대표 코스

📷 북한산 둘레길 스탬프 투어

북한산 둘레길 코스마다 포토 포인트가 있다. 여기서 사진을 찍어 둘레길 내 탐방 안내소에 제시하면 인증 스탬프를 받을 수 있다. 패스포트는 유료로 구입해야 하고, 완주를 하면 완주 인증서를 받을 수 있다.

문의 02—779-7902~4(서울둘레길안내센터 창포원)
홈페이지 https://gil.seoul.go.kr/content.do?key=2304100008

📷 북한산생태숲산림욕장

서울 시내에 삼림욕을 하기 좋은 숲은 드물다. 북한산생태숲산림욕장은 강북에서 가장 큰 잣나무숲 산림욕장이다. 잣나무 숲속에 데크길과 해먹, 평상 등이 곳곳에 설치되어 있어서 휴식을 취하기에 좋다. 게다가 마을버스가 다녀서 접근성이 편하다.

🟊 출발점 가는 방법(형제봉 입구)

- **지하철** 4호선 길음역 3번 출구. 버스로 환승.
- **버스** 110(A), 7211번, 롯데아파트에서 하차. 건널목을 건너 오른쪽 북악터널 방향으로 200m 직진, 왼쪽 오르막길을 따라 이동. 길 입구에 북한산 둘레길 이정표가 보임.
- **주차** 주차할 곳이 없으니 대중교통 이용을 권장.

🟊 도착점 가는 방법(화계사 입구)

- **지하철** 우이신설선 화계역 2번 출구로 나와 약 690m 직진, 왼편에 인증 스탬프 우체통이 보임.
- **버스** 121, 151, 1165번, 화계사입구, 한신대학교대학원에서 하차. 한신대 사거리 횡단보도를 건너 화계사 방향으로 약 420m 직진, 왼편에 인증 스탬프 우체통이 보임.
- **주차** 주차할 곳이 없으니 대중교통 이용을 권장.

PART 1 서울 둘레길 21코스 · 115

20코스 북한산 강북

역사를 더듬는 순례길

화계사 입구 → 북한산우이역

화계사 입구에서 이준열사묘역을 거쳐 4.19공원의 순례길과 소나무 숲길을 지나 북한산 만남의광장, 북한산우이역까지 걷는 코스는 산 아래를 걷는 길이다. 둘레길 걷기에 안성맞춤 코스로 낮은 구릉과 편평한 길이 반복적으로 이어져 가볍게 길을 오를 수 있다. 낮은 전망대에서 보이는 4.19민주묘지를 비롯하여 애국 열사의 묘지를 지나면 다리에 힘이 붙고 마음이 단단해진다.

둘레길 정보

둘레길	★★★★☆
난도	★★☆☆☆
산소	★★★★☆
흙길	★★★★☆
볼거리	★★★☆☆

🔴 출발점 가는 방법(화계사 입구)

- **지하철** 우이신설선 화계역 1번 출구로 나와 약 690m 직진, 왼편에 인증 스탬프 우체통이 보임.
- **버스** 121, 151, 1165번, 화계사입구,한신대학교대학원에서 하차. 한신대 사거리에서 횡단보도를 건너 화계사 방향으로 약 420m 직진, 왼편에 인증 스탬프 우체통이 보임.
- **주차** 주차할 곳이 없으니 대중교통 이용을 권장.

🔵 도착점 가는 방법(북한산우이역)

- **지하철** 우이신설선 북한산우이역 1,2번 출구로 나와 우이령방향으로 직진, CU편의점 옆길에 이정표 보임.
- **버스** 101, 130, 144번, 우이동도선사에서 하차. 우이령 방향으로 50m 직진, CU편의점 앞에 북한산둘레길 이정표가 보임.
- **주차** 북한산우이역 1번 출구 앞에 공영주차장 이용 가능(유료).

순례길 시작점 | 이준열사묘역 지나 둘레길 모습 | 이준열사묘역을 지나 섶다리

출발 — ① 화계사 입구 — ② 국립통일교육원 — ③ 이준열사묘역 — ④ 국립4.19민주묘지전망대

① → ④ 애국 열사의 묘소를 참배하며

화계사에서 마음을 정갈하게 다듬고 이준열사묘역으로 향한다. 묘역으로 향하는 길에 잣나무숲을 따라 무장애 탐방로가 조성되어 있어 아이들과 심신 노약자는 안전하게 숲길을 탐방할 수 있다. 오르막과 내리막이 반복되는 구간이지만 아름다운 숲과 청량한 계곡이 산행의 피로를 풀어준다. 몸과 마음이 건강해지는 길로 가족이나 단체 산행 코스로 으뜸이다.

비록 북한산의 비경이 숲속에 가려져 보이지 않지만, 둘레길 코스 중 손꼽히는 가장 평이하고 아름다운 코스다. 북한산 둘레길 탐방 안내소를 지나면서 이준열사묘역, 초대 부통령이었던 이시영 선생의 묘, 광복군의 합동 묘지 등 애국 열사의 묘지를 곳곳에서 만난다. 길목마다 묘지 안내판이 세워져 있어 안내 글을 읽으며 체험 학습하는 학생들과 묘지 옆에 앉아 쉬는 이들을 볼 수 있다. 둘레길 코스 중 가장 무난하게 걸을 수 있는 코스로 길이 넓고 양옆에 경계선을 이어놓아 그 사이로만 걸어가면 큰 무리 없이 산행을 즐길 수 있다.

> 이준열사묘역을 지나면 아담한 계곡이 나타난다. 국립공원 내 계곡은 출입할 수 없어 탐방로에서만 감상해야 한다.

④ → ⑤ 솔향기를 맡으며 경건하게 걷는 길

4.19묘지전망대를 따라 순례길을 걸으면 길 양옆으로 아름드리 소나무가 머리를 숙인 듯이 보인다. 애국지사의 넋을 기리기 위해 향불을 대신하여 소나무의 향이 퍼지게 한 지혜가 엿보인다. 계곡 옆길을 걸으면 소나무 가지로 만든 섶다리가 길 한쪽에 만들어져 있다. 섶다리는 본래 작은 계곡을

순례길 구간 모습

국립4.19민주묘지

솔밭근린공원

소나무 숲길 구간 풍경

솔밭근린공원 ⑤ — 우이동 만남의광장 ⑥ — 북한산우이역 ⑦ 약 7.1km 3시간 30분

건너기 위해 소나무를 엮어 만든 다리로, 여름철 계곡 물이 불어나 다리가 떠내려가면 다시 세우는 전통 방식의 다리다.
4.19민주묘지전망대에 도착하니 4.19민주묘지의 전경이 한눈에 내려다보인다. 잠시 둘러본 후, 순례길 구간의 끝에서 300m 정도를 더 걸으면 솔밭근린공원 입구다.

⑤ → ⑦ 소나무를 따라 걷는 순례길

솔밭근린공원에 들어서 왼쪽 산책길을 따라 걷는다. 이정표가 있지만 공원 내 어디를 걷더라도 후문 방향으로 나오기만 하면 되니 자유롭게 걸어도 무방하다. 이정표를 따라 움직이니 아름드리 소나무가 길을 따라 장엄하게 서 있다. 오랜 세월을 버텨온 연륜이 느껴진다. 원래는 아파트가 들어설 자리였으나 소나무숲을 지키기 위해 주민들이 개발을 포기했다 한다. 손병희 묘소를 지나 왼쪽에 자리 잡은 둘레길 북한산국립공원 우이분소를 지나면 우이계곡의 물소리가 들린다. 삼거리 앞 우이동 만남의 광장을 지나 도로를 따라 오른쪽으로 내려가도 우이역 방향이다.
이 구간은 양방향 어느 길을 선택해도 좋다. 좀 더 쉬운 코스로 걷고 싶다면, 반대로 코스를 잡아 북한산우이역에서 출발하는 것을 추천한다. 완만한 경사길을 따라 편안하게 둘레길을 걸을 수 있다. 이에 비해 화계사 입구에서 출발하면 급한 오르막 구간이 제법 있어 운동량이 높다. 코스마다 난도가 있어 개인의 능력과 취향에 따라 선택하는 것이 좋다.

즐길거리

우이령길
강북구 우이동과 양주시 교현리를 잇는 고갯길로, 소귀 모양을 닮았다고 해서 우이령이라 불렸다. 군사 지역으로 묶여 있다가 2009년 재개방되었고, 자연을 보존하기 위해 탐방객 수를 제한했었지만 현재 평일은 예약 없이 이용 가능하다. 주말은 예약제로 운영한다.
주소 서울시 강북구 삼양로 181길 349
문의 02-998-8365

순례길 구간 까치

21코스 북한산 도봉

역사의 흔적이 남아 있는 길

북한산우이역 → 도봉산역

북한산우이역 입구에서 도봉산 자락을 따라 왕실묘역길, 방학동길, 옛 도봉길을 걸어가는 코스이다. 북한산 코스보다 자연 그대로의 모습을 보존하고 있는 숲길로 쌍둥이전망대에 오르면 도봉산 자락이 파노라마처럼 펼쳐진다. 또 연산군묘역, 정의공주묘역 등 역사 속 인물의 흔적이 곳곳에 남아 있어 역사 순례로도 의미가 있다.

둘레길 정보

- 둘레길 ★★★★☆
- 난도 ★★★☆☆
- 산소 ★★★☆☆
- 흙길 ★★★☆☆
- 볼거리 ★★★★★

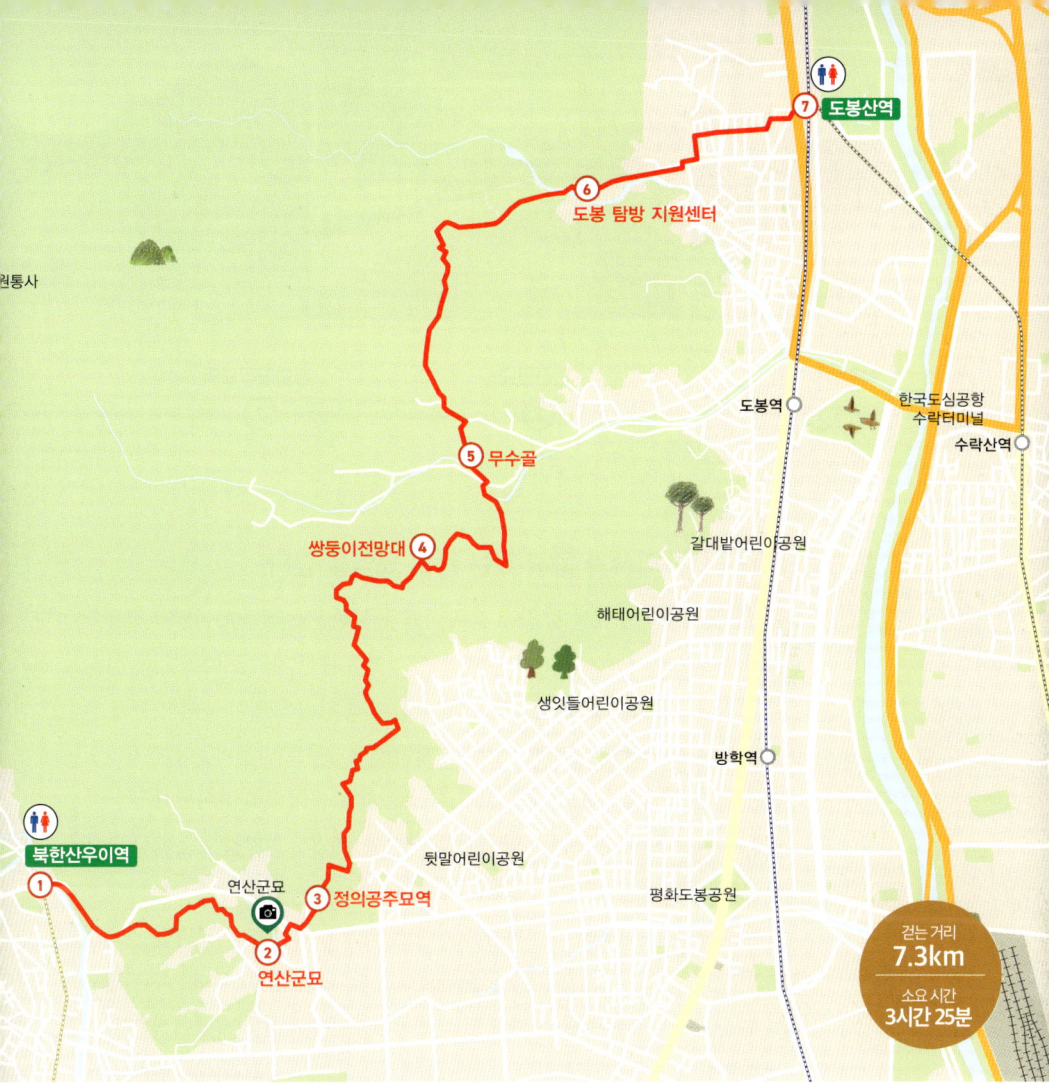

🚩 출발점 가는 방법(북한산우이역)

- **지하철** 우이신설선 북한산우이역 1, 2번 출구로 나와 우이령방향으로 직진, CU편의점 옆길에 이정표 보임.
- **버스** 101, 130, 144번, 우이동도선사에서 하차. 우이령 방향으로 50m 직진, CU편의점 앞에 북한산둘레길 이정표가 보임.
- **주차** 북한산우이역 1번 출구 앞 공영주차장 이용 가능(유료).

🏁 도착점 가는 방법(도봉산역)

- **지하철** 1, 7호선 도봉산역 1번 출구. 오른쪽 정면에 창포원이 있고, 서울 둘레길 이정표가 보임.
- **버스** 107, 140, 150번, 도봉산에 하차, 50m 도봉산역 방향으로 횡단보도 건너 직진. 정면에 창포원이 보이고 서울 둘레길 이정표가 보임.
- **주차** 도봉산 공영주차장 이용 가능(유료).

왕실묘역 초입 / 원당샘공원 쉼터 / 정의공주묘역

출발 — ① 북한산우이역 — ② 연산군묘 — ③ 정의공주묘역

① → ③ 역사가 묻혀 있는 왕실 묘역을 걷다

북한산우이역 입구에서 세 갈래 길로 나뉜다. 북한산 둘레길 우이령과 서울 둘레길 20코스 방향, 그리고 마지막 21코스인 도봉산 자락을 따라 걷는 길이다. 서울 둘레길 21코스는 도봉산 자락을 따라 왕실 묘역이 놓여 있는 곳을 걷는다. 도봉산을 따라가는 코스는 계단을 통나무로 만들어놓아 걷기에 편하다. 숲을 보호하고 생태를 그대로 살린 길로 자연 친화적이어서 맑은 기운이 넘친다. 이 코스는 유명 인물의 생가와 역사 유적지를 곳곳에서 만날 수 있다.

방학로 도로를 따라 도봉구 방향으로 가면 터널 앞에서 왕실 묘역길 입구를 만나고, 가장 잘 알려진 연산군묘역으로 향한다. 연산군묘 앞에는 800년이 넘은 은행나무가 길을 지키고 있고 원당샘공원이 조성되어 있어서 사시사철 아름다운 풍경으로 길꾼들의 발길을 잡는다. 연산군묘를 지나면 맞은편에 세종의 둘째 딸로 한글을 만들 때 공헌했다는 정의공주의 묘가 나타난다. 연산군묘역을 지나 Y자형 갈림길에서 왼쪽길로 돌아가서 건널목을 건너면 정의공주묘역에 다다르고, 재실이 있는 건물 오른쪽 오르막길 앞부터 무수골로 가는 길이다.

③ → ⑤ 나선형의 경사길을 오르며 보는 북한산 능선

정의공주묘역을 출발해 쌍둥이전망대까지는 오르막길이 연이어 나타난다. 오르막 구간이 끝나고 능선에 올라서면 소나무숲 사이로 높게 솟아 있는

쌍둥이전망대에서 바라본 풍경

도봉사 사찰 앞

도봉산 구간의 무장애 탐방로

쌍둥이전망대 ④ — 무수골 ⑤ — 도봉 탐방 지원센터 ⑥ — 도봉산역 ⑦　약 7.3km 3시간 25분

쌍둥이전망대가 나타난다. 쌍둥이전망대는 북한산 둘레길 중 도봉산 구간에 있는 유일한 전망대이다. 쌍둥이처럼 2개의 망루가 붙어 있어 도봉산 전체 풍경을 감상할 수 있다. 자운봉을 포함한 도봉산의 연봉이 마치 어깨동무한 듯이 눈앞에 펼쳐져 장관을 이룬다.

전망대에서 내려서면 갈림길이다. 무수골 방향 이정표를 확인하고 왼쪽 계곡 사이로 내려서는 길을 따른다. 방학동은 '학이 평화롭게 노닐던 마을'이라고 하여 붙여진 이름이다. 그 이름답게 마을의 풍경이 온화하고 평화롭다.

쌍둥이전망대

⑤ → ⑦ 모든 걱정을 지워주는 길

무수골의 세일교를 건너 왼쪽 너른 포장길로 접어든다. '걱정이 없다'는 무수골을 지나면 낮은 오르막 계단이 이어지는데, 마지막 오르막 구간이다. 무수골 앞에서도 탈출하여 나올 수 있으나 대중교통을 이용하려면 하천을 따라 약 2km 내려와야 한다. 계단 오르막 반대쪽에는 무장애 탐방로가 설치되어 있어 어린이와 노약자, 장애인도 쉽게 오를 수 있다. 무장애 탐방로를 따라 걸으면 '심우도(尋牛圖)'가 그려진 능원사 앞을 지난다. 햇볕을 받아 황금빛을 발하는 능원사의 모습을 바라보고, 통일교를 건너면 오른쪽으로 도봉 탐방 지원센터 방향이다. 직진하여 도봉산역에 도착하면 모든 일정이 마무리된다.

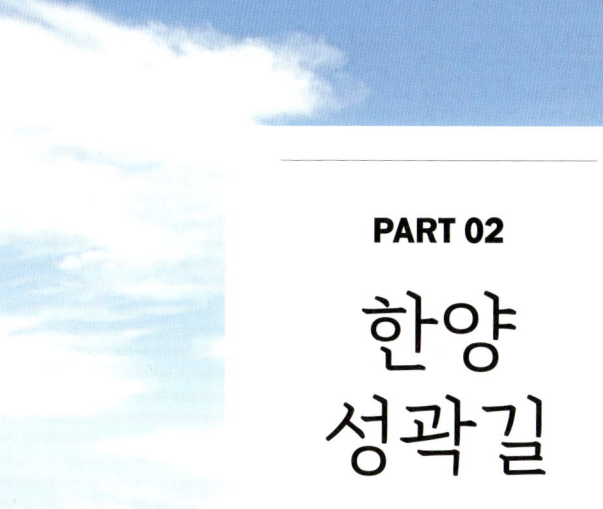

PART 02

한양 성곽길

> 인왕산 1코스

서울의 역사와 파노라마 전망이 한눈에

독립문역 → 경복궁역

인왕산은 서울의 심장부를 감싸안은 한양 성곽의 서쪽을 지키는 수호신과 같다. 태조는 조선 초기 도성을 세우면서 백악(북악산)을 주산으로 삼고 인왕산을 우백호로 삼았으니, 그 기세가 예로부터 남달랐다. 인왕산 줄기는 현재의 종로구 옥인동, 누상동, 사직동, 서대문구 현저동, 홍제동까지 걸쳐 있다. 인왕산 1코스는 독립문을 기점으로 인왕산 성곽의 바깥쪽을 돌아 인왕산 한양 성곽을 따라 걷는 코스다. 500년 역사의 숨결과 서울의 파노라마 전망을 한눈에 담을 수 있는, 도심 속 최고의 역사 산책 코스다.

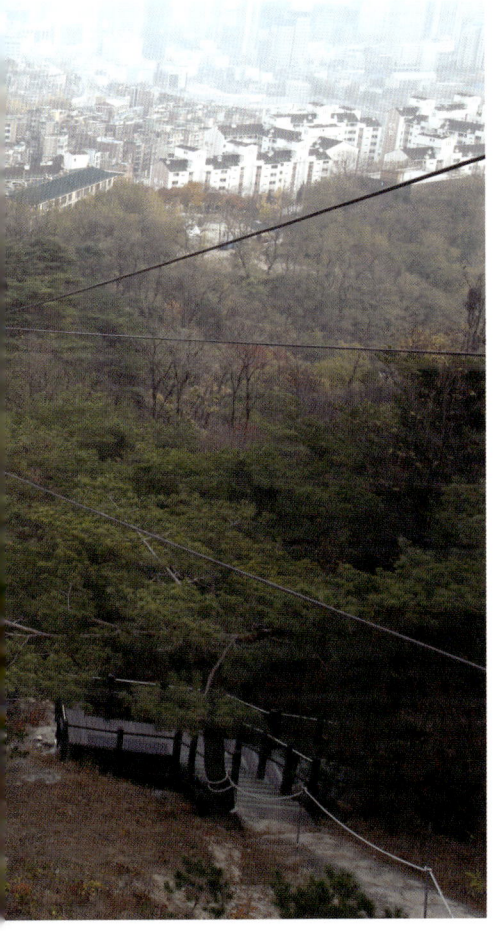

둘레길 정보	
둘레길	★★★★★
난도	★☆☆☆☆
산소	★★☆☆☆
흙길	★☆☆☆☆
볼거리	★★★★★

교남마을 골목길

인왕산암문

인왕산 성곽 안쪽길

출발 — 독립문역 ① — 인왕산 출입 초소 ② — 선바위 ③ — 범바위 기점 ④

① → ④ 인왕산에 올라 서울의 진경을 바라보다

독립문역 3-1번 출구를 나서면 무악현대아파트와 마주한다. 아파트 담장을 따라 언덕을 오르면 아기자기한 카페와 공방이 숨어 있는 행촌동, 교남마을 골목길로 이어진다. 가파른 계단을 따라 오르면 드디어 한양도성의 일부인 암문이 보인다.

낮은 암문을 통과하면 시야가 확 트이며 서울 도심의 풍경이 파노라마로 펼쳐진다. 이제 본격적인 성곽길이 시작된다. 성곽을 따라 잘 정비된 길을 걷다 보면 발 아래로 서대문형무소와 독립문, 저 멀리 남산과 63빌딩까지 아스라이 보인다. 인왕산은 2022년 전면 개방되어 시간에 구애를 받지 않고 언제든 멋진 풍경을 즐길 수 있다. 성곽의 바깥 둘레를 돌아 국사당과 선바위 등 명소를 찾아 걸음을 서두른다. 선바위는 2개의 거대한 바위가 스님이 장삼을 입고 서 있는 것처럼 보여 '선(禪)'자를 따서 선바위라 불린다. 정월에 이곳에서 소원을 빌면 이루어진다 하여 많은 이들이 찾는다. 고래바위에 올라서니 멀리 모자바위의 웅장한 산경이 아름답게 펼쳐진다. 모자바위 아래 철제 계단으로 올라서 성곽 안쪽으로 들어선다. 부처바위와 범바위가 보이고 인왕산 성곽의 외경이 장관을 이룬다.

> '인왕'이란 금강신(金剛神)의 이름이다. 조선 왕조를 수호하는 뜻으로 세조 때부터 붙여졌다.

선바위

④ → ⑥ 왕이 활을 연습하던 황학정

모자바위 철제 계단에 올라서면 성곽 안과 밖으로 길이 나뉜다. 아랫길은

```
  황학정        단군성전       사직공원       경복궁역     약 4.5km
   ⑤            ⑥            ⑦            ⑧         2시간
```

소나무숲길이 조성되어 있고, 성곽 안쪽으로 걷는 코스는 인왕산 자락의 출입 초소까지 이어진다. 이곳에서 왼쪽의 사직공원 방향으로 길을 잡아 고종의 활터였던 황학정으로 오른다. 단순한 활터가 아니라 우리 민족의 기상이 서린 곳이다. 황학정은 고종이 한말까지 활을 쏘던 궁술연습장이다. 바로 옆에 위치한 국궁전시장은 우리 전통 궁술의 역사와 문화를 전달하고 있다. 황학정을 둘러보고 겨레의 시조를 모신 단군성전으로 향한다.

> 고종이 황색 곤룡포를 입고 활을 쏘는 모습이 노란 학과 같다고 해서, "황학정"이라 불리게 됐다.

⑥ → ⑧ 조선시대 성역에서 휴식을

단군성전 아래로 사직단을 모셔놓은 사직공원이 있다. 본래 사직공원은 사직단을 중심으로 하여 조선 초까지만 해도 성역이었던 공간이다. 하지만 일제에 의해 성역이 공원화되면서 폄하되었다. 현재 공원 내에는 사직단과 종로도서관·시립어린이도서관을 비롯하여 몇몇 공공건물이 들어서 있다. 사직단은 토지의 신(社)과 곡식의 신(稷)에게 제사를 지내던 곳으로, 종묘와 함께 조선의 정신적 근간을 이루던 신성한 공간이다. 2022년 복원된 웅장한 정문과 월대(月臺)가 시선을 사로잡는다. 복원된 담장을 따라 걸으니, 잠시 휴식을 즐기는 도심 산책객들의 모습이 한가롭다.

한양 성곽길 대표 코스

📷 인왕산 국사당

조선 태조 이성계와 무학대사 및 여러 호신신장(護身神將)을 모시고 있는 조선시대의 무속신당이다. 특히 무학대사를 모시고 있어 '국사당(國師堂)'이라는 명칭이 붙었다. 서울을 수호하는 신당으로 본래 국사당은 현재 남산 팔각정 자리에 위치했으나, 일제가 민족 정기를 끊고자 조선신궁을 세우면서 선바위 근처로 옮겨졌다.

주소 서울시 종로구 통일로18가길 20
문의 02-731-1165

📷 황학정 국궁전시관

황학정은 조선 고종이 1899년 활쏘기 전통 계승을 위해 경희궁에 세운 활터다. 더불어 국내 유일의 활터 문화재이기도 하다. 전시관은 255㎡ 규모로 5개의 전시관과 체험관으로 구성돼 있다. 황학정의 역사와 우리 활의 우수성을 알아보고 전통 활을 제작하거나 무관복을 입고 활을 쏴볼 수도 있다. 국궁교실과 활쏘기 체험, 전통무예 체험, 한복 입기, 다례 체험 등 다양한 교육·체험 프로그램을 운영한다.

주소 서울시 종로구 사직로9길 15-32
문의 02-722-1600

먹을거리

🍴 체부동 수제비와 보리밥

나즈막한 담장 안의 한옥집 분위기가 정겹고 소박하다. 정갈하고 정성이 담긴 상차림으로 입맛을 돋우는데, 메뉴는 감자수제비, 미역수제비, 들깨수제비, 들깨현미옹심이와 보리밥, 파전 등이 인기다. 수제비는 멸치 육수를 내어 끓여서 맑고 시원하다. 구수한 보리밥에 파전과 동동주를 곁들이면 금상첨화다.

주소 서울시 종로구 자하문로5길 16
문의 02-722-6011

🟠 출발점 가는 방법(독립문역)

- **지하철** 3호선 독립문역 3번 출구. 무악현대아파트에서 린덴바움 어린이집 삼거리까지 이동. 오른쪽 교남마을 골목길로 올라, 좌회전하면 성곽 길로 드는 암문.
- **버스** 741, 752, 7025, 7737, 6005번, 독립문역에서 하차.
- **주차** 행촌동 공영주차장 이용 가능(유료).

🔵 도착점 가는 방법(경복궁역)

- **지하철** 3호선 경복궁역 1번 출구. 왼쪽으로 200m 오르면 사직단 정문.
- **버스** 171, 272, 601, 7025번, 경복궁역, 사직단에서 하차.
- **주차** 적선 공영주차장 이용 가능(유료).

인왕산 2코스

거대한 기암절경과 웅장한 산세

경복궁역 → 윤동주문학관

인왕산 2코스는 세종마을을 통과해 옥인동과 수성동계곡을 둘러보고 인왕산 성곽을 따라 올라 자하문 아래 윤동주 시인의 언덕까지 걷는 코스다. 높이 338m 인왕산은 한양도성 성곽길 중 가장 가파르다. 화강암 암반의 산행 코스로 탄탄한 계단 등산로와 안전 로프로가 설치되어 있어 초심자도 거뜬하게 오를 수 있다. 정상에 올라 서울 도심과 북악산, 멀리 남산까지 펼쳐진 한양도성 내사산의 장엄함 풍광을 선물처럼 마주할 수 있다.

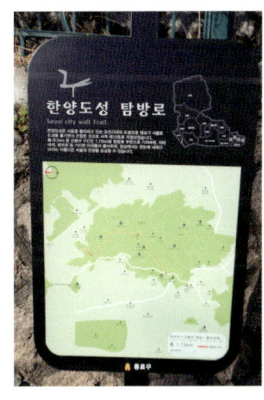

둘레길 정보	
둘레길	★★★★★
난도	★☆☆☆☆
산소	★★☆☆☆
흙길	★☆☆☆☆
볼거리	★★★★★

통인정 쉼터

수성동계곡

범바위 기점

출발 — 경복궁역 ① — 통인시장 ② — 수성동계곡 ③ — 범바위 ④

> 인왕산 코스는 내사산 중 가장 난도가 높은 코스이다. 초보자일 경우, 동반 산행이 안전하다.

① → ④ 정선이 그린 〈인왕재색도〉의 배경이 된 수성동계곡

세종마을 통인시장 서쪽 출입구 앞의 통인정에서 필운대로를 따라 오르면 막다른 길 끝에 수성동계곡이 자리 잡고 있다. 수성동계곡은 〈인왕재색도〉로 잘 알려진 진경산수화의 대가 겸재 정선이 그린 그림의 실제 배경지다. 수성동계곡의 절경을 감상하고 천천히 왼쪽 오르막길로 오르면, 소나무 숲이 울창한 인왕산자연공원이다. 공원이 끝나는 지점에 인왕산 성곽길 이정표가 나타난다. 가파른 계단길을 따라 오르면 범바위까지 성곽길이 이어지고 멀리 인왕산의 웅장한 모습이 보이기 시작한다.

④ → ⑤ 한양을 지켜온 호랑이의 기백

인왕산 경치

인왕산은 멀리서 보면 마치 호랑이가 몸을 잔뜩 웅크린 채 엎드려 있는 모습이다. 경복궁의 서쪽에 위치하여 서산이라 불리다가 세조 때에 나라를 수호하는 호랑이의 기세가 담겼다 하여 인왕이라 불렸다. 옛 사람들은 인왕산에 오르면 나라 살림이 어떻게 돌아가는지 손금 보듯 환하게 보인다고 여겼다. 호랑이의 잔등을 타고 오르면 어느 곳에서든 서울 장안이 내려다보여 너도 나도 인왕산에 올랐다고 전해진다. 인왕산에서 성 안팎으로 이어진 기암의 절경을 바라보면 아찔한 산세에 감탄이 저절로 나온다. 산봉우리에 거대한 너럭바위가 통째로 박혀 있고, 기차바위·치마바위·삿갓바위·매바위·범바위 등 크고 작은 기암들이 울뚝불뚝 솟아 있어 힘찬 기운이 느껴진다. 특히 범바위에서 내려다보는 성곽의 모습과 기차바위에서 바라보는 석

급경사 구간

매바위 구간

창의문(구간종점)

인왕산 정상 ⑤ ── 등산로 갈림길 ⑥ ── 윤동주 시인의 언덕 ⑦ ── 윤동주문학관 ⑧
약 4.1km
1시간 30분

양은 절경 중 하나다. 범바위 기점으로 가파른 산을 오르다 보면 거대한 화강암으로 이루어진 암산의 위용이 온몸으로 느껴진다.

매바위까지 이어지는 성곽길은 계단의 경사가 높다. 매바위를 거쳐 인왕산 정상까지는 암반 코스와 경사진 계단, 로프 구간이 거듭 이어진다. 초보자의 경우 안전에 유의해 산행을 해야 한다.

⑥ → ⑧ 창의문 아래 윤동주 시인의 언덕을 내려서

인왕산 정상에서 하산하는 코스는 기차바위를 거쳐 홍제동 방향, 부암동 방향으로 내려서는 길이 있다. 성곽길을 따라 내려서는 코스는 청운공원에 조성된 윤동주 시인의 언덕을 거쳐 윤동주문학관, 창의문까지의 코스이다. 청운공원 뒤편에 조성된 '시인의 언덕'에는 윤동주 시인의 시비가 서 있고, 계단으로 내려가면 윤동주문학관이 나타난다. 윤동주의 일생을 시간 순서에 따라 배열한 사진 자료, 친필 원고, 영인본 등이 전시되어 있다.

> 윤동주문학관은 2014년도 서울에서 가장 아름다운 건축물로 선정되었다.

즐길거리

한양 성곽길 대표 코스

📷 윤동주문학관

윤동주문학관은 청운공원 일대의 사용하지 않던 수도가압장과 물탱크를 활용하여 윤동주의 시 세계를 표현하는 공간으로 2012년에 개관했다. 윤동주의 가장 대표적인 모티브인 '별'을 주제로 삼았다. 디지털 아카이브와 오디오 가이드, 별을 주제로 한 체험 프로그램도 운영된다. 휴식 공간인 '별뜨락'에서는 차를 마시며 서울 풍경을 바라볼 수 있다.

주소 서울시 종로구 창의문로 119
문의 02-2148-4175

먹을거리

🍴 자하손만두

20년 전통을 자랑하는 만두 명가이다. 재료 본래의 맛을 그대로 살려 담백하고 깔끔한 맛이 일품이다. 2층 가정집을 개조하여 만든 곳이라 분위기가 좋고, 부암동을 내려다보며 식사할 수 있다. 다양한 만두를 맛볼 수 있는 모둠만두가 인기가 있다.

주소 서울시 종로구 백석동길 12 | 문의 02-379-2648
메뉴 만둣국, 모둠만두, 편수(예약 필수)

🍴 남도분식

서촌 남도분식은 전라도 지역의 독특한 메뉴로 손님들의 발길이 끊이지 않는다. 옛날 스타일의 분위기와 오순떡(즉석떡볶이), 상추튀김, 김밥쌈 등 특별한 구성과 맛으로 사랑받고 있다. 맵지 않고 감칠맛 나는 떡볶이와 상추에 김밥과 제육, 파채를 겨자소스와 싸 먹는 김밥쌈이 인기다. 수성동계곡에서 가깝다.

주소 서울시 종로구 옥인2길 2 | 문의 0507-1411-7834
메뉴 오순떡, 상추튀김, 김밥쌈

🔴 출발점 가는 방법(경복궁역)

- **지하철** 3호선 경복궁역 2번 출구.
- **버스** 171, 272, 601,7025번, 경복궁역에서 하차.
- **주차** 필운동 공영주차장 이용 가능(유료).

🔵 도착점 가는 방법(윤동주문학관)

- **지하철** 3호선 경복궁역 2번 출구. 버스로 환승.
- **버스** 1020, 7022, 7212번, 자하문고개 윤동주문학관 정류장에서 하차. 윤동주 시인의 언덕에 오르면 인왕산 성곽길 기점이 보임.
- **주차** 효자 공영주차장, 신교 공영주차장 이용 가능(유료).

> 북악산
> 1코스

한양도성 최고의 산행 코스, 북악산 성곽길
창의문 → 감사원

북악산 성곽길은 한양도성 성곽길 중 가장 인기 있는 산행 코스로 주말이면 가족 단위 탐방객과 내외국인 등산객들이 많이 찾는다. 북악산 1코스는 창의문을 기점으로 백악마루를 넘어 숙정문을 지나 말바위전망대에서 삼청공원으로 내려선다. 북악산 성곽길은 창의문에서 백악마루 정상까지 1.6km의 급경사 구간이 이어진다. 하지만 등산로가 잘 정비되어 있어 쉽게 백악마루 정상에 오를 수 있다. 숙정문 성곽 안길의 내리막 코스는 소나무숲이 우거져 있어 산행의 묘미가 충분하다.

둘레길 정보

둘레길	★★★★★
난도	★★★★★
산소	★★★☆☆
흙길	★★☆☆☆
볼거리	★★★☆☆

창의문 / 백악마루 / 청운대

출발 → 창의문 ① → 돌고래 쉼터 ② → 백악마루 ③ → 청운대 ④

① → ④ 한양 성곽 중 가장 높은 곳, 백악마루 구간

창의문을 시작으로 북악산 산행을 위해서는 경복궁역에서 버스를 타고 윤동주문학관 정류장에 내린다. 윤동주문학관 앞길 횡단보도를 건너 100m 정도 걸으면 창의문이다. 창의문은 '자하문'으로도 불리는데, 서울 성곽 사대문 사이에 만들어진 4소문 중 하나로 옛 모습을 가장 잘 보존하고 있어 문화재적 가치가 높다.

북악산 성곽길은 한양도성길 중 가장 가파른 코스이다. 이곳에서 백악마루 정상까지 약 1.4km의 구간은 급경사의 계단으로 이어진다. 40도 가까이 경사진 성곽 계단을 올라 백악마루에 오르면 땀이 절로 난다. 백악마루는 조선시대 한양을 둘러싸고 있던 4개의 산 중 가장 높은 곳으로, 이곳에 올라서면 광화문 앞 도심과 인왕산의 성곽길이 선명하게 보인다. 백악마루 쉼터에서 잠시 휴식을 취하면서 바라보는 외경은 경이롭기까지 하다. 정상에 오르니 해발 342m의 백악산 표지석이 나타난다. 정상에서 인증샷을 찍고 다시 내려서면 청운대가 나타난다. 청운대는 경복궁을 조망하기에 좋은 장소로 쉼터 의자에 앉아 잠시 숨을 고른다.

북악산 정상

④ → ⑥ 북악산 성곽의 장엄한 아름다움

높다란 성벽 아래에 곡장 구간 성곽의 건축미는 웅장하고 아름다워 빼어난

곡장 구간

촛대바위전망대

성곽길

```
곡장        숙정문       말바위전망대    삼청공원      감사원
 ⑤          ⑥            ⑦            ⑧          ⑨       약 4.28km
                                                         2시간 40분
```

건축 기술을 보여준다. 곡장을 돌면 다시 성곽 안쪽 길로 접어든다. 길폭이 줄어들지만 성벽 가까이 소나무숲이 울창하다. 촛대바위전망대에서 멋지게 펼쳐진 북한산 능선을 조망할 수 있다. 좁은 폭의 내리막길을 내려서면 숙정문이 나타난다.

⑥ → ⑧ 숙정문을 지나 삼청공원 숲길을 따라

숙정문은 한양도성 4대문 가운데 가장 높은 곳에 세워져 있다. 문루에 오르면 성 밖을 살펴볼 수 있는데, 멀리 북악산 팔각정이 보이고 성북동 일대가 한눈에 내려다보인다. 말바위안내소를 지나 말바위전망대에 서면 성곽길의 종점이다. 말바위전망대는 과거 군사 시설로 북악산의 주요 통제 지점 중 하나였다. 현재는 서울 도심을 한눈에 담을 수 있어 뛰어난 조망 명소로 사랑받고 있다. 과거에는 출입증을 받아야 했으나, 한양도성 자율 입산제로 자유롭게 출입할 수 있다. 전망대에 서면, 남산타워와 여의도를 포함한 서울 시내 전경이 파노라마처럼 펼쳐진다. 말바위전망대에서 나무 데크 계단을 내려오면 삼청공원 숲길이 이어진다. 삼청공원은 산책로와 놀이터, 편의시설이 잘 갖추어져 있고, 삼청공원 안의 숲속 도서관에는 카페도 있어 쉬어가기에 그만이다.

삼청공원 내 놀이 시설

즐길거리

한양 성곽길 대표 코스

📷 북악팔각정

북악팔각정은 창의문 기점 북악스카이웨이의 경유지다. 북악산 능선을 따라 이어지는 북악스카이웨이의 중간 지점에 위치한 팔각정은 아름다운 경치와 휴식을 취할 수 있는 복합 문화 공간이다. 북악스카이웨이는 서울의 대표적 드라이브 코스로 야경 명소다. 주차 공간, 간단한 식음료를 즐길 수 있는 카페와 편의 시설도 마련되어 있다.

주소 서울시 종로구 북악산로 267
문의 02-6951-3438

📷 1.21사태 소나무

백악마루에서 청운대 가는 길에 '1.21사태 소나무'가 있다. 1968년 1월 21일 북한의 무장공비들이 청와대를 습격할 목적으로 침투하였을 때 총격전이 벌어졌던 곳이다. 이때 소나무에 15발의 총탄이 박혔는데 아직도 흔적이 선명하게 남아 있다. 이 구간은 "김신조 루트"로도 불린다.

📷 삼청공원 숲속도서관

삼청공원 입구에 위치한 숲속도서관이다. 문을 열고 들어서면 조그만 카페와 서가들이 있고 곳곳에 테이블이 놓여 있다. 1층에는 카페가 있어 차를 마시며 담소를 나누기 좋다. 산행을 마치고 차 한잔의 여유를 즐기기에 충분하다.

주소 서울시 종로구 북촌로 134-3 | 문의 02-734-3900

⭐ 출발점 가는 방법(창의문)

- **지하철** 3호선 경복궁역 2,3번 출구. 버스로 환승.
- **버스** 1020, 7022, 7212번, 정운동주민센터에서 하차. 자하문로를 따라 창의문으로 이동.
- **주차** 효자 공영주차장, 신교 공영주차장 이용 가능(유료).

⭐ 도착점 가는 방법(감사원)

- **지하철** 3호선 안국역 2번 출구. 버스로 환승.
- **버스** 종로02번, 감사원에서 하차.
- **주차** 감사원주차장 이용 가능(유료).

북악산 2코스

용이 길게 누워 있는 와룡공원을 따라

성균관대 후문 → 혜화문

북악산 2코스는 북악산 자락의 와룡공원에서 성북동을 지나 혜화문까지 걷는다. 종로구 명륜동에 위치한 와룡공원은 용이 길게 누워 있는 형상이다. 와룡공원에서 서울 조망 명소로 알려진 말바위에 오르면 북악산의 경치와 서울 도심을 한눈에 볼 수 있다. 말바위전망대에서 산비탈을 따라 성곽길을 내려오면 성북동 마을의 경관이 아름답게 펼쳐진다. 탐방로를 따라 편의 시설이 잘 마련되어 있어 편안한 도심 걷기 여행 코스로 안성맞춤이다.

둘레길 정보

둘레길	★★★☆☆
난도	★★☆☆☆
산소	★★★☆☆
흙길	★★☆☆☆
볼거리	★★★☆☆

PART 2 한양 성곽길

 와룡공원
 말바위전망대
 전망대 가는 길
 쉼터

출발 — ① 성균관대학교 후문 — ② 와룡공원 — ③ 말바위전망대 — ④ 쉼터

① → ③ 북악산 성곽길의 출발 기점, 와룡공원

> 말바위전망대 쉼터는 소나무숲 사이에 작은 벤치가 있어 휴식하기에 좋다.

성균관대학교 후문에서 오르막길을 오르면 와룡공원이 보인다. 북악산 성곽길 코스의 출발점인 이곳에서 말바위전망대를 거쳐 숙정문 방향으로 오를 수도 있고, 암문을 통과해 북악산 팔각정과 성북동 일대로 내려설 수도 있다. 반드시 이정표 확인이 필요하다.

와룡공원에서 말바위전망대 이정표를 따라 성곽 바깥길을 걸어 올라 왼쪽으로 향하면 나무 데크로 잘 만들어진 계단이 나타난다. 북악산 팔각정과 삼청각, 성북동 일대의 주택들을 내려다볼 수 있다. 이곳에서 반대쪽으로 향해 창의문 방향으로 길을 잡으면 숙정문을 거쳐 창의문까지 북악산 1코스다. 계속 계단길을 오르면 말바위전망대 겸 쉼터가 나타난다. 별도의 조망 공간과 더불어 전망 안내도가 만들어져 있어서 전망감이 최고다. 오른쪽으로 고개를 돌리면 북악산이 보이고 앞으로는 서울 도심과 남산, 멀리 청계산과 안산 등 외사산까지 내려다볼 수 있다.

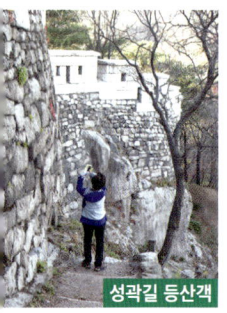 성곽길 등산객

③ → ⑦ 북악산 성곽 아래 성북동 풍경을 마주하다

말바위전망대에서 잠시 휴식을 취하고 성곽 바깥길을 따라 내려와 와룡공원으로 돌아온다. 와룡공원에서 혜화문 방향의 하산길은 성곽 바깥길을 걷다가 두 번째 암문에서 성곽 안쪽길로 들어선다. 높게 솟은 북악산 성곽의 성곽미와 성 밖 마을인 성북동 마을의 경치를 감상할 수 있다. 경사가 가파른 창의문까지의 북악산 1코스가 부담스러운 노약자나 초보자에게 좋은

| 와룡공원 기점
성곽 바깥길 | 성곽 안쪽길 따라 하산 | 혜화문 방향 성곽 종점
(성북 쉼터) | 성북동 풍경 |

와룡공원 기점 회귀 ⑤ — 성곽 바깥길 ⑥ — 암문 ⑦ — 성곽 안길 ⑧ — 혜화문 ⑨

약 2.2km
1시간 30분

길이다.

⑦ → ⑨ 끊어진 성곽의 흔적을 찾아 혜화문까지

성곽길을 따라 걷는 나무 데크 계단의 끝 지점에 이르면, 성곽 안으로 드는 암문이 나타난다. 성곽 바깥 마을인 성북동과 성곽 안쪽 마을인 명륜동 일대의 경계가 되는 통로다. 성곽 안길로 들어서면 주민들의 산책을 위한 편의 시설과 체육 시설, 화장실 등이 잘 조성되어 있다. 마치 터널처럼 나무숲이 우거져 사시사철 산책을 즐기거나 휴식을 즐기기에 좋다. 내리막 끝까지 이르면 북악산 성곽의 종점인 성북동 쉼터. 성곽 옆으로 조성되어 있는 성북동 쉼터에서 높은 성곽의 위용을 보는 것으로 아쉬움을 달래고 혜화문 방향으로 걸음을 옮긴다.

> 북악산 성곽은 성북동 쉼터에서 끊어져 있다.

먹을거리

🍴 우리밀국시

우리 식재료를 고집하며 손맛으로 입소문이 난 성북동의 대표 맛집이다. 푹 고은 육수에 손으로 만든 칼국수, 부드러운 수육과 감자전, 생선전 등이 인기다. 국수는 양념이 간결하고 맛이 담백해서 아주 편안하게 먹을 수 있다.

주소 서울시 성북구 혜화로 84-2 | **문의** 02-745-3764
메뉴 우리밀칼국수, 잔치국수, 수육, 전류

🍴 혜화동9번지해장국

소뼈해장국, 선지해장국 단 두 가지 메뉴로 혜화동 맛집으로 이름이 알려진 곳이다. 무쇠솥에 정성스럽게 오래도록 끓여내 국물 맛이 진하고 저렴하다. 첨가물이 전혀 없는 담백한 국물 맛으로 택시기사들의 단골 맛집이다.

주소 서울시 종로구 혜화로 16길 2
메뉴 순댓국, 소뼈해장국, 선지해장국

🍴 선동보리밥

성북동의 터줏대감이자 백년가게로 선정된 노포 맛집이다. 대표 메뉴는 건강하고 정갈한 보리밥 한 상이다. 신선한 계절 나물과 야채 6종, 열무김치, 무채, 된장찌개, 고추장, 들기름 등이 한상으로 차려진다. 매콤달콤한 양념이 일품인 낙지볶음과 영양돌솥밥, 감자전, 김치빈대떡, 한우불고기도 든든한 한 끼 식사로 좋다.

주소 서울시 성북구 성북로 134-4 | **문의** 02-743-2096
메뉴 보리밥, 감자전, 낙지볶음

출발점 가는 방법(성균관대 후문)

- **지하철** 3호선 안국역 2번 출구. 버스로 환승.
- **버스** 종로02번, 성균관대 후문 와룡공원에서 하차.
- **주차** 주변에 주차할 곳이 없으니 대중교통 이용을 권장.

도착점 가는 방법(혜화문)

- **지하철** 4호선 한성대입구역 5번 출구. 사거리에서 혜화문 방향으로 이동. 혜화문에서 경신고등학교 뒷길인 창경궁로 35다길을 따라 성북동 사거리까지 이동.
- **버스** 100, 272, 710, 2112, 1111, N16번, 한성대입구역에서 하차. 혜화문까지 이동.
- **주차** 성북 민영주차장 이용 가능(유료).

걷는 거리 **2.2km**
소요 시간 **1시간 30분**

낙산 1코스

서울의 몽마르트르, 〈케데헌〉의 주요 배경지
한성대입구역 → 혜화역

낙산 1코스는 남녀노소 누구나 쉽게 오를 수 있어 가족 동반이나 젊은 연인들의 데이트 산행으로 추천한다. 낙산 성곽의 전체 코스는 혜화문에서 낙산 정상에 올라 다시 흥인지문까지 이어진다. 그중 낙산 1코스는 혜화문에서 장수마을, 낙산 정상을 거쳐 대학로 마로니에 공원까지다. 서울의 "몽마르트르"라 불리며 옛 성곽과 골목, 문화예술 공간이 어우러진 코스로 서울의 역사와 일상을 모두 느낄 수 있다.

둘레길 정보	
둘레길	★★★★★
난도	★☆☆☆☆
산소	★★☆☆☆
흙길	★☆☆☆☆
볼거리	★★★★★

| 혜화문 | 낙산 1코스 | 장수마을 |

출발 → ① 한성대입구역 → ② 혜화문 → ③ 장수마을 → ④ 낙산공원 놀이마당

> 낙산 코스는 곳곳에 벤치와 전망대, 작은 카페가 있어 잠시 쉬어가기에 좋다.

① → ③ 아름다운 성곽길과 장수마을

낙산은 태조가 한양으로 도읍을 정한 후 성곽을 쌓을 때 기준으로 삼은 산이다. 해발 124.4m의 비교적 낮은 산으로 편안히 산책하듯 옛 성곽을 둘러볼 수 있다. 혜화문은 한양도성의 4소문 중 하나로 본래 이름은 홍화문이다. 태조 5년에 세워져, 중종 때에 이르러 혜화문으로 이름이 고쳐졌다. 한성대입구역 5번 출구로 나와 200m를 걸어가면 혜화문이다. 혜화문에 올라서니 큰 길 건너편으로 낙산성곽과 장수마을의 풍경이 보인다. 한성대입구역 4번 출구로 나와 오른쪽으로 이동하면 나무 데크 계단이 낙산 1코스의 시작점이다.

나무 데크 계단을 오르며 성곽 바깥쪽을 돌아 나오면 삼선교4길로 작은 카페와 쉬어갈 수 있는 벤치들이 놓여 있다. 이 구간을 지나면 장수마을이다. 마을 주민과 산행객들을 위한 오두막 형태의 쉼터와 약수터가 있어 잠시 쉬어가기에 좋다. 장수마을은 낙산성곽의 바깥 마을로 주민들 중 60대 이상의 고령층이 많아 장수마을이라고 불린다. 산 정상까지 층층이 지어진 작은 주택들이 성벽을 마주보고 있는데, 옛 성곽과 1960~70년대 풍의 마을 풍경이 묘한 대비를 이룬다.

③ → ⑤ 〈케데헌〉의 주인공처럼 바라보는 서울 풍경

장수마을 갈래길을 지나 낙산 정상부에 이르면 암문이 나타난다. 암문은 성곽의 안과 밖을 나누는 경계이자 성곽으로 드나드는 작은 통로로 낙산 구

 낙산 정상 암문
 봄날 낙산길
 낙산 정상에서 바라본 서울 야경

제1전망대 ⑤ — 제2전망대 ⑥ — 낙산전시관 ⑦ — 혜화역 ⑧ 약 2.5km 1시간 20분

간에는 총 4개의 암문이 있다. 암문으로 들면 곧바로 정상부인 낙산공원 놀이마당이 나타난다. 여기에는 산행객들을 위한 쉼터가 마련되어 있으며, 주말이면 작은 공연이 펼쳐지기도 한다. 날씨가 좋으면 멀리 아차산이 보이고, 서쪽으로는 인왕산과 북악산도 시야에 들어온다. 또 해 질 무렵이면, 국내외 관광객들과 젊은 연인들이 찾아와 일몰을 바라보고, 아름다운 성곽의 야경에 빠져든다.

> 전망대에서는 성북동과 남산과 인왕산까지 서울의 풍경을 한눈에 담을 수 있다.

⑤ → ⑧ 낙산길 따라 대학로 마로니에공원 문화산책

성곽 안쪽길을 따라 제1전망대, 제2전망대를 거쳐 혜화동으로 내려오면 낙산공원의 중앙광장과 낙산전시관이 나타난다. 낙산전시관에서는 낙산의 유래와 역사 등을 살펴볼 수 있다. 중앙광장에서 길을 따라 내려서면 낙산4길이다. 대학로(동숭동) 마로니에공원 뒷골목 언덕길로 시원한 전망과 함께 예술 작품들을 만날 수 있다. '낙산 공공미술 프로젝트'를 통해 조성된 마을 조형 예술품들이 발걸음을 잡는다. 낙산공원과 장수마을, 대학로 마로니에공원은 산책과 휴식, 문화, 예술을 즐기기에 최적의 장소다. 낙산공원은 상시 개방되며, 쉼터, 전망대, 야외무대 등 편의 시설이 잘 갖추어져 있다. 낙산전시관은 입장 시간을 확인해야 된다.

> 야경은 바깥쪽에서 보는 것이 더 좋다.

즐길거리

한양 성곽길 대표 코스

📷 성북천 분수광장

한성대입구역 2번 출구로 나서면, 성북천 분수광장이다. 소녀상이 자리하고, 벤치와 정자에서 쉬어가기에 좋다. 성북천 골목 상점가의 입구이기도 한 이곳은 오랜 노포부터, 신상 카페, 다채로운 볼거리, 여유로운 휴식을 즐길 수 있는 도심 속 쉼터다. 바닥 아래로 흐르는 성북천에서 오리와 물고기를 구경할 수 있고 운치 있는 야경도 특별하다.

주소 서울시 성북구 삼선교로 성북천 분수광장
문의 02-920-1765

먹을거리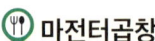

🍴 소문난순대국 삼선 본점

1997년부터 운영해온 노포로 성북천 복개 전부터 자리를 지켜온 서민 맛집이다. 순댓국, 소머리국밥, 돼지국밥 등이 있어 혼자 가기에도 좋다. 국밥류와 홍어삼합, 왕족발, 수육 등은 푸짐하고 저렴해 여럿이 산행 후 든든하게 노독을 풀기에 제격이다.

주소 서울시 성북구 동소문로2길 15 1층
문의 02-747-1649

🍴 마전터곱창

성북천을 따라 펼쳐진 야장 맛집으로 유명하다. 벚꽃 피는 봄에는 야외 테이블의 낭만적인 분위기로 문전성시를 이룬다. 메뉴는 야채곱창과 연탄삼겹살로 착한 가격과 푸짐한 양을 자랑한다. 곱창 특유의 잡내가 없어 깔끔하다. 연탄불에 삼겹살과 함께 구워 먹는 파김치가 별미다.

주소 서울시 성북구 동소문로2길 15
문의 02-764-5976

🔴 출발점 가는 방법(한성대입구역)

- **지하철** 4호선 한성대입구역 5번 출구. 뒤편 사거리에서 우측 방향으로 혜화문이 보임.
- **버스** 100, 272, 710, 2112, 1111, N16번, 한성대입구에서 하차.
- **주차** 성북 민영주차장 이용 가능(유료).

🔵 도착점 가는 방법(혜화역)

- **지하철** 4호선 혜화역 2번 출구.
- **버스** 100, 104, 140, 150, 160, 273, 710, 2112, N16번, 혜화역에서 하차.
- **주차** 대학로주차장, 아르코예술극장주차장 이용 가능(유료).

> 낙산 2코스

성곽길을 따라 이화벽화마을 골목 탐방

혜화역 → 동대문역

낙산 2코스는 혜화역을 기점으로 대학로 마로니에공원을 지나 낙산 성곽의 아랫마을인 이화벽화마을의 골목 구석구석을 돌아보는 구간이다. 낙산공원 정상에 올라 흥인지문 방향으로 내려가는 가벼운 코스로 그 중심에 서울의 대표 테마 마을인 이화벽화마을이 있다. 서울 성곽과 오래된 골목 풍경, 곳곳의 작은 박물관, 조형물, 전망대 등이 걷는 재미를 준다. 동대문성곽 구간인 흥인지문까지는 성곽 안쪽 길을 따라 편안하게 내려서는 코스다. 곳곳에 주민들의 일상이 스며들어 있고, 골목골목 숨어 있는 작은 가게와 카페들이 색다른 즐거움을 더해 발걸음이 가볍다.

둘레길 정보	
둘레길	★★★☆☆
난도	★★☆☆☆
산소	★★☆☆☆
흙길	★☆☆☆☆
볼거리	★★★★★

PART 2 한양 성곽길 · 157

동숭동 대학로 문화 충전

이화마을 풍경

이화마을 벽화

출발 → ① 혜화역 → ② 쇳대박물관 → ③ 이화장 → ④ 이화벽화마을

① → ④ 멋진 조형물이 있는 낙산길

혜화역 2번 출구로 나오면 대학로 마로니에공원이다. 공원 주변으로 야외 무대와 공연 시설, 카페, 소극장이 즐비해 평일과 주말이면 문화를 즐기려는 발길이 많은 곳이다. 마로니에공원에 들어서 낙산공원 이정표를 따라가다 보면 낙산4길이 나타난다. 이색적인 조형물을 배경으로 기념 촬영을 하고 다시 100m 지점에서 오른쪽 길을 따라 내려서면 이승만 초대 대통령의 사저였던 이화장(우남 이승만기념관)이 나타난다. 이화장에서 오른쪽 돌계단을 오르면 본격적인 이화벽화마을 탐방이 시작된다.

④ → ⑤ 낙산 성곽 아랫마을, 이화벽화마을

산 중턱에 자리 잡고 있는 이화벽화마을은 동네 구석구석에 이색적이고 재미있는 벽화와 조형물이 오가는 이의 발길을 잡는다. 낙산 아랫마을인 이화마을의 지명은 배꽃이 많이 피는 마을에서 유래되었다. 오래도록 성곽마을에서 살아온 주민들의 삶과 예술이 어우러지며 독특한 조형미를 뽐낸다. 골목골목 보물찾기하듯 둘러보며 이화마을만의 독특한 분위기를 느껴보자. 일부 벽화는 주민 생활 보호로 훼손되거나 사라진 것도 있지만, 마을의 정취는 여전히 아름답다. 〈케데헌〉의 배경 장면도 골목 풍경 곳곳에 숨어 있으니, 숨은 그림 찾기를 해도 좋다.

이화벽화마을은 단순히 벽화만 있는 곳이 아니다. 골목 구석구석을 탐방하다 보면 아티스트들의 작은 공방이나 개성 넘치는 독립 서점, 아기자기한

이화마을 풍경

이화마을 텃밭공원 벚꽃나무

겨울의 낙산공원 정상

동대문성곽공원

낙산공원 정상 ⑤ — 한양도성박물관 ⑥ — 동대문성곽공원 ⑦ — 동대문역 ⑧   약 3.2km / 1시간 30분

소품샵, 혹은 감성적인 갤러리 카페를 발견할 수 있다. 성곽 마을 고유의 풍경에 예술적 감성을 더해주며, 방문객들에게 특별한 추억을 선물한다. 잠시 쉬면서 이화동의 과거와 현재를 더듬어본다. 다시 아래의 암문으로 나가면 성곽 바깥 코스다. 성곽의 외경을 바라보며 300m 오르면 낙산공원 정상인데 동서남북으로 멀리 성북구 지역이 조망되고, 바로 아래로는 창신동과 동대문 지역의 오밀조밀한 산동네 풍경이 보인다.

> 성곽길을 따라 곳곳에 쉼터와 놀이터, 음수대가 마련되어 있어 쉬엄쉬엄 걷기에 좋다.

⑤ → ⑧ 한양도성의 축성 원리를 한눈에

정상에서 홍인지문까지 걸어 내려가면 왼쪽에 길게 누운 목멱산의 모습과 오른쪽에 당당한 기세로 길게 펼쳐진 인왕산이 도심 풍경과 어우러져 보인다. 홍인지문과 동대문성곽공원의 정비가 마무리되었고, 한양도성의 축성 원리를 한눈에 볼 수 있는 한양도성박물관이 자리하면서 탐방객들의 발길이 점차 늘고 있다. 봄부터 가을까지는 동대문성곽공원에서 주말마다 낙산장이 서기도 한다. 동대문성곽공원에 내려서면 바로 눈앞에 홍인지문이 나타난다.

즐길거리

한양 성곽길 대표 코스

📷 이화장

이화장1길에 있는 조선시대 건물로 낙산 언덕에 배나무가 많아 '이화장'이라는 이름이 붙여졌다. 8·15 광복 직후 이승만 박사가 거처로 삼았다. 국가지정문화재 사적 제497호로 지금은 '이승만기념관'으로 보존되고 있다.

주소 서울시 종로구 이화장1길 32
문의 02-762-3171

📷 한양도성박물관

동대문성곽공원 내의 서울디자인센터 1~3층에 위치한다. 한양도성의 역사와 문화유산을 주제로 공간을 채웠다. 상설전시장, 기획전시실, 도성 관련 국내외 자료를 구비한 도성정보센터와 시민 참여 프로그램 교육 공간 등을 갖추고 있다.

주소 서울시 종로구 율곡로 283
문의 02-724-0243

먹을거리

🍴 학림카페

1956년에 문을 열고 한자리를 지켜온 살아 있는 역사다. '서울대학교 문리대 제25 강의실'이라고 불리며, 1970~80년대 김승옥, 천상병, 황석영 등 수많은 문인, 예술가, 대학생들이 문학과 예술을 향유했던 공간이다. 대표 메뉴는 단연 비엔나커피다. 핸드드립 커피, 쌍화차, 대추차 등 전통차도 취향을 만족시킨다.

주소 서울시 종로구 대학로 119 2층
문의 02-742-2877

🔴 출발점 가는 방법(혜화역)

- 지하철 4호선 혜화역 2번 출구.
- 버스 100, 273, 710, 2112, N16번, 혜화역에서 하차.
- 주차 대학로주차장, 낙산공원주차장 이용 가능(유료).

🔵 도착점 가는 방법(동대문역)

- 지하철 1호선 동대문역 1번 출구. 오른쪽으로 돌면 동대문성곽공원이 낙산 구간의 시작임.
- 버스 마을버스 종로03, 101, 103, 144, 152, 201, 260, 270, 370, 420, 720, 9301, N13, N15, N26, N30번, 동대문역에서 하차.
- 주차 동대문쇼핑타운주차장, 창신민영주차장 이용 가능(유료).

> 동대문 성곽코스

단절된 옛 성곽의 흔적을 따라

동대문역 → 동대입구역

동대문 성곽코스는 흥인지문에서 출발 해 크게는 동대문역사문화공원을 한 바퀴 둘러보고, 광희문을 살펴본 후 성곽 단절 구간을 지나 동대입구역까지 돌아본다. 작게는 동대문디자인플라자(DDP)와 성곽의 일부 구간만 남아 있는 광희문 성곽에 올라 장충체육관 뒤편 남산성곽 구간을 돌아본다. 지나간 역사와 현재의 문화가 어우러진 공간을 한꺼번에 즐기며 걸을 수 있다.

둘레길 정보	
둘레길	★★★☆☆
난도	★☆☆☆☆
산소	★★☆☆☆
흙길	★☆☆☆☆
볼거리	★★★★★

이간수문

동대문디자인플라자

동대문역사문화공원 유구 전시장

출발 — 동대문역 ① — 흥인지문 ② — 오간수문지 ③ — 동대문디자인플라자 ④ — 한양공고 앞 교차로 ⑤

① → ④ 과거와 현재가 공존하는 동대문 문화의 메카

흥인지문은 한양도성의 정동쪽에 자리하고 있어 흔히 동대문이라고 불린다. 낙산 방향의 동대문성곽이 마무리되면서, 흥인지문을 중심으로 동대문성곽이 하나의 도심 걷기 여행 코스로 연결되었다.

동대문디자인플라자(DDP)와 동대문역사문화공원 사이에 성곽길을 표시해놓았다. 흥인지문을 돌아 내사산의 물줄기가 청계천을 거쳐 도성 밖으로 나가는 오간수교를 건너면 거대한 우주비행선 모양의 동대문디자인플라자(DDP)가 위용을 뽐낸다.

동대문역사문화공원은 옛 동대문운동장을 철거하고 그 자리에 조성된 공간으로 전통 건축물과 유물유적, 최첨단 문화 공간이 어우러진 복합 문화 공간이다. 문화재 발굴 조사를 통해 발굴된 이간수문을 시작으로 외부 공간에는 동대문유구전시장, 동대문운동장을 기념하기 위해 남긴 야간 조명탑 2기와 성화대가 전시되어 있다. 동대문디자인플라자의 앞마당 격인 어울림광장을 중심으로 갈래길을 따라 오르고 내리다 보면 시간이 훌쩍 지난다. 주차장, 휴게 공간, 물품보관소와 카페 공간 등 다양한 편의 시설이 갖추어져 있다.

> 동대문역사관에는 한양도성의 축성 원리에 관한 자료가 전시되어 있다.

④ → ⑥ 시구문이라 불리던 광화문 성곽

동대문디자인플라자에서 나와 좌측 을지로 방향으로 걸으면 한양공고 앞 교차로가 나온다. 횡단보도를 건너면 동대문역사문화공원역 3번 출구다.

구 서산부인과의원

광희문

천주교신당동교회

```
구 서산부인과의원     광희문        천주교신당동교회    동대입구역
     ⑥              ⑦                ⑧              ⑨         약 3.7km
                                                               1시간
```

바로 앞에 한국 현대 건축물의 자랑인 구 서산부인과의원(현 아리움 사옥)이 보인다. 길을 건너면, 우측으로 광희문이 보인다. 광희문은 조선의 4소문 중 하나로 흔히 시구문, 수구문이라 불렸다. 동대문과 남산 사이에 있어 사실상 남소문의 역할을 했다. 성문과 일부 성곽이 복원되어 있었고, 성곽 안팎으로 벤치와 휴게 시설이 조성되어 있다.

⑥ → ⑨ 사라진 옛 성곽의 흔적을 상상하며

광희문 언덕의 마을 벽화를 둘러보고 오른쪽 청구로 방향으로 내려오면 신당동 교회 담장과 장충동 주택가 골목에서 옛 성곽의 흔적을 엿볼 수 있다. 붉은 벽돌 건물인 천주교신당동교회까지 걸으면 장충동 고급 주택가 사잇길이 나타난다. 성곽을 부순 후 그 터 위에 주택을 지어 담장을 살피다 보면, 세월을 가늠할 수 없는 옛 성곽의 흔적이 담장 사이에 묻혀 있다. 구간의 끝은 대로변으로 신라호텔 면세점 뒤쪽으로 남산성곽 말단부가 모습을 드러낸다.

장충체육관 방향으로 우회전하면 이 코스의 종점인 동대입구역이다.

> 장충동 고급 주택가의 돌담 축성에서 옛 성곽의 흔적을 엿볼 수 있다.

한양 성곽길 대표 코스

📷 동대문역사관1398(구 동대문역사관)

동대문운동장 발굴 유물 2,800여 점을 소장하고 있으며, 이 중 약 500~600점을 상설전시로 공개하고 있다. 이간수문 발굴유적, 하도감터, 동대문운동장 관련 자료, 한양도성 축조 과정, 동대문 일대 도시 변천사 등을 볼 수 있다. 디지털 체험관과 어린이 체험관에서는 AR/VR, 유물 발굴, 도성 쌓기 등 체험 프로그램도 운영한다.

주소 서울시 중구 을지로 281

📷 구 서산부인과의원 건물

한국 현대 건축의 1세대 거장 김중업(1922~1988)의 대표작으로 어머니의 자궁을 모티브로 건축했다. 부드러운 곡선과 원형을 적용한 독특한 형태의 건축물이다. 조선 시대에 시신이 도성 밖으로 나가는 통로였던 광희문 맞은편에 생명의 탄생을 상징하는 산부인과 건물이 들어섰다는 점이 흥미롭다.

주소 서울시 중구 퇴계로 349

먹을거리

🍴 흥부골숯불돼지갈비

양념에 1주일 동안 숙성시킨 돼지갈비가 맛있는 집이다. 두툼한 고기를 주인이 직접 숯불에 구어 푸짐하게 내놓는다. 부드러운 육질과 특유의 양념 맛으로 남녀노소 누구에게나 인기 있다.

주소 서울시 중구 청구로 113
문의 0507-1395-1978
메뉴 소갈비, 꽃살돼지갈비, 삼겹살, 간장게장, 비빔밥

출발점 가는 방법(동대문역)

- **지하철** 동대문역 1호선 6번 출구. 4호선 7번 출구, 흥인지문이 보임.
- **버스** 101, 103, 105, 111, 144, 152, 201, 260, 261, 262, 270, 271, 370, 420, 720, 721, 지선 2112, 2233, 직행좌석 9301, N13, N15, N26, N30번, 동대문역에서 하차.
- **주차** 동대문디자인플라자 주차장, 동대문 공영주차장 이용 가능(유료).

도착점 가는 방법(동대입구역)

- **지하철** 3호선 동대입구역 4번 출구. 200m 이동하여 좌회전하면 동호로 20길. 직진하면 천주교 신당동교회 앞 주택가 골목임.
- **버스** N13, 144, 301, 지선 7212번, 동대입구역에서 하차.
- **주차** 장충체육관 주차장 이용 가능(유료).

남산 1코스

남산순성길의 옛 성곽을 찾아서
동대입구역 원점회귀

동대입구역을 기점으로 잡는 이 코스는 광희문까지 단절된 남산성곽 구간의 일부이다. 신라호텔 면세점 출입 통로에서 성곽이 시작되어 반얀트리 클럽까지의 일부 사유지를 포함한다. 특히 이 구간은 야간(오후 6시부터 다음 날 오전 9시까지) 통행이 제한된다. 동호로 17길을 따라 오르는 성곽 바깥길은 성곽의 형태가 비교적 잘 남아 있어 아쉬움을 달랠 수 있다. 성곽길과 나무 계단길을 걸어 장충단공원까지 둘러보는 원점회귀 코스이다.

둘레길 정보

둘레길	★★☆☆☆
난도	★☆☆☆☆
산소	★★☆☆☆
흙길	★★★☆☆
볼거리	★★☆☆☆

PART 2 한양 성곽길 · 169

신라호텔 구간

신라호텔 뒤편 성곽 구간

성곽길 바깥쪽

출발 — 동대입구역 ① — 장충체육관 ② — 신라호텔 면세점 탐방로 ③ — 토끼굴 ④

① → ④ 끊어지고 이어지는 남산성곽길

> 일부 구간은 신라호텔 등 사유지를 통과하므로 조용히 이용해야 한다.

신라호텔 면세점 뒷길은 한양 성곽의 원형이 남아 있는 코스다. 동대입구역 5번 출구로 나와 장충체육관을 지나면 오른쪽 작은 골목 입구에 성곽길 이정표가 보인다. 20m를 오르면 신라호텔 면세점 뒤편으로 성곽이 보이고 나무 데크 계단이 나타난다. 이 구간은 성곽의 안쪽 구간으로 신라호텔 사유지에 속한다. 언덕을 올라 걸으면 호텔 뒤편의 야외조각공원과 탐방로가 이어진다. 성곽 아랫마을인 신당동 일대가 훤하게 내려다보여 가슴이 뻥 뚫린다.

신라호텔, 한국자유총연맹, 반얀트리 클럽을 거쳐 오른다. 특히 신라호텔과 반얀트리 구간은 오후 6시부터 다음 날 9시까지 야간 통행을 제한하고 있다. 야간에는 성곽 바깥 구간을 올라 한국자유총연맹 쪽으로 통과한다. 500m를 오르면 신라호텔과 서울클럽의 부지 경계에 출입문이 또 나타난다. 그 아래에는 성곽 밖으로 나갈 수 있는 길이 있다. 주민들을 위한 통로 역할을 하는 문을 나서면 성곽 바깥길인 동호로 17길이다. 성 안쪽 길이 성곽 아랫마을을 구경하며 걷는 길이라면, 성 바깥 길은 웅장한 성곽의 위용을 감상하면서 걷는 길이다. 나무가 우거진 숲길과 높이 쌓인 성곽미, 그리고 마을의 풍경이 어우러진다. 성곽 구간은 약 1km로 비교적 짧지만 정상에 오르면 가슴이 뻥 뚫리는 기분이다.

성곽길 표지판

다산팔각정

골프장 옆 나무 데크길

반얀트리 클럽 방향

성곽마루 ⑤ — 반얀트리 클럽 ⑥ — 국립극장 사거리 ⑦ — 장충단공원 ⑧ — 동대입구역 ⑨ 약 3.17km 50분

④ → ⑦ 성곽마루에서 본 남산 소나무 숲의 절경

성곽길이 끝나면 바로 체육 시설과 쉼터가 보이고 왼쪽으로 다산 팔각정이 나타난다. 성곽마루에 올라서 잠시 휴식을 취하면 발 아래로 울창한 소나무 숲이 보이고, 반얀트리 클럽으로 이어진 나무 데크 산책로를 걷는 사람들의 모습이 보인다. 나무 데크 끝에 이르면 분수대이다. 분수대에서 호텔길을 따라 정문 방향으로 내려가면 국립극장 앞 교차로가 나타난다.

⑦ → ⑨ 장충단공원에서 잠시 숨을 돌리며

국립극장에서 오른쪽으로 꺾어 남산2호터널 입구와 동국대학교 입구 교차로를 연거푸 지나면 장충단공원이다. 장충단은 남산 동쪽 봉우리 종남산 기슭 아래 맑은 물이 흐르는 계곡으로 예부터 경치가 좋았다. 을미사변으로 명성황후가 시해되었을 때 순사한 장졸들의 영혼을 달래기 위해 고종황제가 이곳에서 봄·가을에 제사를 지내게 했다. 1920년 일제가 이곳을 장충단공원으로 이름 지은 후, 벚꽃 수천 그루를 심고 연못, 놀이터, 산책로 등을 만들었다. 상해사변 때 전사한 일본 군인의 동상이 세워져 있었으나 광복 후 즉시 철거했다. 1959년에 청계천 복개 공사로 철거한 수표교를 이곳으로 이전했다.

공원 주변에 장충체육관과 국립극장 등의 문화 시설이 있고, 남산 산록의 아름다운 풍경으로 서울 도심의 사랑받는 산책로 중 한 곳이다.

> 장충단공원에는 사명 대사와 독립운동가 이준 동상이 있다.

한양 성곽길 대표 코스

📷 수표교

장충단공원의 개천 위에 놓여 있는 다리다. 조선 세종 때 청계천에 가설한 돌다리로 청계천의 수량을 측정하기 위해 다리의 돌기둥에 경(庚)·진(辰)·지(地)·평(平)으로 표시해서 물의 깊이를 재었다. 본래 청계2가 수표다리길 사거리에 있었으나 1958년 청계천 복개 공사 때 철거되어 홍제동으로 이전되었다가 1965년 이곳으로 옮겨져 오늘에 이르고 있다.

주소 서울시 중구 장충동2가 197-1

📷 장충단비

장충단은 고종이 1895년 을미사변때 순직한 장병들을 위로하기 위해 1900년에 세운 사당이다. 나중에 임오군란과 갑신정변 때 순직한 문무관도 함께 모셔 매년 봄·가을에 제사를 지냈으나 1908년에 폐지되었으며, 건물은 한국전쟁 때 파괴되었다. 현재 장충단공원 안에 세워진 장충단비는 장충단을 세우게 된 내력을 담은 비석으로 앞면의 글씨는 순종, 뒷면의 비문은 민영환이 지은 것이다.

주소 서울시 중구 동호로 257-8

먹을거리

🍴 카페 LA 루프탑

카페 라(CAFÉ LA)는 신라면세점 지하 1층과 3층의 루프탑까지를 일컫는 문화 공간형 카페다. 사계절의 변화를 느낄 수 있는 루프탑에서 남산 뷰와 서울 도심을 볼 수 있다.

주소 서울시 중구 동호로 249 | 문의 0507-1321-0705

★ 출발점·도착점 가는 방법 (동대입구역)

- **지하철** 3호선 동대입구역 5, 6번 출구. 200m 이동하여 장충체육관을 지나면 신라호텔 면세점 성곽길 기점이 보임.
- **버스** N13, 144, 301, 지선 7212번, 동대입구역에서 하차.
- **주차** 장충체육관주차장, 성곽 공영주차장 이용 가능(유료).

걷는 거리 **3.17km**
소요 시간 **50분**

PART 2 한양 성곽길 · 173

> 남산 2코스

남산골 돌아 N서울타워까지 힐링 트레킹

충무로역 → 동대입구역

남산에 오르는 길은 약 15개 코스로 구성되어 있으니 자신에게 적합한 코스를 선정하는 것이 바람직하다. 이 코스는 충무로 남산골 한옥마을을 관통하여 남산 북측순환길로 올라서 한양도성 순성길 3코스 마지막 구간을 보고, N서울타워까지 오르는 코스다. 남산소나무숲길, 성곽길 구간, 남산 남측포토아일랜드 등 문화 공간을 둘러보고, 편안한 숲길을 걸을 수 있다.

둘레길 정보	
둘레길	★★☆☆☆
난도	★☆☆☆☆
산소	★★☆☆☆
흙길	★☆☆☆☆
볼거리	★★★★★

남산골한옥마을

북측순환로

남산성곽길

출발 — 충무로역 ① — 남산골한옥마을 ② — 필동약수터 ③ — 남산 북측순환로 ④ — 서울성곽 ⑤

① → ⑤ 남산딸깍발이의 걸음으로, 남산골 산책로 코스

충무로역에서 내려 남산골한옥마을을 둘러보고, 남산 정상까지 오르는 코스다. 마을 주민들의 산책 코스로 한옥마을 정문에서 오른쪽으로 남산골 공원과 서울남산국악당, 타임캡슐까지 둘러보고 필동 방향 쪽인 후문으로 걸어간다. 필동로8길의 길 막바지까지 오르면 필동약수터와 구립중구노인요양센터 방향으로 길이 나누어진다. 어느 방향을 선택해도 남산 북측순환로와 만날 수 있다. 남산 북측순환로는 '예장자락길'이라는 새 이름으로도 불리는데, 울창한 숲길을 따라 한적한 산행을 즐기기에 안성맞춤이다. 이후 한양성곽의 일부가 남아 있는 왼편으로 돌아 한양도성길 3코스 종점 구간으로 길을 잡는다.

이 구간의 성곽은 낮은 봉우리의 둘레를 남산성곽의 일부가 둘러싸고 있는 코스다. 남산 정상으로 오르는 갈래길에서 서울성곽, 남측순환로 이정표를 따라 왼쪽으로 오르면 키 큰 참나무숲 사이로 오솔길이 나타난다. 오솔길을 따라 정상에 오르면 손실된 성곽의 일부와 전망대가 있다. 전망대에 오르면 국립극장과 동국대 방향의 장충동이 내려다보인다.

⑤ → ⑥ 소나무숲길을 따라 팔각정휴게소까지

성곽이 남측순환도로에 의해서 단절된 부분이 바로 광희문에서 신라호텔 구간을 거쳐 이곳에 이르는 한양도성 순성길 3코스의 종점이다. 남측순환도로로 조금 내려서면 왼쪽으로 한양도성 순성길 휴게소 방향으로 길이 나

갈래길 등산 / 갈래길

남산 정상 야경

| 한양도성 순성길 종점 ⑥ | 팔각정휴게소 ⑦ | N서울타워 ⑧ | 남산소나무숲길 ⑨ | 국립극장 ⑩ | 약 5.7km 1시간 30분 |

넌다. 왼쪽 휴게소 방향은 성곽 바깥길로 팔각정휴게소까지 남산소나무 숲 사이로 산책로가 이어져 있다. 팔각정휴게소에 이르면 남산순환버스의 버스 정류장이 나타난다. 남산순환버스 정류장에서 오른쪽으로 꺾어 오르면 남산 정상부에 이른다.

⑥ → ⑨ 서울의 중심점, N서울타워

남산 정상부를 따라 수많은 관광객들이 서울의 대표적인 관광 랜드마크인 N서울타워로 향한다. 전망대에 서면 멀리 인왕산과 북악산, 서울 도심의 풍경을 조망할 수 있다. 잠시 돌아보고 남측순환로를 따라 국립극장 방향으로 돌아 내려온다. 내려오는 길에 활터인 석호정, 남측포토아일랜드도 둘러보면 좋다. 남측포토아일랜드는 시야가 탁 트여 있어 서울 후암동의 주택가와 서울 남서쪽의 빌딩 숲, 그리고 한강의 모습 등 시원한 전망감을 만끽할 수 있는 휴게 공간이다. 해 질 무렵, 불을 밝힌 N서울타워와 함께 이곳의 일몰 풍경은 남산 최고의 전망으로 손꼽힌다. 조금 더 내려가면 남산 소나무가 우거진 소나무 탐방로 입구가 나온다. 숲속에 쉴 수 있는 나무 침대, 약수터와 정자가 있고 계속 길을 따라가면 국립극장이 나온다.

> 남산 정상은 충무로역, 동대입구역, 장충단공원 정류장에서 남산순환 버스로 오를 수도 있다.

국립극장

한양 성곽길 대표 코스

📷 서울남산국악당

남산골한옥마을 내에 위치한다. 2007년 서울을 대표할 전통 예술 전문 공연장으로 지은 곳으로 지상 1층과 지하 1,2층으로 이루어져 있다. 공연장 객석은 300석 규모로, 어느 좌석에서나 판소리 육성과 가야금 소리를 들을 수 있게 설계했다. 남산골한옥마을 홈페이지에서 공연을 예매할 수 있다.

주소 서울시 중구 퇴계로길 34길 28
문의 02-6358-5500

📷 석호정

석호정은 1630년 조선 인조 때 처음 만들어진 활터이다. 황학정이 조선시대의 왕들과 문무백관들의 활터였다면, 이곳은 민간인들의 활터였다. 서울시에서 직접 운영하며 누구나 기본 교육을 받은 뒤 활을 쏠 수 있다.

주소 서울시 중구 남산공원길 372
문의 02-2266-0665

먹을거리

🍴 동방명주

충무로역 4번 출구 바로 앞에 위치한 중국 음식점이다. 1970년대 개업한 노포로 넉넉한 양과 맛으로 인근의 직장인들에게 잘 알려진 충무로 맛집이다. 깊은 국물 맛을 자랑하는 사천탕면, 짬뽕밥이 인기가 있다.

주소 서울시 중구 퇴계로 186
문의 02-2267-7285

⭐ **출발점 가는 방법(충무로역)**
- **지하철** 3, 4호선 충무로역 3, 4번 출구.
- **버스** 104, 421, 463, 507번, 충무로역에서 하차.
- **주차** 남산골한옥마을 공영주차장, 필동 민영주차장 이용 가능(유료).

⭐ **도착점 가는 방법(국립극장)**
- **지하철** 3호선 동대입구역 6번 출구, 버스로 환승.
- **버스** 01A, 01B, 420번, 국립극장에서 하차.
- **주차** 국립극장 주차장 이용 가능(유료).

> 남산
> 3코스

남산 정상에 올라 남산성곽 회현자락으로
서울역 → 회현역

서울의 중심인 남산 정상에 올라 N서울타워에서 서울 도심을 전망하고, 새롭게 복원된 남산공원을 통과해 남산성곽 회현자락길로 내려서는 코스다. 하산길에는 봉수대, 잠두봉포토아일랜드를 거쳐 백범광장의 고즈넉함을 지나 굽이치는 성곽길의 정취를 온전히 느낄 수 있는 코스다.

둘레길 정보

둘레길	★★★★★
난도	★★★★★
산소	★★★☆☆
흙길	★☆☆☆☆
볼거리	★★★★★

★ 출발점 가는 방법(서울역)

- **지하철** 서울역 1호선 10번 출구. STX 남산타워 옆 후암로, 소월로를 따라가면 남산공원 입구.
- **버스** 202, 400, 402, 1303번, STX남산타워, 서울스퀘어에서 하차
- **주차** 서울스퀘어주차장 이용 가능(유료)

★ 도착점 가는 방법(회현역)

- **지하철** 4호선 회현역 4번 출구. 왼쪽 도동삼거리에서 소파로로 이동. 어린이 놀이터가 보임
- **버스** 421, 463, 503, 505, 507, 604, 1303, 7013A, 7013B번, 회현역에서 하차
- **주차** 남대문시장 민영주차장, 남산 민영주차장 이용 가능(유료).

남산공원 광장

전망대 도심 뷰

N서울타워

| 출발 | 서울역 ① | 후암동 삼거리 ② | 남산공원 입구 ③ | 팔각정휴게소 ④ |

① → ③ 서울의 중심점, 남산 정상에 올라

서울역에서 출발할 때는 남산도서관 뒤로 난 길을 따라 오른다. 10번 출구 앞으로 직진해 후암동 삼거리까지 걸으면 소월로가 나온다. 소월로를 걸어 남산공원 매표소를 지나 남측순환로 방향으로 길을 잡는다. 팔각정까지 성곽 바깥의 아랫길을 30여 분 오르는 코스다. 팔각정휴게소는 남산순환버스의 정거장이자 만남의 광장이다. 휴게 공간과 화장실도 있어 여기에서 잠시 숨을 고른다.

③ → ⑥ N서울타워에서 문화 즐기기

팔각정

팔각정에서 남산 정상까지 200m를 오르면 남산성곽과 N서울타워가 보인다. 남산 정상에 위치한 N서울타워는 서울의 중심을 상징하는 랜드마크로 서울 사방 60km를 조망할 수 있다. 가까이에는 북악산과 북한산이, 멀리로는 안산과 인왕산까지 볼 수 있다. 팔각정 역시 서울 여행에서 빼놓을 수 없는 명소다. 팔각정 앞 광장에서는 수시로 역동적인 문화 공연이 열린다. 시간이 맞는다면, 공연을 즐기는 것도 휴식과 문화 충전으로 안성맞춤이다. 팔각정에서 내려와 봉수대를 지나면 남산 케이블카 승강장부터 계단길이 이어진다. 왼쪽으로는 오랜 성곽의 흔적과 깊은 숲이, 오른쪽으로는 서울의 마천루와 중심가가 한눈에 잡힌다.

성곽길 따라 걷는 관광객

잠두봉포토아일랜드 뷰포인트

백범광장

팔각정봉수대·N서울타워 ⑤ — 잠두봉포토아일랜드 ⑥ — 백범광장 ⑦ — 회현역 ⑧   약 4.15km 2시간

⑥ → ⑧ 봉수대에서 잠두봉포토아일랜드를 거쳐

하산길 중간 지점에 있는 잠두봉포토아일랜드에서는 남산을 오르내리는 케이블카의 모습, 서울시청, 광화문, 장충동 일대가 한눈에 보인다. 다시 계단길을 따라 내려오면 남산공원 산책로가 나오고, 안중근의사기념관을 지나면 백범광장이다. 백범광장에는 백범 김구 선생과 성재 이시영 선생의 동상이 서 있고, 그 아래로 숲과 공원이 조성되어 있다.

> 잠두봉포토아일랜드에 서면 서울 도심과 서울 둘레의 산자락을 조망할 수 있다.

백범광장에서 성곽 언덕을 따라 계단을 내려선다. 조선시대와 일제 강점기를 지나며 소실되었던 길이 남산성곽 회현자락길이라는 이름으로 새롭게 복원되었다. 성곽에 올라서면 멀리 힐튼호텔 방향으로 힘차게 굽이치는 성곽길이 도심 고층 빌딩 사이에서 묘한 대비를 이루며 뻗어나간다. 반대편, 남산 방향으로 눈을 돌리면, 남산 자락 아래 남산공원 관리 사무소와 국립서울과학관도 보인다. 새로 축조한 성곽이 멀리 남산 자락과 만나 특별한 실루엣을 형성한다. 가족 동반 소풍길로도 좋고, 일몰 후에는 야경을 감상하기에도 안성맞춤이다. 도심 고층 빌딩과 어우러진 아름다운 성곽의 정취를 느끼며 길을 따라 내려오면 회현역이 멀지 않다.

> 근대문화
> 1코스

근대문화 100년 서울 도심 시간 여행

서울역 → 시청역

근대문화 1코스는 숭례문에서 서소문 터를 거쳐 정동길을 따라 덕수궁까지 돌아보는 코스다. 조선왕조 500년 역사와 굴곡진 한국 근현대사를 마주할 수 있는 길로 해방 후 도심권 개발로 인해 성곽은 모두 사라졌다. 하지만 복원된 숭례문을 바라보며 덕수궁 돌담길을 따라 걷다 보면, 잃어버린 역사 속에서 우리의 민족혼을 느낄 수 있다. K문화의 위상이 높아지면서 외국인들의 필수 관광 코스가 되었다.

둘레길 정보	
둘레길	★★☆☆☆
난도	★☆☆☆☆
산소	★★☆☆☆
흙길	★☆☆☆☆
볼거리	★★★★★

PART 3 한양도성 도심순례길 · 187

 신아기념관
 정동교회
 정동극장
 경향신문사 사옥

출발 — 서울역 ① — 숭례문 ② — 서소문터 ③ — 정동교회 ④ — 이화여고 ⑤

① → ③ 조선왕조 500년 역사가 살아 숨 쉬는 숭례문

조선을 세운 태조는 도읍을 한양으로 정한 뒤 궁궐과 종묘사직의 터를 닦고 한양도성을 쌓았다. 숭례문은 태조 7년에 완성된 것으로 현재 우리나라 국보 1호이다. 숭례문에서 염창교를 건너 연못이 있던 남지터를 거쳐 서소문터를 찾아가 본다.

한양도성은 도시 방어와 치안을 위해 4대문과 4소문(4대문 사이에 작은 문)을 두었는데, 소덕문은 4소문 중 하나로 1914년 일제에 의해 철거되어 중앙일보사 주차장 후미진 귀퉁이에 '소덕문'이란 표지석만 남아 있다. '서소문'이라고도 불리지만 본래는 '소덕문'이 올바른 이름으로, 소덕문터를 지나면 근대문화 100년의 역사를 기억하는 정동길이 펼쳐진다.

> 숭례문에서 서소문터로 이어지는 길에서 복원된 성곽을 볼수 있다.

③ → ⑥ 대한제국 100년의 역사가 남은 정동길

중앙일보사 사옥 앞의 건널목을 건너 주한러시아대사관과 배제학당동관의 사잇길을 지나면 정동교회가 보인다. 정동길을 기점으로 왼쪽으로 오르면 경향신문사 사옥이고, 오른쪽은 덕수궁과 서울광장, 가운데 길은 덕수궁 돌담길로 이어진다. 정동교회 앞 순환 교차로에서 정동교회, 신아기념관(구 신아일보 별관), 이화여고 심슨기념관으로 이어진 길을 따라 걷는다. 이화여고와 심슨기념관의 사이로 들어서면 유관순기념관이 나타난다.

구 러시아 공사관

고종의 길

덕수궁돌담길

경향신문사 ─⑥─ 러시아공사관 ─⑦─ 서울시립미술관 ─⑧─ 덕수궁(대한문) ─⑨─ 시청역 ─⑩─ 약 3.4km 50분

⑥ → ⑩ 서울에서 가장 아름다운 길, 덕수궁돌담길

경향신문사 사옥에 이르러 오던 길을 다시 되짚어 가면 정동공원 언덕 위에 흰색의 구 러시아 공사관이 나타난다. 대한제국의 마지막 황제인 고종이 1년간 몸을 피했던 곳으로 공사관 앞에는 잠시 쉬어 갈 수 있는 공원이 마련되어 있다. 공원 오른편 언덕으로 오르면 작은 문이 있다. 120m 길이의 고종의 길로 이어지는 출입구다. 1896년 아관파천 당시 고종이 궁녀로 변장하여 러시아공사관으로 피했던 좁은 피신로를 따라 걷는다. 한 바퀴 둘러보고 덕수초등학교 쪽으로 내려가면 비로소 덕수궁돌담길이다. 그 길을 따라 걸으면 1926년에 지어진 근대 건축물인 구세군중앙회관이 자리 잡고 있다. 돌담길을 계속 걸으면 도심 내 문화 공간으로 직장인들에게 인기가 많은 서울시립미술관이 보인다. 바로 옆에는 1885년에 설립된 최초의 근대식 중등 교육기관인 배재학당역사박물관이 있다. 잠시 숨을 고르고 덕수궁과 서울광장까지 돌아보면 우리 민족의 숨결이 곳곳에 배어 있는 근대문화 1코스는 마무리된다.

> 고종의 심정과 역사적 의미를 되새기며 걸으면 어떨까.

덕수궁

한양도성 도심순례길 대표 코스

📷 신아기념관

신아기념관은 1930년대에 미국 싱거미싱사 한국지부 건물로 지어져 신아일보 별관으로 쓰이다, 2008년 국가등록문화제 제402호로 지정된 근대 건축물이다. 현재는 신아일보 창업주를 기리는 기념관이자 카페·편집샵으로 구성된 복합 문화 공간으로 운영되고 있다. 지하층의 오드하우스(Oddhaus)는 브런치&와인 다이닝 레스토랑으로 파스타, 플래터, 스테이크 등의 메뉴와 와인 리스트를 선보이고 있다.

주소 서울시 중구 정동길 33 | 문의 02-777-9875

📷 덕수궁중명전

1900년경에 건축된 것을 고종이 궁궐 도서관으로 사용하기 위해 지은 지상 2층, 지하 1층의 서양식 건축물이다. 1905년 굴욕의 을사조약이 체결된 장소로 일제 강점기에는 "정동구락부"라고 불리며 외국인들의 사교장으로 쓰였다. 대한제국의 역사를 상징적으로 보여준다.

주소 서울시 중구 정동길 41-11 | 문의 02-771-9952

📷 덕수궁정관헌

덕수궁 내 근대 건축물 중 가장 오래된 정관헌은 전통적인 목조건축과 서양식 석조건축을 융합한 건축물이다. 고종은 이곳에서 외국 사신들을 맞이하고 연회를 베풀었다. 사진은 정관헌에서 외국공사의 접견례를 재현한 모습이다.

주소 서울시 중구 세종대로 99 | 문의 02-771-9951

출발점 가는 방법(서울역)
- **지하철** 1호선 서울역 4번 출구, 4호선 8번 출구.
- **버스** 202, 400, 402, 405, 708, 709번, 서울역에서 하차.
- **주차** 대한상공회의소 주차장, 서울주차타워 민영주차장 이용 가능(유료).

도착점 가는 방법(시청역)
- **지하철** 1호선 시청역 1, 3, 8번 출구, 2호선 12번 출구.
- **버스** 103, 150, 401, 402, 406, 7017, N16번, 시청역에서 하차.
- **주차** 서울시 청주차장 이용 가능(유료).

대한민국 대표 로컬 시장
남대문시장

주소 서울시 중구 남대문시장4길 21 | 문의 02-753-2805

한양도성 순성길은 이야기를 따라 걷는 여행이다. 단순한 도보 여행을 넘어, 과거와 현재가 공존하는 서울의 문화를 체험할 수 있는 특별한 경험을 선사한다. 500년 역사를 자랑하는 한양도성의 상징인 숭례문을 바라보고, 삶의 이야기가 웅성거리는 남대문시장으로 걸음을 옮긴다.

국보 1호 숭례문을 바라본다. 한양도성의 남쪽 정문이다. 조선의 백성들은 이곳을 통해 삶의 터전이었던 남대문시장으로 드나들 수 있었다. 수문장 교대식을 관람하고, 시장 안팎을 순찰하던 순라꾼들을 따라 남대문시장으로 들어선다. 조선시대부터 이어져온 남대문시장은 한국의 대표적인 로컬 문화 체험 공간이다. 골목골목 활기찬 상인들의 에너지가 넘치고 작은 골목 사이로 다양한 상품과 먹거리, 볼거리가 넘친다. 국내외 방문객들의 발길이 끊임없이 이어지는 서울 여행의 필수 코스다.

수문장 교대식과 순라의식

전통 복식을 갖춘 수문장들이 정해진 시간에 교대식을 펼친다. 웅장한 북소리와 함께 펼쳐지는 수문장들의 절도 있는 동작은 과거 조선시대 모습을 생생하게 재현한다. 남대문에서 남대문시장까지의 순라 행렬을 뒤따르는 것도 재미있다. 남대문시장은 순라꾼들의 순찰 구역 중 하나로 궁중의 경계와 상인들의 안전과 질서를 유지하는 역할을 했다. 시장 곳곳을 순찰하는 모습은 방문객들에게 특별한 경험과 즐거움을 선사한다.

수문장 교대식
문의 https://www.royalguard.kr/ 일정 매일(월요일 제외) 10시, 11시 30분, 14시, 15시 30분

남대문 갈치골목

남대문시장의 빼놓을 수 없는 명소다. 오랜 시간 동안 서민들의 사랑을 받아온 갈치골목은 좁은 골목 양옆으로 갈치 요리 특유의 맛있는 냄새가 발길을 붙잡는다. 대표 메뉴는 갈치조림과 생선구이, 청국장 등이다. 그중 갈치조림이 단연 인기다. 뜨끈한 밥에 촉촉한 갈치 살을 발라 먹으면, 감칠맛으로 밥 한 그릇 뚝딱이다. 줄을 서야 하는 수고를 감당해야만 그 맛을 볼 수 있다.

남대문 칼국수 맛집

멸치 육수의 시원하고 깊은 국물 맛과 쫄깃한 면발이 어우러진 칼국수는 남대문시장의 명물이다. 시장 상인들의 허기를 달래주던 음식이 줄을 서서 먹는 특별한 메뉴가 되었다. 좁은 골목으로 들어서면 발 디딜 틈이 없을 정도다. 테이블에 다닥다닥 붙어 앉아서 먹는 재미가 특별하다. 후루룩후루룩 먹으면 따스한 인심과 한국의 정겨움을 느낄 수 있어 외국인들에게도 인기가 많다.

> 근대문화 2코스

민족의 숨결, 호흡하는 한 걸음

서대문역 → 독립문역

서대문 구간은 한 많은 한국 근현대사의 역사를 체험하는 길이다. 서대문역을 나와 강북삼성병원으로 올라 돈의문을 기점으로 인왕산 자락 아래 근대 유적을 찾아보고, 민족혼이 살아 있는 서대문독립유적지를 찾아 걷는 코스이다. 그 중심에 돈의문터, 독립문, 서대문형무소가 있다. 다른 지역에 비해서 비교적 거리가 짧은 편이나, 조국을 위해 목숨을 바친 수많은 선열들의 발자취를 따라 걷는 길이다. 민족의 슬픈 역사가 있는 길이지만 돌아보고 나면 가슴이 뜨거워진다.

둘레길 정보	
둘레길	★★☆☆☆
난도	★★☆☆☆
산소	★★☆☆☆
흙길	★☆☆☆☆
볼거리	★★★★★

홍난파 가옥

권율장군 집터

독립문과 영추문

출발 — 서대문역 ① — 돈의문터 ② — 경교장 ③ — 홍난파 가옥 ④ — 딜쿠샤 ⑤

서대문독립공원

① → ④ 경복궁의 서편, 서대문의 근대 역사길

서대문역을 기점으로 4.19혁명기념도서관을 지나 돈의문터를 찾아간다. 돈의문은 한양도성의 서대문으로 원래 자리는 경희궁터에서 독립문 쪽으로 넘어가는 고갯길쯤에 있었을 것으로 짐작된다. 1915년 일제의 전차복선화로 인해 강제로 철거되어 현재는 강북삼성병원 정문 앞 도로에 표지석만 남아 있다. 돈의문터를 둘러보고 송월로를 따라 강북삼성병원 정문으로 들어서면 경교장이다. 경교장은 백범 김구 선생이 집무실과 숙소로 사용했던 역사적 장소다. 경교장을 나와 다시 송월로를 오르면 서울시교육청, 서울복지재단이 나오고 홍난파 가옥까지 이어진다.

④ → ⑦ 인왕산 자락 아래 숨어 있는 근대문화의 흔적

홍난파 가옥은 1930년 독일 선교사가 지은 붉은색 벽돌의 서양식 건물이다. 작곡가 홍난파가 말년을 보냈던 집으로 내부에는 유품과 자료들이 전시되어 있고, 작은 공연장으로도 활용되었던 거실을 볼 수 있다. 송월2길은 사직로2길로 연결된다. 직진하면 3.1운동을 전 세계에 알렸던 알버트 테일러의 집인 딜쿠샤가 나타난다. 가는 길에 먼저 권율장군의 집터가 보이는데 골목길 삼거리의 커다란 은행나무 아래 표지석이 남아 있다. 막다른 골목 끝에 붉은색 벽돌의 서양식 가옥이 딜쿠샤다. 사직로를 따라 대신고 앞으로

> 딜쿠샤에서는 일제강점기에 독립운동을 지원했던 앨버트 테일러의 삶을 엿볼 수 있다.

독립관

서재필 동상

순국선열추념탑

독립문역 사거리 ⑥ — 서대문독립공원 ⑦ — 서대문형무소역사관 ⑧ — 독립문역 ⑨   약 2.3km 45분

지나면 바로 독립문이 보인다. 건널목을 건너 독립문 앞에 서면 서대문독립공원이다. 정면으로 독립문과 영은문이 보이고 오른쪽에 방문자센터가 있다. 독립문 바로 뒤의 분수대를 지나면 3.1독립선언기념탑이 자리하고 있다. 공원 광장에는 독립문 건립의 주역인 서재필 선생의 동상이 서 있고, 그 바로 뒤편에 순국선열의 위패를 모신 독립관과 순국선열추념탑이 있다.

⑦ → ⑨ 민족혼이 서린 서대문형무소역사관

서대문독립공원의 중심에는 우리나라 최초의 감옥인 서대문형무소역사관이 있다. 일제 강점기 때 수많은 독립지사들이 이곳에 수감되고 형장의 이슬로 사라졌다. 3.1운동 직후 유관순 열사가 투옥되어 숨을 거둔 지하 옥사와 감시탑, 고문실, 사형장, 옥사 7개동, 역사 전시관 등으로 구성되어 있다. 윤봉길 의사가 복역 중 만들었다는 붉은 벽돌, 강우규 의사가 처형당한 사형장 등도 남아 있다. 현재는 우리 민족의 근현대사와 선열들의 자주독립 정신을 배울 수 있는 역사 교육의 장으로 활용되고 있다.

서대문형무소역사관

즐길거리

한양도성 도심순례길 대표 코스

📷 딜쿠샤

페르시아어로 '기쁜 마음'이라는 뜻으로 일제 강점기 UPI 서울 특파원인 알버트 테일러가 지은 서양식 벽돌 저택이다. 테일러는 3.1운동과 독립선언서를 해외에 알려 옥고를 치르고 미국으로 추방된다. 이후 이 건물은 오랫동안 방치되었다. 2006년 테일러의 아들이 관련 자료를 기증하면서 '딜쿠샤'라는 원래 이름을 되찾고, 국가등록문화유산 제687호로 지정되어 역사 전시관으로 일반인에게 무료로 개방하고 있다.

주소 서울시 종로구 사직로2길 17 | 문의 070-4126-8853

📷 독립문

독립협회는 청일전쟁 후인 1896년 중국 명나라 사신을 맞이했던 영은문을 헐어버리고 독립문을 세웠다. 독립문은 프랑스의 개선문을 본떠 서재필이 스케치를 하고 독일공사관의 스위스인 기사가 설계를 하였다. 독립문은 전 국민을 대상으로 모금 운동을 전개하여 모아진 기부금으로 세워졌다.

주소 서울시 서대문구 현저동 941

📷 이진아기념도서관

미국 유학 중 사고로 숨진 이진아 학생의 가족이 사재를 기증해 설립된 도서관이다. 지하 1층, 지상 4층 건물로 내부 시설로는 모자열람실과 어린이 열람실, 멀티문화감상실, 전자정보열람실, 도예 공방, 문화사랑방, 강의실, 문화창작실, 종합 자료실, 다목적실 등이 있다.

주소 서울시 서대문구 독립문공원길 80
문의 02-360-8600

⭐ 출발점 가는 방법(서대문역)

- **지하철** 5호선 서대문역 4번 출구. 강북삼성병원 앞 돈의문터까지 도보 8분.
- **버스** 470, 705, 706, 273, 721, N26번, 서대문에서 하차.
- **주차** 강북삼성병원 주차장 이용 가능(유료).

⭐ 도착점 가는 방법(독립문역)

- **지하철** 3호선 독립문역 4번 출구.
- **버스** 701, 703, 704, 서대문11, 지선 7737번, 독립문역에서 하차.
- **주차** 서대문독립공원 주차장, 독립문 앞 공영주차장 이용 가능(유료).

옛 옥바라지 시장에서 독립문 대표 시장으로
독립문영천시장

주소 서울시 서대문구 통일로 189-1 | 문의 02-363-5350

드높은 독립문을 올려다보니, 자주독립을 향한 외침이 들리는 듯하다. 독립문이 세워지면서 이 지역은 자주독립의 상징적인 공간으로 변모했다. 독립의 염원이 어린 서쪽 하늘 아래 평범한 사람들의 끈질긴 삶의 현장이 생생하다. 60여 년의 세월 속에서 희로애락의 역사가 공존한다.

영천시장은 한양도성의 서대문인 돈의문과 가깝다. 서대문구의 대표적인 전통 시장으로 영천은 안산(案山) 자락의 약수터 이름인 '영험한 샘'이라는 의미다. 서대문형무소가 가까워 해방 전후 영천장이라 불리며 '옥바라지 시장'으로 불렸다. 수감된 독립운동가에게 옥바라지 음식으로는 떡만 한 것이 없었다. 그렇기 때문에 당시에는 떡전이 많았다.

시장 골목으로 들어서니, 골목길을 따라 채소, 과일, 해산물 등 다양한 상품들이 진열되어 있다. 다채로운 먹거리와 구수한 인심이 시장의 맛을 더한다. 떡 가게, 분식집, 순댓국, 꽈배기 등의 정겨운 음식과 풍경은 아픈 역사를 꿋꿋하게 살아온 서민들의 삶 그대로다.

영천시장 먹거리 천국

영천시장은 과거와 현재의 맛이 어우러진 먹방의 천국이다. 수십 년 이력의 노포들이 옛 맛을 지켜오고 있고, 다양한 연령대의 손님들이 시장을 찾는다. 옥바라지 떡전의 명성을 이어온 떡 가게와 서민들의 오랜 사랑을 받아온 분식 가게, 만두집은 여전히 문전성시를 이룬다.

떡볶이, 찐빵과 만두, 호떡, 풀빵, 전 등 푸짐하고 저렴한 먹거리가 입맛을 돋우며 시장 구경의 재미를 더한다. 특히 매콤달콤한 영천 떡볶이는 학생들과 젊은이들에게 인기다. 옛 떡전의 전통을 이은 떡 가게와 MZ세대의 입맛에 맞는 단짠단짠의 떡갈비도 조화롭다. 갓 구워낸 따뜻한 전과 막걸리는 애주가의 발걸음을 잡는다.

석교식당

순댓국을 전문으로 하는 식당으로 35년 이상의 전통을 자랑하는 노포 맛집이다. 오랜 시간 동안 변함없는 맛으로 단골손님들의 발길이 이어진다. 순댓국은 돼지 뼈 육수를 진하게 우려내 깊고 구수한 맛이 일품이다. 순대와 내장, 머릿고기가 넉넉히 들어 있어 든든한 한 끼로 충분하다. 오소리감투 등 다양한 부속 부위를 맛볼 수 있고, 당면 순대 외에 찹쌀, 채소 등이 들어 있는 토종순대도 인기 메뉴다.

북촌순례길

K문화의 배경이 되는 공간
안국역 원점회귀

서울 한양도성을 큰 둘레로 도성 안팎에는 여러 마을이 있다. 경복궁을 중심으로 북촌과 서촌이 자리하고, 남산 아래 남산골이 자리했다. 그중 북촌은 인왕산 아래 경복궁과 창덕궁, 종묘 사이에 위치하고 있다. 북촌은 왕가와 권문세가들이 모여 살았고, 일제 강점기에는 많은 독립 운동가들이 거주하기도 했다. 북촌순례길은 전통 한옥의 모습과 근현대사의 풍경을 고스란히 보존해오고 있는 북촌 한 바퀴를 돌아보는 코스다. 북촌의 대표 걷기 코스인 가회동 31번지, 33번지, 11번지 일대의 골목길을 따라 북촌8경을 찾아 나선다.

둘레길 정보	
둘레길	★★★☆☆
난도	★★☆☆☆
산소	★☆☆☆☆
흙길	★☆☆☆☆
볼거리	★★★★★

PART 3 한양도성 도심순례길 · 203

가회동 11번지

가회동 31번지(북촌6경)

가회동 31번지(포토 스팟)

출발 — ① 안국역 — ② 재동초교 앞 삼거리 — ③ 가회동 11번지 — ④ 가회동 31번지 초입

① → ④ 가회동 11번지 골목길을 시작으로

> 북촌 한옥은 1930년대에 형성된 개량형 가옥들로 전통 한옥의 골격을 유지하고 있다.

안국역 2번 출구로 나와 북촌로를 따라 걸으면 재동초등학교 앞에 북촌관광안내소가 있다. 이 코스의 출발점으로 안내소에서 여정을 짜고 지도를 받을 수 있다. 북촌은 백악산이 감싸고 있고, 서쪽에 경복궁, 동쪽에 창덕궁이 위치한다. 행정구역상 종로구 가회동, 계동, 삼청동, 원서동, 재동, 팔판동 일대를 말하며, 대표적 도보 코스는 한옥 밀집 지역인 가회동 31번지, 33번지, 11번지 일대 등으로 곳곳에 북촌8경이 자리하고 있다. 재동초교 담벼락을 끼고 곧바로 우측 골목으로 접어들면 북촌3경인 '가회동 11번지'가 나타난다. 골목길 좌우로 아담한 한옥 풍경에 소박한 삶의 정취가 가득하다. 창덕궁길과 만나는 지점에서 가회민화박물관, 동림매듭공방 등을 둘러보면 전통이 살아 있는 북촌 문화를 만날 수 있다.

큰길로 나와 횡단보도를 건너 가회동 성당 아래 사잇골목으로 접어든다. 북촌 한옥마을의 시작점으로 북촌4경부터 7경까지의 코스가 밀집된 가회동 31번지로 오르는 골목이다. 남북으로 뚫린 3개의 U자형 골목길이 가지처럼 뻗어 있는데, 다소 가파르게 경사져 있다. 북촌 6경과 7경 사이의 이준구 가옥 앞 삼거리로 오르면 한옥 지붕 사이로 멀리 남산과 N서울타워를 바라볼 수 있다. 북촌 골목 투어의 백미로 〈케데헌〉의 주요 배경지 중 하나이다. 한복을 입은 외국인 관광객들에게 최고의 사진 스팟이다.

북촌7경 가회동 31번지

> 청계천과 종로의 윗동네인 '북촌'은 도심 속의 "거리 박물관"으로 불린다.

돌계단길(북촌8경)

돌계단길 상층 모습

북촌 골목길

돌계단길 ⑤ — 삼청파출소 ⑥ — 정독도서관 ⑦ — 안국역 ⑧   약 4.65km 1시간

④ → ⑤ 북촌8경, 돌계단길에 올라 본 전망

이제 북촌8경인 돌계단길을 찾아간다. 돌계단길은 옛 삼청동 62번지 지역으로 가파른 경사지에 층층이 집을 지으면서 골목길을 계단으로 만들었다. 북촌8경 중 가장 인상적인 코스로 계단전망대에 서면 발 아래로 빼곡한 한옥들의 지붕과 경복궁, 인왕산, 청와대가 펼쳐진다. 한옥 지붕 사이로 층층이 쌓인 가파른 돌계단을 내려오면 삼청동길과 만난다. 이곳에서부터는 작은 카페를 따라 삼청파출소까지 걷는 길이다. 아기자기한 공방과 카페, 맛집들이 늘어서 있어 여유로운 산책의 재미를 더한다.

> 북촌은 문화와 삶, 전통과 현대가 응축된 하나의 공간이다.

⑤ → ⑧ 북촌5길 따라 정독도서관까지

삼청로를 따라 내려오다 삼청파출소와 이어진 북촌5가길은 정독도서관과 이어지는 길이다. 북촌5나길은 서쪽이 낮고 동쪽이 높은 경사지의 중턱을 따라 이어지는데, 오른쪽으로 넓게 트인 시야를 통해 아래를 내려다볼 수 있다. 북촌5가길은 길을 따라 아기자기한 한옥카페와 작은 공방, 갤러리들이 이어진다. 북촌 특유의 전통미와 초현대적인 미니멀 건물들, 골목을 가득 메운 사람들이 하나로 어우러지는 길이다. 길이 끝나는 지점인 거대한 축대를 지나면 코스의 마무리인 정독도서관 앞 관광안내소이다. 정독도서관 앞에 위치한 세계장신구 박물관 앞에서 율곡로3길을 따라 안국역 1번 출구로 원점회귀한다. 단, 북촌마을은 출입을 제한하는 레드존을 운영한다. 반드시 참조해야 할 관광 수칙이다.

정독도서관 관광안내소

즐길거리

한양도성 도심순례길 대표 코스

📷 백인제가옥

북촌 한옥마을의 대표적 근대 한옥으로 사랑채, 안채, 별채, 지하온돌방, 넓은 마당 등으로 꾸며져 있다. 1913년에 지어졌으며, 1940년대부터 외과의사 백인제가 소유해 왔다. 고풍스러운 건축미와 전통 생활용품이 전시되어 있다. 서울시가 소유·관리하며, 한옥 체험, 강연, 전시, 답사 프로그램 등을 운영하는 복합 문화 공간으로 활용되고 있다.

주소 서울시 종로구 북촌로7길 16 | 문의 02-724-0200

📷 서울교육박물관

한국 교육의 역사를 한눈에 볼 수 있다. 옛 서울대학교 사범대학 부속초등학교 건물을 활용해 1990년에 개관했으며, 시대별 교실의 변화, 교과서, 학용품, 교복, 옛 교실 등은 추억을 새록새록 떠오르게 하고, 교육 체험 프로그램은 아이들에게 인기가 있다.

주소 서울시 종로구 북촌로5길 48 | 문의 02-2011-5780

📷 북촌로11길 레드존 운영

북촌마을은 주거용 한옥 밀집 지역에서 제한 시간대에 관광을 할 경우 과태료를 내야 한다. 과잉 관광에 따른 주민 불편 해소를 위한 조치이다. '레드존'을 운영하여, 오전 10시부터 오후 5시까지만 관광객 방문을 허용하고, 이를 어길 경우, 북촌 보안관이 10만 원의 과태료를 부과한다. 레드존은 북촌로11길 일대로 사진·영상 촬영과 주변을 관찰하며 머무르는 행위, 관광 목적으로 거리를 배회하는 행위 등 행하는 모든 활동을 제한한다.

걷는 거리 **4.65km**
소요 시간 **1시간**

⭐ 출발점·도착점 가는 방법(안국역)

- **지하철** 3호선 안국역 1, 2번 출구.
- **버스** 109, 151, 172번, 안국역에서 하차.
- **주차** 서울시립정독도서관 주차장 이용 가능(유료).

PART 3 한양도성 도심순례길 · 207

대한민국 문화 1번지에서 즐기는 K문화 체험
인사동과 익선동 골목

주소 서울시 종로구 인사동 일대

한양도성의 중심에 인사동이 있다. 인사동에서 익선동까지 과거와 현재의 시간을 따라 걷는다. 한국의 전통과 현재, 문화와 이야기가 낮과 밤으로 이어진다. 서울의 과거와 현재를 생생하게 보고, 느끼고, 맛보고, 체험하는 특별한 여정이다. 인사동의 전통과 종로3가의 활기, 익선동의 레트로한 감성이 어우러지는 서울의 다채로운 얼굴을 만날 수 있다.

인사동은 한국의 전통문화가 현대의 감각과 만나는 공간이자 하나의 커다란 문화마켓이다. 커다란 공간은 작은 골목을 따라 사방으로 펼쳐지고, 오래된 한옥과 현대적 공간이 오방색으로 어우러진다. 수십 년 전통의 음식점과 공예품 가게, 현대적인 갤러리, 카페 등이 발걸음을 사로잡는다. 인사동의 대표적 명소인 쌈지길은 다양한 상품과 체험으로 국내외 방문객들에게 인기다. 4층 야외 공간에서 서울의 하늘을 바라보며 여유로운 시간을 보낼 수 있다. 거리에서 한국의 문화 상품을 쇼핑하고, 전통 찻집에서 따뜻한 차 한잔을 마시며 한국의 묘미를 충분히 맛볼 수 있다.

익선동, 복고와 힙의 공존

익선동은 서울의 과거와 현재가 조화를 이룬 핫플레이스다. 좁은 골목길을 따라 한옥을 개조한 카페와 공간들이 즐비하다. 감각적인 인테리어와 독특한 메뉴로 SNS를 장식하는 이곳은 특히 젊은층과 외국인 관광객들의 사랑을 받는 공간이다. 식당에서는 비빔밥, 잡채, 삼계탕 등 정통 한식을, 카페와 길거리에서는 흑당버블티, 갓 구운 소금빵부터 한국 스타일 핫도그가 발길을 잡는다. 다양한 체험도 인기다. 여행의 추억을 담은 캐리커처, 한국 전통 떡과 차 만들기 체험, 도자기 만들기, 나전칠기 공예 등 다양한 프로그램이 운영된다.

종로3가, 포장마차와 야경 투어

인사동에서 익선동 방향으로 걸어가면 종로3가 포차거리가 나타난다. 종로3가역 4번 출구와 7번 출구 사이의 골목으로 옛 시절 포장마차 문화와 현대적인 감성이 어우러진 명소다. 퇴근한 직장인들과 관광객, 외국인들이 천막 아래 나란히 앉아 서울의 밤을 즐긴다. 정겨운 분위기로 다양한 연령대의 사람들이 한데 어우러지고, 혼술객들도 환영받는다. 한국의 밤 문화를 체험하는 데 최적의 장소다. 어묵 국물과 한국식 꼬치구이, 빈대떡, 전통주 등 가성비가 좋은 메뉴들이 긴 여정의 피로를 풀어준다. 대부분 오후 4시부터 문을 열며, 자정까지 운영한다.

서촌순례길

한옥과 골목길 사이를 한강 작가처럼 천천히
경복궁역 원점회귀

경복궁 서쪽과 인왕산 동쪽 사이에 아늑하게 자리 잡은 곳이 서촌이다. 서울 종로구 통인동, 통의동, 옥인동, 효자동, 체부동 등 13개 동 일대로 골목길마다 사라져가는 옛 풍경과 현재의 문화가 잘 어우러진다. 서붓서붓 골목길을 걸으면 세월을 덧댄 개량 한옥이 운치가 있고, 오래도록 마을에 살아온 이들의 살림살이가 소박하다. 서촌은 조선 중기부터 일제 강점기, 근현대, 현재에 이르기까지 많은 예술인들이 머물렀던 동네다. 노벨문학상 수상자 한강 작가의 '책방, 오늘'도 서촌에 자리하고 있다. 서촌의 한옥과 골목길, 고즈넉한 분위기 등이 작가의 사색과 문학적 영감이 되어 작품에 녹아들었다고 전해진다.

둘레길 정보

둘레길	★★★☆☆
난도	★★☆☆☆
산소	★★☆☆☆
흙길	★☆☆☆☆
볼거리	★★★★★

PART 3 한양도성 도심순례길

통의동 백송터

한강 작가의 '책방, 오늘'

보안1942

출발 → 경복궁역 ① → 통의동 백송터 ② → 책방, 오늘 ③ → 보안1942 ④

① → ③ 예술가들의 골목, 한강 작가의 책방

경복궁역에서 나와 효자로를 따라 걷는다. 고궁박물관 입구 건너편 길을 따르면 대림미술관이다. 우측 골목 안쪽으로 들어서면 서촌 여행의 출발점 통의동 백송터다. 통의동 백송은 1990년 여름 태풍으로 쓰러져 그루터기만 남았다. 현재는 그 후계목이 심어져 있다. 백송터 골목에서 한강 작가가 운영 중인 동네 서점인 '책방, 오늘'이 보인다. 다시 효자로 길을 따르면 경복궁 영추문과 바로 건너편에 옛 통의동 '보안여관'이 '보안1942'라는 이름으로 운영되고 있다. '보안여관'은 서정주, 김동리 등 당대의 문인들이 광복 전후로 장기 투숙하던 곳이다. 1932년 동인지 〈시인부락〉을 창간한 장소로도 유명하다. 화가 이중섭도 문지방이 닳도록 드나들었다고 전해진다. 현재 카페, 갤러리, 책방, 숙박 시설 등 체험형 복합 문화 공간으로 탈바꿈했다. '보안1942'를 지나 통의동 우체국 건너편의 우리은행 효자동 지점 앞 골목으로 들어가면 자하문로7길이다. 작은 카페와 가게들을 지나면 오른편에 이상의 집이 있다. 27세에 요절한 시인 이상이 24세까지 살았던 큰 아버지의 집으로, 문화 공간이자 쉼터로 개방되고 있다. 길을 따라 직진하면 서촌의 대표적 맛집인 60년 전통의 중국집 영화루, 50년이 된 만나분식과 70년이 넘은 헌책방 대오서점 등도 여전히 자리를 지키고 있다.

> 서촌은 조선시대에는 역관, 의관들이, 근현대에는 예술가들이 모여 살았던 마을이다.

> '대오서점'은 가장 오래된 한옥 책방으로 지금은 카페로 운영되고 있다.

박노수미술관

수성동계곡

이상의 집

박노수미술관 ⑤ — 수성동계곡 ⑥ — 경복궁역 ⑦   약 3.5km 1시간 10분

① → ⑤ 겸재 정선의 수성동계곡과 해맞이동산

대오서점을 지나 옥인길로 길을 잡아 오르면 박노수미술관과 윤동주 하숙집이 자리한다. 박노수미술관은 종로구립미술관으로 운영되며, 거주 공간을 보존하여 전시 공간으로 활용하고 있다. 다시 수성동계곡 쪽으로 가파른 길을 오르면 멀리 인왕산이 보인다. 인왕산 정상이 보이는 골목길 끝자락에 수성동계곡이 자리한다. 조선시대 양반들이 풍류를 즐기던 장소로 겸재 정선이 이곳을 배경으로 진경산수화 〈인왕제색도〉를 그렸다. 정자 사무정에 올라, 잠시 숨을 돌린다. 수성동계곡의 왼편에 해맞이동산이 조성되어 쉬어 가기에 좋다. 광화문 등 서울 도심의 모습을 한눈에 조망할 수 있다.

> 해맞이동산은 수성동계곡 옆 옥인시범아파트 위쪽에 자리한다.

⑤ → ⑦ 필운대로길 따라 배화여고 언덕으로

옥인6길을 따라 내려와 필운대로길로 돌면 배화여고가 나타난다. 언덕에 올라서면 기념관과 배화여자대학교를 오를 수 있다. 20세기 초 서양 건축의 특징을 잘 간직하고 있는 배화여고 생활관은 물론, 백사 이항복의 집터인 필운대를 만날 수 있다. 필운대는 배화여고 건물 바로 뒤편으로 난 좁은 길을 따라가야 찾을 수 있다. 배화여대 언덕으로 오르면 서촌 풍경이 한눈에 내려다보인다. 내려오는 길에 우리나라 최초 공립 도서관인 종로도서관과 최초 공립 보통학교인 매동초등학교도 둘러보면 좋다.

배화여고 생활관

한양도성 도심순례길 대표 코스

📷 책방, 오늘

노벨문학상 수상에 빛나는 한강 작가의 독립서점으로 통의동에 자리한다. 문학, 인문, 예술, 그림책 등 대형 서점에서 접하기 어려운 좋은 책들을 직접 선별해 독자들에게 소개한다. 그동안 '메아리 낭독회', 독서 모임, 글쓰기 워크숍, 공연 등 다양한 행사를 개최했다. 수상 이후 문학 애호가들과 관광객들의 발길이 이어지고 있다.

주소 서울시 종로구 자하문로6길 11 | **문의** 02-733-7077

📷 청전 이상범 가옥

이상범 가옥과 화실은 한국 근대 동양화의 거장 청전 이상범(1897~1972) 화백이 43년간 거주하며 작품 활동을 이어간 공간이다. 전형적인 도시형 한옥으로, 특히 부엌의 찬마루 구조는 건축사적 가치가 높다. 가옥과 화실 내부 등이 잘 보존되어 있어 2005년 등록문화재 제171호로 지정되었다.

주소 서울시 종로구 필운대로 31-7

📷 게스트하우스 하녹하녹

한강 작가가 잠시 머물렀던 공간으로 소개되면서 사람들의 발길이 잦아졌다. 200년 된 한옥을 개조하여 카페와 한옥스테이를 겸하고 있다.

주소 서울시 종로구 자하문로1나길 6
문의 010-2252-1231

출발점·도착점 가는 방법(경복궁역)

- **지하철** 3호선 경복궁역 2, 4번 출구.
- **버스** 171, 272, 606, 708, 710, 7025, 8002번, 경복궁역에서 하차.
- **주차** 끄레아민영주차장, 토속촌민영주차장 이용 가능(유료).

걷는 거리 **3.5km**
소요 시간 **1시간 10분**

적선골, 통인시장, 세종마을 음식문화거리
서촌의 골목, 시장 한 바퀴

주소 서울시 종로구 자하문로1길 24

경복궁 북쪽 적선골 골목에서 시작해 서촌 통인시장과 세종마을 음식문화거리를 둘러보는 코스다. 고즈넉한 돌담길과 전통시장의 활기, 맛있는 먹거리와 이야기가 어우러진 코스로 여행자들에게 특별한 추억을 선사한다. 옛 골목을 따라 늘어선 숨은 맛집과 개성 있는 공간들도 서울의 과거와 현재를 느끼게 한다. 한국 문화를 즐기려는 외국인 관광객들이 한복을 입고 한식을 즐기며, 한국의 문화 체험에 흠뻑 빠지는 공간이다.

한복 입고 걸어봐, 적선골

경복궁 북쪽 적선골은 조선시대 한성부의 '적선방'에서 이름을 따왔는데, 선(善)을 쌓는 동네라는 뜻이다. 한양도성 축성 당시 인왕산에서 내려온 돌들을 사용한 흔적을 오래된 석축이나 담장에서 엿볼 수 있다. 청계천의 발원지로 알려진 '백운동천'의 옛 물길이 지나던 곳이기도 하다. 낡은 기와집과 현대적 감각으로 개조된 한옥 카페가 조화를 이루는데, 개성 있는 카페, 공방과 같은 다양한 공간들이 들어서면서 아기자기한 매력을 더한다. 한복을 입고 골목을 기웃거리는 외국인 관광객들의 모습도 새로운 풍경이다.

전통의 맛과 활기, 서촌 통인시장

서촌 여행에서 빠질 수 없는 코스로 1941년 일제 강점기에 공설시장으로 설립되었다. 서촌 주민들의 삶과 함께해온 유서 깊은 곳으로 추억의 맛과 볼거리가 가득하다. 특히 엽전 도시락 카페는 독특한 재미를 선사한다. 현금을 엽전으로 바꿔 먹고 싶은 음식과 반찬을 구매할 수 있다. 옛날 장터에서 흥정하는 재미가 있어 아이를 동반한 가족과 외국인들에게 인기다.

서촌의 미식 골목, 세종마을 음식문화거리

조선 제4대 임금인 세종대왕이 태어난 곳을 기리기 위해 '세종마을'로 불린다. 경복궁역 2번 출구부터 시작되는 금천교시장 일대부터 통인시장를 아우른다. 세종마을 음식문화거리는 미식가들의 천국이다. 한식당부터 퓨전 레스토랑까지 다양한 선택지가 여행자들의 허기를 달래준다.

> 북정마을
> 순례길

한양도성 북악성곽 아래 성북동 문화 투어

한성대입구역 → 북정마을

골목길마다 문화유산이 숨어 있는 서울의 성북동은 살아 있는 인문학 박물관이다. 북악산으로 삼면이 둘러싸여 있는 마을에는 문을 연 지 50년이 넘은 오래된 가게와 예술혼을 불태웠던 문화예술인의 옛 집터가 그대로 남아 있다. 한성대입구역에서 출발해 한양 성곽의 북악산 자락이 끝나는 성북역사문화센터 쪽으로 길을 잡는다. 성북동 맛집이 줄지어 늘어서 있는 성북초교 삼거리에서 간송미술관, 이태준 고택 수연산방, 심우장, 북정마을까지 모두 반경 2㎞ 안에 자리한다.

둘레길 정보	
둘레길	★★★★☆
난도	★★☆☆☆
산소	★★★☆☆
흙길	★★☆☆☆
볼거리	★★★★★

최순우 옛집

선잠단지

성북동 맛집 골목

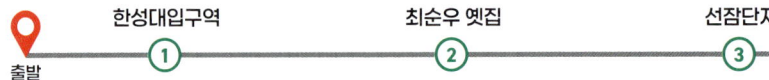

출발 — 한성대입구역 ① — 최순우 옛집 ② — 선잠단지 ③

① → ③ 한양도성 백악성곽 아래 성북동

> 성북동에서는 한양도성 북악 구간에서 성곽 외경을 조망할 수 있다.

성북동 북정마을 코스의 기점은 지하철 4호선 한성대입구역이다. 최순우 옛집까지는 도보로 15분 이상 걷거나 6번 출구로 나와 버스를 타고 홍익중고 정류장에서 내리면 된다. 성북동주민센터에서 왼편 경신고교 뒤편으로 길을 잡으면 일부 남아 있는 한양도성의 성곽을 확인할 수 있다. 경신고등학교를 돌아가면, 최순우 옛집을 만날 수 있다. 〈무량수전 배흘림기둥에 기대서서〉의 저자인 최순우 선생이 작고할 때까지 머무르던 1930년대식 근대 한옥이다. 툇마루에 앉았다가 성북선잠박물관 방향으로 오른다.

③ → ⑤ 북악성곽의 끝단, 성북초교 삼거리에서

> 성북초교 앞 삼거리는 성북동 맛집이 길을 따라 이어진다.

본격적인 성북동 여행은 성북초교 앞 삼거리에서 시작된다. 왕돈까스 등 성북동의 맛집들이 줄지어 선 곳으로 길 건너편으로 북악성곽의 말단부가 보인다. 그 바로 아래 성북동 쉼터에서 간송미술관으로 길을 잡는다. 간송미술관은 우리나라 최초의 사립미술관으로 훈민정음 해례본 등 국보와 보물을 보유하고 있다. 성북로를 따라 올라 덕수교회 앞을 지나 오른쪽 성북로26길로 오르면 성북구립미술관과 수연산방이 자리하고 있다. 수연산방은 한국의 모파상이라고 불리는 소설가 이태준이 1933년부터 1946년까지 거주하며 정지용, 이상, 김유정 작가와 문학적 교감을 나눈 곳이다. 현재 전통찻집으로 많은 손님이 찾는 성북동의 명소이다.

성북구립미술관

수연산방 | 심우장 | 북정마을

간송미술관 ④ — 수연산방 ⑤ — 심우장 ⑥ — 북정마을 ⑦   약 2.95km 1시간 30분

⑤ → ⑦ 만해 한용운의 심우장을 찾아

이제 만해 한용운(1879~1944)이 머물렀던 심우장을 찾아간다. 성북로를 따라 조금 올라가면 좌측에 '심우장'이라는 안내판이 보인다. 성북로29길이다. 좁은 골목길을 오르면 길가에 만해 한용운 선생의 동상이 있고 '만해산책공원'이라는 글자가 새겨진 전망대가 있다. 좁고 오래된 골목길로 들어서면 만해 한용운이 10여 년간 살다 세상을 떠난 심우장에 이른다. 3.1운동으로 옥고를 치른 후 거처가 없는 한용운을 위해 지인들이 북장골 골짜기에 마련해 준 집이다. 심우장(尋牛莊)이란 '자기의 본성인 소를 찾는다'는 의미로 한용운은 이곳에서 1933년부터 타계할 때까지 살았다.

> 심우장은 일제의 조선총독부와 마주하지 않으려고 북향으로 돌아앉아 있다.

심우장을 나와 골목길을 따라 오르면 북정마을과 이어진다. 북정마을은 서울에 몇 남지 않은 달동네로 한양 성곽 북악 자락 바깥 마을이다. 북정마을의 이름은 '북적북적'에서 유래한다. 조선시대에는 궁중에 올리는 메주 쑤는 일이 지금의 청운동, 창의문 밖에 사는 사람들에게만 주어졌다. 영조 44년에 이르러서야 북정골 사람들에게도 일이 맡겨졌다. 그 이후 온 마을에서 콩 삶는 소리가 '보글보글' 들끓었고, 마을 이름을 '북적마을'이라 하다가 '북정마을'이 되었다. 마을에서는 한양 성곽이 한눈에 조망되는데, 암문을 통해 와룡공원 기점으로 들 수도 있다.

만해산책공원 전망

먹을거리

🍴 수연산방

수연산방은 '문인이 모이는 산속의 집'이란 뜻이다. 소설가 이태준(1904~미상)이 1933년부터 13년간 집필 활동에 몰두했던 가옥이다. 이태준은 이곳에서 〈달밤〉, 〈왕자 호동〉, 〈황진이〉 등 많은 작품을 썼다. 본채 곳곳에는 그가 쓴 책과 소품 등의 흔적이 남아 있다.

주소 서울시 성북구 성북로26길 8
문의 02-764-1736
메뉴 춘설차, 대추차, 오미자차, 생강차, 인삼마차, 한과 등

🍴 성북동돼지갈비

50년이 넘은 맛집으로 택시기사를 상대로 벌인 '인기투표'에서 1위를 차지한 식당이다. 싱싱한 돼지고기를 연탄불에 직접 굽는다. 하루 전 양념에 재어놓았던 고기를 기름기가 쏙 빠지게 구워서 식감과 향이 매우 좋다.

주소 서울시 성북구 성북로 115
문의 02-764-2420
메뉴 돼지갈비 백반, 돼지불고기 백반, 돼지주물럭 백반, 도가니탕

🍴 서울왕돈까스

서울왕돈까스는 옛날 경양식 스타일의 왕돈까스로 인기를 누리고 있는 집이다. 통째로 튀겨낸 왕돈까스는 유난히 크다. 크림수프와 샐러드가 함께 나오는 것이 특징이다. 푸짐한 양과 추억의 맛으로 인기가 높다.

주소 서울시 성북구 창경궁로35다길 140
문의 0507-1316-9370
메뉴 왕돈까스, 불돈까스, 치즈돈까스, 비후까스, 갈비탕 등

걷는 거리
2.95km

소요 시간
1시간 30분

⭐ 출발점 가는 방법(한성대입구역)

- **지하철** 4호선 한성대입구역 5번 출구.
- **버스** 2112, 성북01, 성북02, 성북03번, 한성대입구역에서 하차.
- **주차** 성북 민영주차장 이용 가능(유료).

🔵 도착점 가는 방법(북정마을)

- **지하철** 4호선 혜화역 하차, 4번 출구. 버스로 환승.
- **버스** 종로02번, 성대 후문에서 하차, 와룡공원 방향으로 이동.
- **주차** 주차할 곳이 없으니 대중교통 이용을 권장.

PART 3 한양도성 도심순례길 · 223

성곽 아래 살아 있는 서울의 풍류
한양도성 낙산성곽 아래 369마을

주소 서울시 성북구 삼선교로4가길 13-1 일대

369마을은 도보 여행자들에게 숨은 보석 같은 코스로 알려져 있다. 한양도성 낙산 구간의 가파른 비탈길을 따라 자리 잡은 작은 성곽마을이다. 골목을 따라 오르니 개량 한옥부터 다세대 주택까지 다양한 모양의 집들이 작은 언덕을 따라 어깨를 맞대고 있다.

369마을 이용 안내

- **프로그램** 4~6월, 9~10월, 매주 토요일(7, 8월 제외)
- **예약 및 문의** 02-6448-2343(369마을 사회협동조합)
- **체험비** 마을여행·예술제 무료, 어머니 밥상 1만 원(예약 필수)

369성곽여가; 풍류

369마을은 마을 주민 중심의 사회협동조합이다. 주민들과 지역의 대학과 예술인들이 협력해 마을만의 콘텐츠를 개발하고 있다. 대표적 프로그램이 바로 '369성곽여가; 풍류'다. 매년 봄과 가을, 매주 토요일마다 성곽길을 따라 해설사와 함께 마을 여행을 한다. 한양도성 성곽길을 걸으며, 한양도성 축성의 변화와 삼군부 총무당, 정각사 등 역사적 건축물을 살펴보고, 어머니 밥상, 마을 카페, 예술제를 즐기며 도심 속 풍류를 만끽할 수 있다.

369마실

카페형 쉼터로 마을 공동체가 직접 운영한다. 커피와 디저트를 판매하며 성곽을 조망할 수 있는 테라스에서 성곽길의 풍경을 감상하며 여유를 즐기기에 충분하다. 특히, 한양도성 성곽 돌 모양을 한 '성곽돌과자'가 인기다. 운 좋게 동네 어머니라도 만난다면, 추억과 감성이 더해진다.

369사랑방

마을 어머니들이 직접 운영하는 식당으로 엄마의 손맛을 느낄 수 있다. 손수 만든 집밥과 시원한 식혜를 맛볼 수 있는데, 매일 달라지는 반찬과 계절에 맞춘 식재료가 정갈하고 맛있다. 수, 목, 토요일 점심에 단돈 1만 원으로 누구나 이용 가능하다. 어머니의 손맛이 담긴 집밥처럼 지친 일상에 따뜻한 위로와 허기를 달래준다.

369성곽예술제

봄, 가을에 매주 펼쳐지는 '풍류 한마당' 공연이다. 마을 예술인들이 거문고, 국악, 버스킹 등 다양한 무대를 선보인다. '369 흑백 사진관'에서는 비치된 의상과 소품을 이용해 흑백사진을 셀프 촬영할 수 있다. 창작 공간인 '369성곽마을 예술공방'은 마을의 문화와 예술적 가치를 느낄 수 있다.

고궁코스

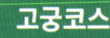

조선왕조의 고궁, 500년 시간을 걷다

광화문역 → 혜화역

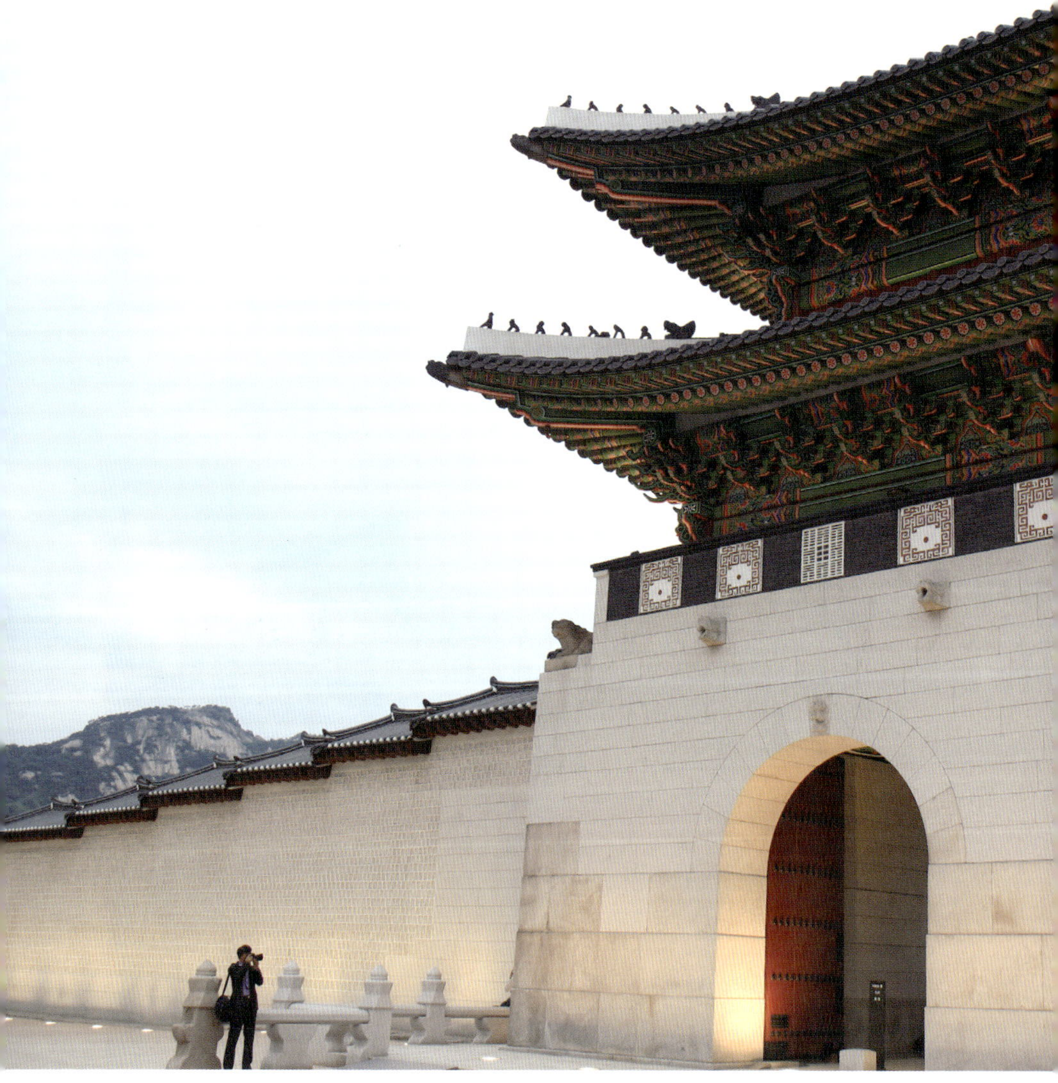

광화문을 기점으로 조선의 법궁인 경복궁과 종묘, 창덕궁과 창경궁까지 돌아보는 코스다. 조선왕조 500년의 찬란한 역사와 문화, 서울의 변화된 현재를 만끽할 수 있는 특별한 여정이다. 걷는 내내 장엄한 고궁의 기운과 현대 서울의 활기를 동시에 느낄 수 있다. 도심 속에 자리한 고궁 산책은 복잡한 일상에서 잠시 벗어나 역사의 향기를 따라 걸으며 사색에 잠기기에 좋다.

둘레길 정보

둘레길	★★☆☆☆
난도	★☆☆☆☆
산소	★★☆☆☆
흙길	★★☆☆☆
볼거리	★★★★★

광화문광장

경복궁

삼청동 미술관 거리

출발 — 광화문역 ① — 경복궁 탐방 ② — 삼청동 미술관 거리 ③ — 인사동 ④

① → ③ 조선의 법궁, 경복궁

> '경복궁'과 '광화문' 이라는 이름은 세종 8년에 집현전 학자들이 지었다.

서울의 중심인 세종대로 사거리에 이르면 제일 먼저 마주하게 되는 것이 이순신 장군의 동상이다. 이순신 장군 동상이 광화문과 경복궁, 멀리 청와대를 호위하듯 지키고 서 있다. 세종문화회관 해치마당에는 세종대왕 동상이 세워져 있고, 광장 중앙부에는 안내소, 기념품점, 전시장과 편의 시설이 있다. 조선왕조의 법궁인 경복궁 광화문으로 향한다. 광화문은 경복궁의 남문으로 문의 좌우에는 해태상이 서 있고 문의 천정에는 주작이 그려져 있다. 광화문을 통과하면 홍예문이다. 왼쪽으로 국립고궁박물관, 멀리 북악산과 인왕산의 산줄기가 궁을 둘러싸고 있다. 광화문을 지나 안으로 들어서면 경복궁의 중심인 근정전이다. 2층 월대 위로 올라서니 장엄한 건물의 위용이 느껴진다. 임금의 권위를 상징하는 건물로 공식 행사나 조회를 열던 장소다. 근정전 뒤로 임금의 사무실인 사정전과 침실인 강녕전, 왕비의 거처인 교태전이 이어진다. 근정전 왼편으로 나가면 연회의 장이었던 경회루다. 연못 위로 지어진 2층 누각의 건물이 아름답다. 교태전 아미산과 자경전 장생 굴뚝도 둘러보고 집경당을 지나면 향원정이다. 뒤편의 건청궁, 집옥재, 신무문까지 돌아본다.

경복궁 근정전

③ → ④ 조선 왕조의 역사 위에 대한독립의 현장

국립민속박물관까지 둘러본 후 삼청동 방향으로 나선다. 삼청로를 따라가면 카페 골목까지 이어지고, 오른쪽 동십자각으로 내려서면 금호미술관, 현

인사동 거리

종묘

창경궁 홍화문

탑골공원 ― ⑤
종묘 ― ⑥
창덕궁 ― ⑦
창경궁 ― ⑧
혜화역 ― ⑨

약 7.4km
3시간

대갤러리 등 갤러리들이 모여 있는 삼청동 미술관 거리다.
인사동 방향으로 이동해 탑골공원과 종묘를 둘러본다. 우리나라 최초의 도심 공원인 탑골공원은 3.1운동 당시 독립선언문을 낭독한 곳이다. 여기에는 독립선언문이 낭독되었던 팔각정, 국보 2호인 원각사지 10층 석탑, 보물 3호인 원각사비, 3.1운동기념탑이 있다. 골목길을 따라 종묘(宗廟)로 발걸음을 옮긴다. 종묘는 조선의 역대 왕과 왕비, 사후 추존된 왕과 왕비의 위패를 모시고 제사를 지내는 공간이다. 정문인 외대문을 시작으로 동선을 따라 정전과 영녕전을 빙 둘러본다. 종묘와 창덕궁은 유네스코 지정 세계문화유산이다.

④ → ⑧ 세계문화유산, 종묘와 창덕궁

창덕궁 돈화문에 이르니 외국인 관광객들이 줄지어 서 있다. 조선시대에는 양궐 체제로서 임진왜란 이전에는 북궐인 경복궁이, 이후에는 동궐인 창덕궁이 정궁이었다. 창덕궁 돈화문에서 고궁의 담벼락을 따라 걸으면 창경궁 홍화문에 이른다. 창경(昌慶)은 '성대한 경사'라는 의미다. 조선 9대 임금인 성종이 창덕궁과 연결해 동쪽에 세운 궁궐로 주로 왕실 가족이 거주하는 궁궐이었다. 홍화문으로 들어서면 우리 고궁의 건축 양식과 아름다운 자연미를 둘러볼 수 있다. 현존하는 가장 오래된 정전 건물인 명전전을 시작으로 한 바퀴 거닐면 우리 고궁과 역사를 이해하는 데 도움이 된다. 창경궁에서 혜화역까지 걸어서 약 10분 정도다.

> 종묘에는 신이 다니는 신로와 인로가 구분되어 있다. 신로는 절대 밟으면 안 되니 주의해야 한다.

한양도성 도심순례길 대표 코스

📷 경복궁 야간 개장

경복궁 최고의 야경 포인트는 근정전과 경회루이다. 경복궁 안의 국립민속박물관도 야간 개방 기간에 무료로 입장할 수 있다. 야간 개방은 비정기적이며, 인터넷 예약을 통해 관람이 가능하다.

주소 서울시 종로구 사직로 161
문의 02-3700-3900

📷 경복궁 수문장 교대식과 파수의식

경복궁 정문인 광화문에서 펼쳐지는 수문장 교대식은 서울 관광의 명물이다. 교대의식은 약 20여 분 이상 소요되는데, 조선왕조에서 궁성문을 여닫고 근무를 교대하는 의식을 재현한다.

시간 10시, 14시(1일 2회 소요 시간 약 20분)
문의 02-3210-1645

📷 종묘·창덕궁 관람

세계문화유산인 종묘와 창덕궁 일부 구간은 문화 해설사와 동반하여 시간제 관람을 할 수 있다. 관람 시간은 계절에 따라 다르므로 홈페이지에서 미리 확인하는 것이 좋다.

궁능유적본부 royal.khs.go.kr/ROYAL/main/index.do

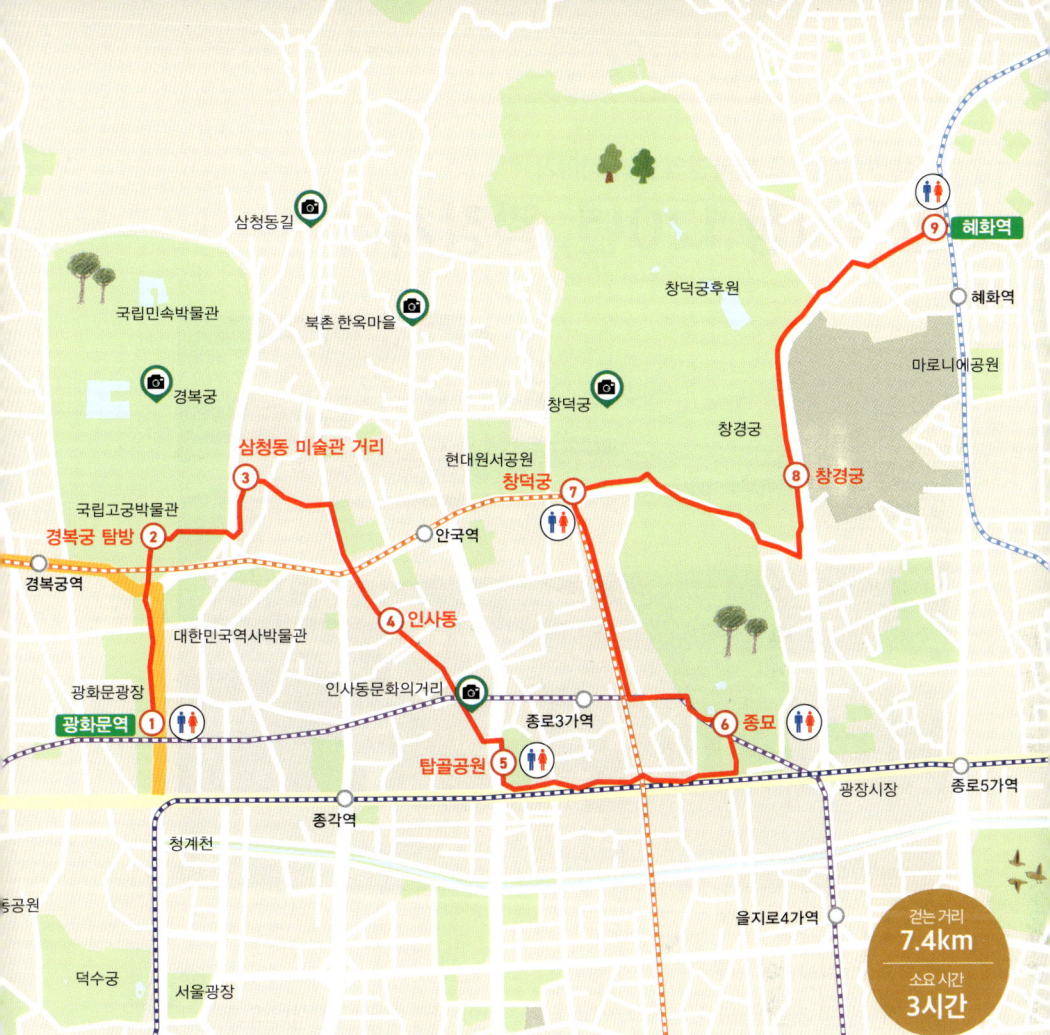

🚩 출발점 가는 방법(광화문역)

- **지하철** 5호선 광화문역 7, 9번 출구.
- **버스** N26, N37, 101, 160, 260, 270, 370, 470, 704, 720번, 광화문역에서 하차.
- **주차** 세종문화회관주차장, 경복궁주차장 이용 가능(유료).

🚩 도착점 가는 방법(혜화역)

- **지하철** 4호선 혜화역 3, 4번 출구에서 창경궁까지 도보 10분.
- **버스** N16, 109, 273, 601, 지선 2112, 종로07, 종로 08, 종로12번, 혜화역에서 하차.
- **주차** 창경궁주차장, 서울과학관주차장 이용 가능(유료).

오감 만족, K푸드 한국인의 맛과 이야기
민족시장 120년, 광장시장

주소 서울시 종로구 창경궁로 88

광장시장은 100년이 넘은 최초의 상설시장으로 1905년, 일본 상인에 맞서기 위해 우리 상인들이 자본을 모아 세웠다. 민족의 자존심이 깃든 광장이자 서민의 정서가 그대로 남아 있다. 북적이는 인파 속에 상인들의 활기찬 목소리, 맛있는 냄새, 다채로운 색깔들이 어우러져 오감 만족의 재미를 느낄 수 있다.

먹거리 천국, 광장시장

시장 입구로 들어서면, 다채로운 먹거리와 상인들의 구수한 인심이 시장의 맛을 더한다. 줄지어 늘어선 노점형 맛집에는 빈대떡, 마약김밥, 떡볶이, 순대, 잡채, 전 등 정겨운 음식들이 푸짐하다. 즉석에서 갈아낸 녹두 반죽에 숙주, 고기 등을 넣어 지져낸 빈대떡은 대표 먹거리다. 꼬마김밥에 겨자 소스를 찍어 먹는 마약김밥도 한번 맛보면 멈출 수가 없다. 신선한 육회

를 맛볼 수 있는 육회 골목도 빼놓을 수 없다. 신선한 육회에 꿈틀거리는 산낙지를 더한 '육회낙지탕탕이'는 외국인들에게 단골 별미 체험 코스다.

한국의 멋과 맛, 광장수라간

광장수라간은 두 자매가 한복을 입고 손님을 맞이하는 덕분에 손님들에게 인기다. 주방에서 직접 반죽해 칼국수 면과 수제비를 뽑아 쫄깃한 식감이 특징이다. 고기만두, 김치만두, 새우만두도 직접 빚고, 열무김치, 겉절이 등 반찬류도 매일 직접 담아 정성을 다한다. 전통적인 분위기에서 삼삼오오 나란히 앉아 따끈한 만두, 칼국수나 수제비를 먹다 보면, 한국인의 정서와 따뜻함을 느낄 수 있다.

위치 광장시장 동부A12호

광장시장의 숨은 매력

광장시장에는 수십 년 동안 한 자리를 지켜온 노포들이 골목골목 숨어 있고, 색다른 가게도 많다. 아름다운 전통 한복이 눈길을 끄는 한복 상가와 장인의 손길이 느껴지는 맞춤 의류 상가, 원단 가게 등도 둘러보는 재미가 있다. 2층의 구제 상가에서는 빈티지한 명품이나 개성 넘치는 희귀템을 저렴하게 구입할 수 있어 멋쟁이들의 발길이 끊이지 않는다.

청계천 1코스

서울을 관통하는 한양도성의 물줄기 따라

광화문역 → 동대문역

한양도성의 물길인 청계천을 따라 걸으며 문화와 역사를 더듬어보고, 청계천 물길을 중심으로 형성된 삶의 터를 살펴보는 코스다. 청계천은 서울의 중심을 관통하며 흐르는 역사의 물길로 총길이는 10.84km이다. 그중 청계천 도보 여행 1코스는 광화문 청계광장에서 오간수교까지 3.1km 구간이다. 비교적 안내판이 잘 정비되어 있고, 직진 코스로 이루어져 길 찾기에 좋다. 산책로와 자전거길, 부대 시설이 잘 조성되어 있어 볼거리와 즐길거리 등 다양한 재미를 느낄 수 있다.

둘레길 정보	
둘레길	★★★★☆
난도	★★☆☆☆
산소	★★☆☆☆
흙길	★☆☆☆☆
볼거리	★★★★★

PART 3 한양도성 도심순례길 • 235

청계천을 걷는 산책객

청계천

정조대왕 능행 반차도

출발 — ① 광화문역 — ② 청계광장 — ③ 광통교 — ④ 광교

① → ③ 서울을 관통하는 청계천 물길 따라

행운의 분수대

북악산과 인왕산에서 발원한 청계천은 서울의 한복판을 관통해 흐르는 물길이다. 이 물길은 종로구와 중구의 경계를 흐르며, 서울의 모든 물길이 모여 동쪽으로 흐르다가 왕십리 밖 살곶이다리에서 중랑천과 합류하여 한강으로 나아간다. 한강은 동에서 서로 흐르는 반면에 청계천은 서에서 동으로 흐른다. 이 코스는 청계천 물길을 그대로 따라 서울 도심을 걷는 길이다. 출발점인 청계광장에는 청계천의 상징인 소라 모양 조형물이 있다. 분수와 2단 폭포까지 둘러보고, 청계천이 흐르는 아래로 내려간다. 청계천의 다리들 중, 첫 번째 다리는 모전교로 조금 내려가면 팔석담의 행운의 분수대가 나타난다. 동전을 던지며 소원을 빌 수 있는 곳으로 세계 각국의 동전들이 모여 있다.

③ → ⑤ 청계천의 물빛과 디지털 쇼

> 광통교는 도성 내 가장 큰 다리로 경복궁, 육조거리, 종루, 숭례문을 잇는 중심 통로였다.

95년 만에 복원된 조선시대 대표적인 석교인 광통교에 멈추어 선다. 광통교는 본래 흙다리였으나, 태종 때에 홍수로 다리가 무너지자 태조 이성계의 비 신덕왕후의 묘지석 12개를 거꾸로 세워 만든 다리다. 광통교를 지나면 정조대왕 능행 반차도가 나타난다. 단원 김홍도와 당대의 화원들이 정성을 다해 그린 그림을 복원한 것이다. 청계천 광교 하류에서는 안개분수, 레이저쇼, 디지털 가든쇼가 펼쳐진다. 이곳은 특히 야경이 아름다운 구간으로 청계천은 해마다 겨울철이면 축제가 열려 늘 인파가 몰린다.

수표교

청계천(종로구간)

새벽다리

수표교 ⑤ — 새벽다리 ⑥ — 오간수교(패션타운) ⑦ — 동대문역 ⑧ 약 3.4km 2시간

⑤ → ⑧ 수표교에서 오간수문을 걸어서

청계천 수표교는 물길을 따라 걸으면 역사와 문화를 거슬러 오르는 힐링 산책 코스로 최적이다. 장통교, 삼일교를 지나 수표교에 이른다. 숙종이 장희빈을 처음 만난 곳으로 잘 알려져 있다. 청계천 다리 중 가장 아름다운 다리로 청계천에 흐르는 수량을 측정하는 다리다. 다리 돌기둥에 '경(庚)·진(辰)·지(地)·평(平)'이란 표시를 해서 물의 깊이를 쟀다. 1959년 청계천을 덮는 공사를 하면서 장충단공원 입구로 옮겨놓았고, 지금의 다리는 복원 공사 시 본떠 만든 다리다. 수표교를 지나면 관수교, 세운교를 차례로 지나고, 배오개다리, 새벽다리를 지나면 청계천5가 마전교가 나타난다.

> 청계천 물길을 따라 곳곳에 문화 공간과 유적, 벽화 등 볼거리가 이어진다.

도심을 흐르는 청계천을 따라 걷다 보면 산책로마다 볼거리가 지천에 깔려 있어 전혀 지루하지가 않다. 잠시 휴식을 하는 샐러리맨들과 산책객들, 거리 공연도 마주할 수 있다. 또 서울 도심 어디로든 연결되어 있어 종각, 인사동, 탑골공원, 종묘, 장충공원, 혜화동으로 동선을 바꿀 수도 있다. 마전교에서 전태일다리도 둘러보고, 오간수교에 오르면 50m 거리 이내에 동대문디자인플라자와 동대문역사문화공원, 흥인지문이 있어 어디로든 서울 여행을 할 수 있다.

전태일다리(배오개다리)

> 해 질 무렵부터 늦은 밤까지 빌딩 숲과 어우러진 야경도 아름다워 야간 도심 트레킹으로 인기다.

즐길거리

한양도성 도심순례길 대표 코스

📷 정조대왕 능행 반차도 벽화

정조의 화성 행차를 그린 그림이다. 정조가 어머니 경의왕후(혜경궁 홍씨)의 환갑을 기념하여 아버지 사도세자가 묻힌 화성 현륭원으로 행차하는 모습이다. 김홍도의 책임 아래 그려진 그림으로 목판화가 남아 있다. 그림에는 1,779명의 사람과 말 779필의 모습이 세밀하게 표현되어 있다. 청계천 복원 당시 높이 2.4m, 길이 192m 크기로 제작된 타일 벽화로 세라믹 자기 타일 5,120장으로 구현했다.

📷 오간수교

오간수교는 조선시대 때 청계천의 물줄기가 도성을 잘 빠져나가도록 하기 위해 만들었다. 범죄자 또는 난봉꾼들이 이 오간수교를 '개구멍'으로 적극 활용했다고 전해지며, 임꺽정 무리들이 도성에 들어와 전옥서를 부수고 퇴각할 때도 오간수교를 이용했다고 한다. 오간수교는 1907년 일제에 의해 철거되었다가, 청계천 복원 사업을 통해 다시 만들어졌다.

📷 서울윈타

서울빛초롱축제는 '서울윈타(Seoul WINTA)'라는 종합 겨울 축제로 확장되었다. 12월 중순부터 다음 해 1월 하순까지 개최되는데, 청계천과 광화문광장을 중심으로 서울광장, 보신각, 송현녹지광장 등에서 동시에 펼쳐진다. 화려한 빛으로 도심을 밝힌다. 보신각에서는 새해 맞이 타종 행사를, 서울광장에서는 스케이트장을 윈타 페스티벌의 일부로 운영한다.

서울빛초롱축제 https://www.stolantern.com

⭐ 출발점 가는 방법(광화문역)

- **지하철** 5호선 광화문역 5번 출구.
- **버스** 101, 103, 109, 150, 606, 704, 6002, 6005번, 광화문역에서 하차.
- **주차** 다동공원 제4공영주차장, 교보빌딩주차장 이용 가능(유료).

⭐ 도착점 가는 방법(동대문역)

- **지하철** 4호선 동대문역 7번 출구.
- **버스** 101, 103, 260, 270, 720번, 동대문역에서 하차.
- **주차** 두타주차장, 동대문디자인플라자주차장 이용 가능(유료).

세상 만물상, 없는 것 빼고 다 있다
서울 대표 벼룩시장, 동묘시장

주소 서울시 종로구 종로56길 27 일대

홍인지문의 성곽을 따라 걷다 보면, 오래된 역사의 풍경 위로 독특한 활기가 겹쳐진다. 보물찾기를 하듯 사람들의 발길이 이어지는 곳이 바로 동묘시장이다. 과거와 현재가 조화를 이루며 삶의 생동감을 느낄 수 있다. 동묘시장과 창신동 문완구 골목 사이사이 숨겨진 보물들을 찾다 보면, 오랫동안 기억에 남을 특별한 경험을 할 수 있다.

빈티지의 천국, 동묘시장

동묘시장은 한양도성의 동대문, 흥인지문과 가깝다. 관우를 모시는 사당 '동묘'를 중심으로 형성되어 서울의 만물상, 벼룩시장으로 불린다. 골목마다 중고품의 천국이라 불릴 만큼 다양한 물건들이 가득하다. 산더미처럼 쌓인 헌 옷가지부터 손때 묻은 중고 서적, 중고 가전제품, 희귀한 LP판, 골동품까지 온갖 빈티지한 물건이 널려 있다. 저렴한 가격에 득템하려는 사람들과 구수한 입담의 상인들이 어우러져 독특한 풍경을 자아낸다. 젊은 친구들 사이에서도 힙스터들의 성지로 불릴 만큼 독특한 매력을 뽐내고 있다.

동묘시장 먹거리 골목

동묘시장에는 저렴하면서도 맛있는 길거리 음식이 푸짐하다. 단돈 몇천 원으로 푸짐하게 즐길 수 있는 멸치국수와 고기튀김, 짜장면 등은 대표적인 먹거리다. 즉석에서 구워주는 토스트와 커피 한잔, 각종 부침개, 핫도그 등 간단한 주전부리를 구경하고 있으면 시장을 돌아보는 재미가 쏠쏠하다.

창신동 문완구 골목

동묘시장 인근에 위치한 창신동 문완구 골목은 1960년대부터 자리 잡은 국내 최대의 문구·완구 전문 시장이다. 이곳에는 학용품부터 보드게임, 캐릭터 장난감, 파티 용품까지 없는 것이 없다. 시중보다 저렴한 가격 덕분에 어린이들의 선물을 사려는 부모와 취미를 즐기는 어른들로 북적인다. 어른들에게는 어린 시절의 추억을, 아이들에게는 신나는 놀이터를 선사하는 특별한 공간이다.

청계천 2코스

청계천 따라 삶과 문화가 흐른다

동대문역 → 용두역

청계천은 서울 도심을 가로지르는 대표 하천으로, 총길이 10.84km 중 도보 여행 코스로 정비된 거리는 약 5.5km다. 이 중 2코스는 동대문 오간수교에서 고산자교까지 2.15km이다. 이 구간은 자연 산책로와 자전거 도로, 다양한 부대시설이 잘 갖추어져 있다. 그동안 생태 복원과 편의 시설 확충이 꾸준히 이루어져 도심 속 자연과 문화를 동시에 체험할 수 있다.

둘레길 정보	
둘레길	★★★☆☆
난도	★★☆☆☆
산소	★★☆☆☆
흙길	★☆☆☆☆
볼거리	★★★★★

PART 3 한양도성 도심순례길 · 243

오간수교 | 맑은내다리 구간 | 영도교

출발 — 동대문역 ① — 오간수교 ② — 맑은내다리 ③ — 영도교 ④ — 황학교 ⑤

① → ④ 서울 도심의 생태를 되살린 청계천 물길 따라

홍인지문과 동대문디자인플라자의 동대문역사문화공원을 둘러보고 시작하는 것도 좋다. 청계천 2코스는 역사공원 내의 이간수문도 둘러보고, 한양도성의 원활한 물 흐름을 위해 세운 청계천 오간수교에서 물길을 따라 걷는 코스이다. 이 구간은 특히 동대문의 대표적인 쇼핑 센터, 전통시장이 몰려 있는 지역이다. 동대문시장, 광장시장, 동묘시장, 서울풍물시장 등에는 볼거리와 먹거리가 풍성하다. 구간의 첫 번째 다리는 동평화상가 앞의 맑은내다리다. 맑은내는 순우리말이다. 나비 모습의 아치형 구조가 인상적이며, 야간 경관 조명 설치로 저녁 산책객이 늘고 있다.

이어 다산 정약용의 호를 딴 다산교를 지나면 영도교 사이의 북측에 청계천 빨래터가 재현되어 있다. 2024년 리모델링을 통해 체험 프로그램과 포토존이 새롭게 마련되어 가족 단위 방문객에게 인기가 높다. 영도교는 전통 대청 양식으로 운치가 깊은데, 단종이 영월로 귀양을 떠날 때, 그의 비인 정순왕후가 이 다리까지 따라 나왔다 하여 '영이별다리', '영영건넌다리'라고 불렀다고 한다. 예전에 주변 논밭에 황학이 많이 날아들었다는 황학교를 지난다. 황학동 도깨비시장에서는 주말마다 다양한 플리마켓이 열린다. 청계 8가 사거리 인근의 서울풍물시장도 다양한 먹거리와 공연, 체험 행사가 상시 열린다.

청계천 빨래터에는 충남 천안에서 옮겨온 능수버들 16주가 한 편의 풍속화를 연출하고 있다.

황학교 아래 소망의 벽

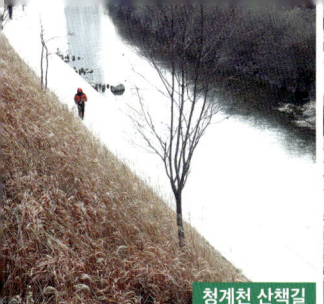
청계천 산책길

두물다리

고산자교

비우당교 — ⑥
무학교 — ⑦
두물다리 — ⑧
고산자교 — ⑨
용두역 — ⑩

약 2.15km
1시간

④ → ⑧ 옛 선인들의 이야기를 따라

황학교를 지나면 소망의 벽이 나타나고 비우당교에 이른다. 세종 때의 청백리로 알려진 하정 유관의 집이 이 다리 근처였는데, 비오는 날에는 방 안에서 우산을 받쳐들고 비를 피했다고 한다. 후세에 조선의 실학가 이수광이 그 집에 살며 청렴함을 기려 '비우당'이라 한 데서 유래한다. 비우당교를 지나면 철거된 청계천교가의 교각 3개를 남겨놓은 존치교각이 나타나고, 터널분수가 보인다. 비우당교 인근에는 2024년 청렴 테마 벽화가 조성되어 재미를 더한다. 존치교각과 터널 분수는 인기 있는 포토 스폿이다. 무학교와 두물다리 구간에서는 청계천의 과거와 현재를 한눈에 볼 수 있다.

> 두물다리는 청계천 구간 중 가장 로맨틱한 다리로 연인들의 데이트 코스이다.

⑧ → ⑩ 생태가 살아 있는 자연 산책로를 따라

2개의 물이 만나는 형상으로 두물다리에 청계천의 과거와 현재를 한눈에 살펴볼 수 있는 청계천 판자집체험관, 청계천 문화관이 자리한다. AR·VR 체험존은 가족 단위 방문객에게 인기가 높다. 청계천 도보 여행의 2코스 종점인 고산자교를 지난다. 조선시대 대동여지도를 만든 김정호의 호를 따서 지은 다리로, 다리를 지나면 청계천 버들습지이다. 도심 속 자연 생태 공간으로 청계천 제8경이다. 산책을 하거나 휴식을 취하고, 사계절 내내 습지 생태를 관찰할 수 있다.

한양도성 도심순례길 대표 코스

📷 청계천 생태 탐방

청계천 버들습지는 갯버들, 꽃창포, 갈대 등 수생식물과 피라미, 버들치와 같은 어류와 양서류의 서식지이고, 왜가리, 청둥오리, 흰뺨검둥오리 등 철새들이 찾아오는 도심 속 철새 도래지다. 계절별로 다양한 생태 탐방 및 교육 프로그램을 운영하고 있다. 주로 조류 관찰, 수생식물 학습, 곤충 이야기 등 어린이와 가족 단위로 참여하기 좋은 프로그램을 운영한다.

문의 02-2290-6114(서울시설공단)

📷 청계천박물관

고산자교와 무학교 사이에 위치하여 청계천의 과거와 현재를 살펴볼 수 있는 전시 문화 공간이다. 청계천 물길을 형상화한 건물로 청계천을 삶의 터전으로 살아가던 옛 모습이 재현되어 있다. 화상 합성 기술을 통해 청계천을 배경으로 기념사진을 찍을 수 있는 크로마키 촬영장이 인기가 있다.

주소 서울시 성동구 청계천로 530
문의 02-2286-3410
홈페이지 museum.seoul.go.kr/cgcm/index.do

📷 황학동 도깨비시장

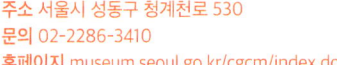

황학동 도깨비시장은 서울의 과거와 현재, 생활과 예술, 쇼핑과 체험이 어우러지는 독특한 공간이다. 골동품, 레트로 장난감, 음반, 의류, 희귀 수집품, 중고 가전제품, 가구, 주방용품 등 거의 모든 생활용품을 만날 수 있다. 오래된 카메라, LP, 만화책, 시계, 옛날 교과서, 영화 포스터 등을 찾아 방문하는 수집가들이 많다.

주소 서울시 중구 청계천로 334 일대

출발점 가는 방법(동대문역)

- **지하철** 4호선 동대문역 7, 8, 9번 출구.
- **버스** 101, 103, 152, 201, 270, 271, 720, N13, N16번, 동대문역에서 하차.
- **주차** 두타주차장, 동대문디자인플라자주차장 이용 가능(유료).

도착점 가는 방법(용두역)

- **지하철** 2호선 용두역 5번 출구.
- **버스** 121, 141, 303, 370, 421, 721, 지선 2222번, 용두역에서 하차.
- **주차** 주차할 곳이 없으니 대중교통 이용을 권장.

충무로 뒷골목에 노포와 힙한 맛집 이야기
충무로 인현시장에서 힙지로까지

주소 서울시 중구 충무로4가 일대

충무로와 을지로의 골목들은 과거와 현재, 전통과 트렌드가 교차하는 특별한 공간이다. 충무로의 낡은 간판 아래 숨겨진 인현시장과 힙한 감성의 을지로 골목은 고단한 하루의 흔적이 켜켜이 쌓인 노동자와 서민의 골목이다. 거칠고 오래된 옛 골목의 시간에 MZ세대의 새로운 감성이 더해져 삶의 활기와 젊은 감성이 교차하는 골목을 찾아간다.

충무로 골목, 인현시장

인현시장은 을지로3가와 충무로 사이, 좁은 골목에 숨어 있다. 1960년대 형성된 이 시장은 과거 영화산업이 융성하던 시절, 충무로 영화인과 주변 노동자들의 배고픔을 달래주던 곳으로 유명하다. 허름한 골목에는 30~40년 이상 자리를 지킨 노포와 새롭게 들어선 청년 맛집들이 골목을 채우고 있다. 점심시간이면 오래된 철제 간판 아래로 주변 직장인  들이 줄을 서고, 저녁 무렵이면, 국내외 관광객들과 젊은 세대들의 맛집 투어가 이어진다. 낡은 간판과 철제 의자 등은 '레트로' 감성으로 인기다.

골뱅이 골목 & LA갈비 골목

인현시장 골목을 지나 을지로3가역 방향으로 걷다 보면, 이른바 '힙지로'의 원조 골목이라 할 수 있는 을지로3가 골뱅이 골목과 LA갈비 골목, 노가리 골목이 이어진다. 골뱅이 골목은 1980년대부터 이어진 골목 감성으로 지금도 저녁이면 직장인과 젊은이들로 북적인다. 골뱅이무침과 소면, 소주 한 병이면 옛 시절의 추억이 되살아난다. 맞은편 LA갈비  골목에서는 옛날 스타일 양념 갈비를 무쇠불판 위에 올려 연탄불 향으로 풍미를 더한다. 빈티지 감성의 노가리 골목은 모든 세대가 함께 어우러진다. 산업화 시대 노동자들의 애환이 담긴 소울푸드와 MZ세대의 뉴트로 감성이 공존한다.

MZ세대의 감성, 힙지로

골뱅이 골목과 갈비 골목을 지나 길을 건너면 젊은 층의 핫플인 힙지로다. 인쇄소와 철공소 등 작은 가게들 사이로 젊은 감성의 맛집과 힙한 카페가 골목을 채우며 이색적인 풍경을 그려낸다. 낡은 철공소를 개조한 수제 맥주집, 벽돌과 철제 구조물이 어우러진 유럽풍 카페, 다락방처럼 아늑한 공간에서 맛보는 한식 퓨전 요리 등 요즘 세대들이 좋아하는 레트로하고 힙한 감성이 한 스푼씩이 담겨 있다. 골목  골목에 숨어 있는 루프톱 바, 독립서점, 전시 공간, 빈티지 소품숍들이 자리해 하루 종일 머물며 추억을 쌓을 수 있다.

PART 04
서울 근교 수변길

| 청계천길 | 맑은물이 흐르는 개천 |

청계광장 → 살곶이다리

예전부터 청계천은 배산임수의 중요한 풍수적인 요인을 갖춘 하천이었다. 중랑천을 거쳐 청계천을 따라 외국 사신이 오기도 하였고, 한강을 통해 들어온 상인의 물품은 청계천 주변 시전 상인이 모인 곳으로 옮겨와 시장을 이루었다. 풍수적인 의미와 실질적인 하수도 역할을 했던 청계천은 서울에서 가장 의미 있는 하천이다. 청계천의 시작부터 마지막까지 걸으며 어떤 이야기가 담겨 있는지 알아보자.

둘레길 정보

둘레길 ★★★★☆
난도 ★★☆☆☆
산소 ★★☆☆☆
흙길 ★☆☆☆☆
볼거리 ★★★★★

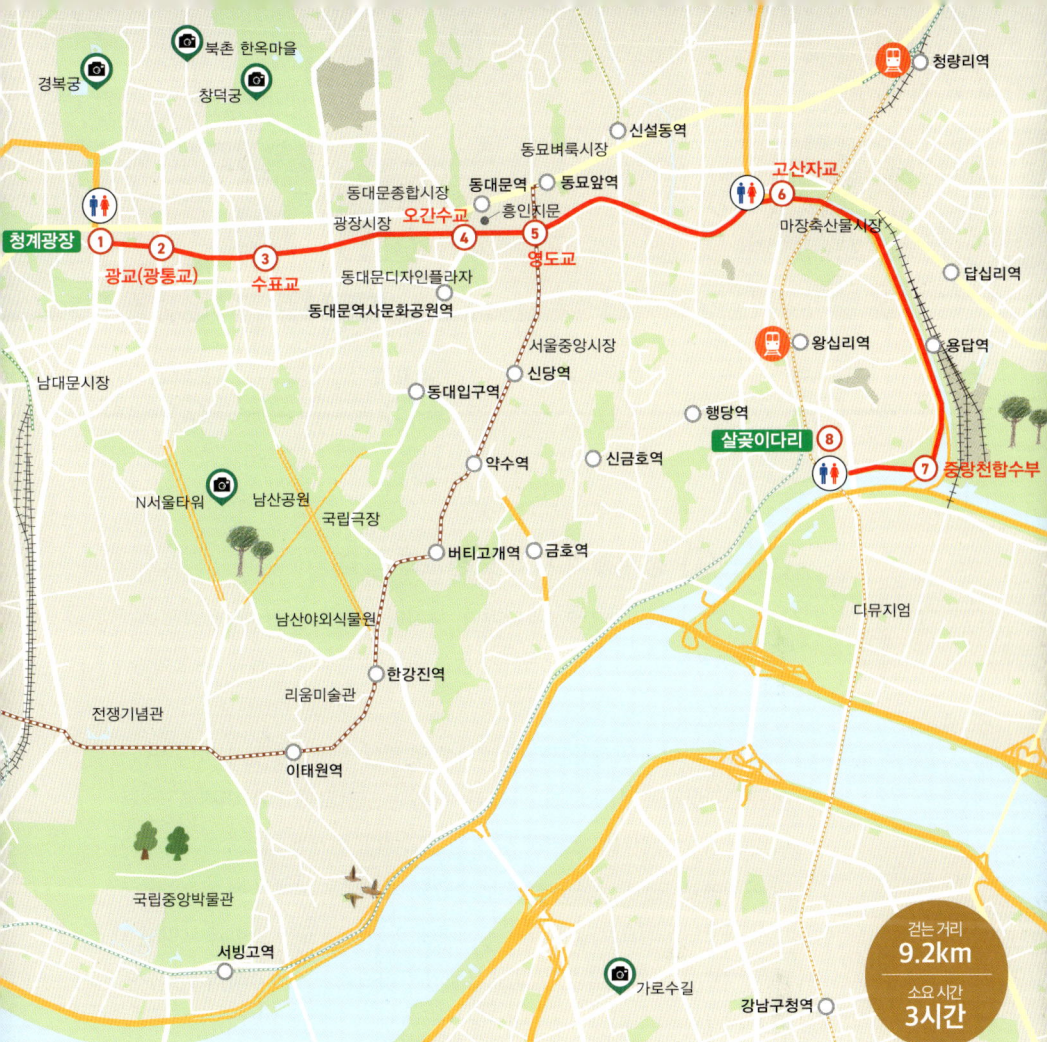

⭐ 출발점 가는 방법(청계광장)

- **지하철** 1, 2호선 시청역 4번 출구로 나와 280m 직진.
- **버스** 402, 709, 799번, 프레스센터 정류장 하차. 왼쪽 방향으로 150m 직진.
- **주차** 주차할 곳이 없으니 대중교통 이용을 권장.

⭐ 도착점 가는 방법(살곶이다리)

- **지하철** 2호선 한양대역 3번 출구로 나와 살곶이길 방향으로 직진.
- **버스** 121, 302, 2012, 2014번, 한양대정문 정류장 하차. 오른쪽 육교를 건너 살곶이길 방향으로 직진.
- **주차** 살곶이체육공원주차장 이용 가능(유료).

광통교

수표교

오간수교 앞

출발 — ① 청계광장 — ② 광교(광통교) — ③ 수표교 — ④ 오간수교

① → ④ 청계천의 시작 모전교와 광교

청계천의 시작은 청계광장부터이다. 하지만 광화문광장에서 광화문 사거리를 지나 청계광장으로 오기까지 좁은 물줄기 형상이 도로를 따라 이어져 있다.

청계천의 다리는 고산자교까지 22개로 옛 명칭을 사용한 것과 새로 붙여진 이름을 사용하는데 첫 번째로 만나는 다리는 모전교이고, 두 번째로 만나는 다리는 가장 화려하고 조각품 같은 광통교이다. 현재는 광통교라고 불리지만 예전에는 "광교"라고도 불렸다. 수표교의 원형은 청계천 복개 공사를 하면서 장충단공원으로 옮겨졌고 청계천에 있는 수표교는 원형과 모양만 같은 목재로 만든 다리이다. 이렇게 청계천을 따라가면 오간수문이 있던 자리에 다다른다.

> 장통교 아래에 있는 186m의 세계 최대의 타일 벽화 〈정조대왕 능행 반차도〉는 청계천의 볼거리 중 하나다.

④ → ⑥ 도성 밖 청계천, 오간수교부터 고산자교까지

오간수교를 기점으로 청계천은 한양도성을 벗어나 성북천과 정릉천을 만나 한강으로 이어진다. 오간수교부터는 찾는 사람도 적어 한적하고 보다 생태계가 살아 있는 하천 모습이다. 청계천에 노니는 오리떼를 보며 걷다가 만나는 다리가 영도교이다. 영도교는 단종이 왕위를 빼앗기고 노산군으로 강봉되어 영월로 귀양갈 때 그의 아내인 정순왕후가 이곳까지 나와 서로 영영 이별하였다 하여 "영영건넌다리"라고 불렸다.

청계고가 흔적　청계천 판자촌 조형물　살곶이다리

영도교 ⑤　　고산자교 ⑥　　중랑천합수부 ⑦　　살곶이다리 ⑧　　약 9.2km 3시간

비우당교를 지나면 예전 청계고가의 흔적을 볼 수 있다. 서울 도시 개발의 상징성과 청계천 복원이라는 의미를 부여해 3개의 교각을 기념물로 남겨 놓았고 이는 서울미래유산으로 등재되었다. 교각을 지나 왼편에 정릉천이 합류되는 지점에 고산자교가 있다.

⑥ → ⑧ 청계천의 끝부터 중랑천합수부

고산자교를 지나면서 청계천의 모습이 바뀐다. 2000년대 초반 청계천 복원을 통해 현재의 도심 모습으로 바뀌었다. 주변에 공원과 쉼터, 벤치가 많아 사부작사부작 걷기에 좋다. 청계천은 중랑천을 만나 끝난다. 중랑천합수부는 넓고 모래 턱이 있어 다양한 새들이 서식하는 장소가 되었다. 주변의 조류관찰대를 통해 왜가리 등의 새들을 볼 수 있다. 중랑천은 강폭이 제법 넓었던 곳으로 중랑천 곳곳에 나루터가 있었고 살곶이다리 아래에도 입석포라는 포구가 있었다. 지리적인 중요성과 수시로 다녀야 하는 곳이다 보니 나루보다는 다리가 필요하여 영도교와 함께 살곶이다리가 건설되었다. 살곶이다리는 영동지방을 가기 위해 건너야 하는 유일한 다리이자 현재까지 사용하는 석축교이다. 살곶이다리 앞 조망대에 다다르며 일정을 마무리한다.

두물머리 물래길

물안개가 피어오르는 강변 소풍길

운길산역 → 양수역

두물머리 물래길은 두물머리(양수리)를 중심으로 한강을 한 바퀴 돌아보는 코스로, 특히 수도권에서 가깝고 대중교통을 이용할 수 있어 많은 이들이 찾는다. 두물머리는 북한강과 남한강이 만나는 물길에 모래톱이 쌓여 만들어진 평지 섬으로 사부작사부작 천천히 풍경을 관망하기에 좋고, 메타세쿼이아숲이 조성되어 곳곳에 돗자리를 펼치고 소풍을 즐기기도 좋다. 이른 새벽 피어오르는 물안개는 두물머리의 백미다.

둘레길 정보

- 둘레길 ★★★★☆
- 난도 ★★☆☆☆
- 산소 ★★☆☆☆
- 흙길 ★★★★★
- 볼거리 ★★★☆☆

🟊 출발점 가는 방법(운길산역)

- **지하철** 경의중앙선(용문행)을 타고 운길산역 하차, 2번 출구로 나와 왼쪽 옛 양수철교 방향 자전거길을 따라 이동.
- **버스** 58, 63번, 운길산역에서 하차. 양수철교 방향 자전거길을 따라 이동.
- **주차** 운길산역에 주차 가능(유료).

🟊 도착점 가는 방법(양수역)

- **지하철** 경의중앙선(용문행)을 타고 양수역 1번 출구 밖. 연꽃지 방향으로 이동.
- **버스** 8-3, 8-6, 8-33번, 양수역에서 하차. 연꽃지 방향으로 직진하면 양평 물래길 이정표가 보임.
- **주차** 양수역 앞 공영주차장에 주차 가능(유료).

옛 양수대교

양수리생태공원 내 늪지

양수리생태공원 산책길

출발 — 운길산역 ① — 수풀로양수리공원 ② — 양수대교 밑 쉼터 ③ — 두물머리기념비 ④

① → ④ 북한강과 남한강이 만나는 두물머리

> 두물머리공원에서 배다리를 건너면 세미원으로 갈 수 있다.

본래 두물머리 물래길은 양수역을 기점으로 순환하는 코스이지만 아름다운 두물머리 풍경을 보려면 운길산역에서 출발하는 것이 제격이다. 운길산역에서 양수리 한강공원 방향으로 길을 잡아 자전거길을 따라 걷다가 양수철교에 오른다. 나무 데크가 깔린 길이라 걷기 편하다. 철길을 걸으면 두물머리의 아름다운 풍경이 낭만적으로 펼쳐진다.

철교를 내려서면 수풀로양수리공원이다. 양쪽으로 산책길이 조성되어 있는데, 오른쪽의 한강변을 따라 걷는 강변 코스는 밀림 같은 숲속을 두루두루 볼 수 있다. 산책길을 따라 다시 15분 정도 걸으면 강변집 식당 앞으로 352번 지방도로가 이어진다. 다시 오른쪽 한강이 보이는 방향으로 들어서면 강변 산책길이다. 산책길 옆으로 한국식 정원을 갖춘 한강물환경연구소에서는 잠시 쉬어가기 좋다. 다시 외길을 따라 양수대교 밑 교각 사이를 지나면 두물머리기념비가 있는 양수리 정점에 다다른다. 예전에는 양수리라고 불렸지만, 북한강과 남한강의 두 갈래 물길이 만난다고 하여 두물머리라고 부르며, 그 사이에 삼각주처럼 섬이 만들어진 곳은 지금의 두물머리공원이 되었다. 최근에는 메타세쿼이아나무를 곳곳에 심어놓아 숲이 우거진 휴양숲이 되었다.

메타세쿼이아숲

④ → ⑦ 새벽에 보는 물안개 풍경이 일품인 곳

두물머리농장에는 조각배가 떠 있고, 느티나무 쉼터와 풍경을 배경으로 한

두물머리농장

두물머리농장 앞 돛단배

세미원 가는 배다리

두물머리나루터 ⑤ — 터미널 삼거리 ⑥ — 용담수변생태공원 ⑦ — 양수역 ⑧   약 7.3km 3시간 30분

액자조형물 등 볼거리가 풍성하다. 주말이면 연인이나 가족 단위의 여행객들이 즐겨 찾는 장소로 수도권의 대표적인 사진 출사지로 알려져 있다. 해질 무렵이나, 날씨가 흐려 물안개가 피어오르는 새벽이면 독특하고 신비로운 풍경을 마주할 수 있다. 그리고 이곳의 명물, 연잎이 들어간 핫도그는 별미이다. 두물머리나루터에서 한강변을 따라 10분 정도 직진하면 터미널 삼거리다. 이곳에서 양수로를 따라 오른쪽으로 양서문화체육공원 삼거리에서 GS주유소 방향으로 횡단보도를 건너야 한다. 주유소 옆으로 좁은 숲길을 따라가면 수변생태공원까지 이어진다. 이곳에 조성된 황토 산책길은 숨은 힐링 장소이다.

터미널 삼거리에서 버스를 타고 운길산역으로 되돌아갈 수도 있다.

⑦ → ⑧ 여름에 만나는 연꽃지의 한가로움

저수지처럼 보이는 수변산책길을 따라 걸으면 한적한 용담수변생태공원이 자리하고 있다. 한여름에 잔잔한 저수지에 가득 피어난 연꽃을 볼 수 있는 곳으로, 무료로 입장이 가능하다. 무수히 피어난 연꽃이 가득한 풍경을 감상할 수 있으며, 산책길이 황토로 조성돼 호흡까지 건강하게 할 수 있다. 강변 옆으로 붓꽃이 한가득 피어 있고, 곳곳에 벤치가 놓여 있어 아픈 다리를 쉬며 걷기 여행을 마무리하기에 안성맞춤이다. 용담수변생태공원를 따라 계속 직진하여 데크길로 올라서서 왼쪽을 보면 양수역에 다다른다.

즐길거리

세미원
두물머리에서 가장 인기 있는 수목원으로 수생식물을 이용한 자연정화공원이다. 대규모의 연못을 설치해 북한강 물을 정화하여 팔당댐 방향으로 빠져나가도록 한다.
주소 경기도 양평군 양서면 양수로 93
문의 031-775-1835

용담수변생태공원 산책길

강화 나들길 1코스

256편의 시로 남은 강화 나들길 1코스, 심도문화역사길

강화시외버스터미널 → 갑곶돈대

강화 나들길 1코스는 "심도문화역사길"이라 부른다. 강화터미널에서 성공회강화성당, 용흥궁, 고려궁지, 강화읍성 북문, 연미정과 월곶돈대를 돌아 갑곶돈대까지 크게 한 바퀴 도는 코스다. 고려 강도의 흔적과 근대 건축의 아름다움, 그리고 한강과 서해가 만나는 풍경이 어우러진 코스로 서울 근교에서 역사와 자연을 동시에 느낄 수 있는 대표적인 섬길이다. 안내 표지판과 쉼터가 잘 정비되어 있어 초보자도 부담 없이 완주할 수 있다.

둘레길 정보	
둘레길	★★★★★
난도	★★★★☆
산소	★★☆☆☆
흙길	★★★★★
볼거리	★★★☆☆

용흥궁

강화산성 북문

월곶돈대

출발 → ① 강화시외버스터미널 → ② 용흥궁 → ③ 고려궁지 → ④ 강화향교

① → ③ 아름다운 시로 남은 강화도

> 강화터미널에서 강화읍성 북문까지만 다녀와도 강화도의 주요 유적지를 둘러볼 수 있다.

심도(沁都)는 강화도의 옛 이름으로 조선 후기 문인이었던 화남 고재형 선생의 고향이기도 하다. 그는 〈심도기행〉이라는 책을 써 강화도의 아름다움을 256편의 시로 남겼다. 강화나들길 1코스는 〈심도기행〉의 주요 무대를 직접 걸으며, 옛 선인의 발자취를 따라가볼 수 있는 길이다. 강화시외버스터미널을 출발해 수협 사거리와 신협 사거리까지 5분 정도 걸어 오른쪽 길을 따르면 높은 담장 위에 성공회강화성당이 모습을 드러낸다. 1900년 건립된 이 성당은 한국 전통 사찰 양식과 서양 바실리카 양식이 조화를 이룬 독특한 건축물로, 내부의 예배당과 종각, 외부의 십자가와 홍살문이 이색적인 풍경을 연출한다. 성공회강화성당을 살펴본 뒤 용흥공원 오른편의 용흥궁에서 숨을 돌린다.

성공회강화성당

③ → ⑤ 고려의 흔적을 찾아서

고려궁지를 시작으로 강화향교, 한옥이 마주한 골목길이 강화읍성 북문까지 이어진다. 마치 옛 고려의 수도를 걷는 듯하다. 북문으로 오르는 길은 강화도의 대표적 봄꽃길이다. 강화읍성 북문을 나와 성곽을 따라 오른쪽으로 200m쯤 올라가면 시야가 트이는 성곽마루가 나타난다. 성곽의 바깥쪽으로 해안선이 보이고 안쪽으로는 반대편 남장대가 자리하고 있다. 해안을 따라 외성과 강화읍성을 따라 강화도의 도성 축조와 지형을 살필 수 있다. 이제 외성의 흔적은 사라졌으나 광성보와 돈대 등이 남아 옛 성곽의 모습을

연미정 　　조양방직

　　강화읍성 북문　　　　오읍약수터　　　　　연미정　　　　　갑곶돈대　　약 15.8km
　　　　⑤　　　　　　　　⑥　　　　　　　　⑦　　　　　　　⑧　　　　5시간 30분

유추할 수 있다. 강화읍성의 4대문은 대부분 온전히 남아 있고, 동문은 최근에 복원하였다.

⑤ → ⑧ 제비꼬리 물줄기가 만나는 연미정

강화읍성 북문 성곽 바깥쪽을 따라 내려가면 오읍약수터에 이른다. 계속 숲길을 걸으면 대월초등학교가 눈에 들어오고, 왼쪽 숲길을 따라 3km 정도 걸어가면 월곳리마을이다. 높은 언덕 위에 월곳돈대와 연미정이 세워져 있다. 연미정은 한강으로 나가는 배들이 물때를 기다리며 정박하고 쉬어가던 곳으로, 서해안에서 한강으로 이어진 물길과 갑곶에서 시작한 물길이 만나는 곳이기도 하다. 제비꼬리처럼 보인다고 하여, "연미정"이라 불린다. 정묘호란 때 인조가 청나라와 굴욕적인 강화조약을 맺었던 역사적 장소다.

연미정에서 왼쪽 도로변 자전거길을 따라 직진하면 철책선과 나란히 걷는 해안길이 시작된다. 해안도로를 따라 약 2km 정도를 걸으면 용정리마을을 지나 햇볕을 피할 수 있는 숲길이 시작된다. 잠시 숲길에서 숨을 고르다 보면 도로가 나오고 2km 정도를 직진하면 왼쪽에 인삼센터휴게소가 나타난다. 삼거리에서 왼쪽으로 접어들면 심도문화역사길의 종착지인 갑곶돈대에 도착한다. 강화전쟁박물관이 세워져 있어, 강화의 군사적 역할과 역사를 한눈에 살펴볼 수 있다.

> 연미정에서 바다 쪽은 촬영이 불가능하다.

즐길거리

서울 근교 수변길 대표 코스

📷 조양방직

1933년 설립된 국내 최초의 방직 공장이다. 붉은 벽돌 건물과 옛 방직 기계, 빈티지 소품이 어우러진 공간으로 카페 겸 전시, 체험 문화 공간으로 젊은 여행자와 가족 단위 방문객 모두에게 인기이다. 곳곳에 전시된 방직 공장 유물과 근대 강화의 사진, 아트워크를 감상할 수 있다.

주소 인천시 강화군 강화읍 향나무길5번길 12
문의 0507-1307-2192

📷 강화고려궁지

고려가 몽골이 침략을 받을 당시 강화도로 천도한 1232년부터 1270년까지 사용한 고려의 궁궐터다. 강화에는 왕릉뿐만 아니라 관서궁, 장봉궁도 있었는데 환도할 때 몽골군에 의해 궁궐이 많이 헐렸다. 1970년대 보수 정화 사업을 통해 지금의 모습이 갖춰지게 되었다.

주소 인천시 강화군 강화읍 북문길 42

먹을거리

🍴 강화풍물시장

1960년대부터 이어져온 강화도 대표 재래시장이다. 강화도의 특산물인 밴댕이, 순무김치, 강화쑥, 젓갈, 각종 수산물과 신선한 채소, 전통 한과 등 다양한 먹거리와 볼거리를 만날 수 있다. 즉석에서 손질한 제철 해산물은 여행의 입맛을 돋운다. 칼국수, 빈대떡, 만두 등 서민 음식도 가득하다.

주소 인천시 강화군 강화읍 중앙로 17-9
문의 032-934-1318

출발점 가는 방법(강화시외버스터미널)

- **지하철** 5호선 송정역 1번 출구. 버스로 환승.
- **버스** 서울에서 올 경우 3000번을 타고 강화터미널에서 하차. 터미널 대합실에 강화 나들길 이정표가 보임.
- **주차** 강화풍물시장, 강화문학관에 주차 가능(유료).

도착점 가는 방법(갑곶돈대)

- **버스** 강화터미널 앞에서 12, 13, 53번 버스를 타고 갑곶돈대에 하차. 갑곶돈대 휴게소 옆에 강화나들길 이정표가 보임(배차 간격 30~60분).
- **자가용** 내비게이션에서 '갑곶돈대'를 검색하여 이동.
- **주차** 갑곶돈대 내 주차 가능(유료).

강화 나들길 9코스

자연과 감성, 추억으로 떠나는 시간 여행 역사길

월선포선착장 원점회귀

강화 나들길 9코스는 옛 월선포 선착장을 출발해 화개산을 넘어 대룡시장, 남산포를 거쳐 다시 월선포로 되돌아오는 순환형 도보 코스다. 연륙교 개통으로 차량 접근이 쉬워졌지만, 교동도의 진짜 매력은 천천히 걸으며 섬의 풍경과 시간을 온전히 느끼는 데 있다. 이 길은 북녘 땅과 서해의 바다, 그리고 흑백의 풍경이 어우러진 대룡시장 골목까지 걷는 코스로 서울 근교에서 가장 이색적이며 재미있는 도보 여행지로 손꼽힌다.

둘레길 정보	
둘레길	★★★★☆
난도	★★★☆☆
산소	★★☆☆☆
흙길	★★☆☆☆
볼거리	★★★★☆

월선포

교동향교

화개사 앞

출발 — 월선포선착장 ① — 교동향교 ② — 화개사 ③ — 화개산 정상 ④ — 조선시대 한증막 ⑤

① → ④ 크고 높은 산이 있는 교동도

> 불연륙교를 통해 교동도로 들어갈 때 신분증을 필히 준비해야 한다.

강화 나들길 교동도 코스의 별칭은 '다을새길'이다. 다을새는 교동의 옛 지명으로 '대운도(戴雲島)' 또는 '달을신, 달을참'이라 하였다. 달을신은 본래 '크고 높은 산이 있는 고을'이라는 뜻이다. 교동도는 259m의 화개산을 중심으로 낮은 섬들을 제방으로 쌓아 땅으로 만들어 연결한 섬이다. 이 코스는 본래 월선포항이 시작이지만 순환 코스라 어디에서 시작해도 상관없다. 대룡시장 앞에서 시작하면 버스정류장에서 가깝고 공용주차장에서 주차를 할 수 있어 시간을 절약할 수 있다.

월선포선착장에서 교동남로를 따라 교동교회를 지나면 삼거리 오른편에 장승이 보인다. 이곳에서 교동향교까지는 숲속 길이 이어진다. 교동향교에서 약 300m 정도 직진하면 화개사로 이어지는 넓은 길이 나타난다. 길을 따라 화개사 뒤편의 숲길을 지그재그로 오르면 화개산 정상에 이른다. 2024년 봄, 정상부에 '화개정원'이 문을 열었다. 정상에 오르면 사방으로 펼쳐진 교동도를 제대로 둘러볼 수 있다. 짙은 서해가 섬을 감싸고 있고, 남쪽으로 교동읍성과 석모도, 서쪽으로는 수정산과 넓게 펼쳐진 북녘 땅의 모습이 보인다.

화개사에서 내려다본 바다 풍경

④ → ⑥ 타임머신 타고 돌아간 80년대 거리

정상에서 화개정원 산책로를 따라 내려오면, 새로 조성된 계단길이 고구리 마을 방향으로 이어진다. 숲을 가로질러 고구리 마을길을 따라 내려오면 교

화개사에서 바라본 교동대교

남산포선착장 해안 풍경

교동읍성 남문

대룡시장 ⑥ — 남산포선착장 ⑦ — 교동읍성 ⑧ — 월선포선착장 ⑨

약 14.2km
4시간 30분

동초등학교가 나온다. 교동초등학교 정문에서 직진하면 대룡시장이다. 대룡시장은 7080년대의 옛 시장 풍경을 간직하고 있어, 시간 여행을 온 것 같다. 빛바랜 간판과 옛날 문방구, 다방, 철물점, 구멍가게가 골목마다 자리해 있고, 시장 곳곳에는 레트로 감성의 카페와 체험 공방, 작은 가게들이 들어서 있다. 추억을 불러일으키는 아날로그 풍경 안에서 시간 가는 줄 모르고 푹 빠져들게 된다.

> 짧게 걷고 싶다면 '대룡시장, 교동읍성, 교동향교, 화개산, 대룡시장' 순으로 돌아보는 코스가 좋다. 약 9km 정도 된다.

⑥ → ⑨ 신문물의 교감이 이루어지던 교동도

골목길을 따라 GS주유소를 지나면 마을길이 나타난다. 남산포 마을 삼거리에서 왼쪽으로 나들길 이정표를 따르면 교동읍성 구간이다. 남산포 선착장은 살아 있는 포구로, 석모도와 강화도의 앞바다를 볼 수 있다. 한강과 임진강의 초입에 위치해 고려 때까지는 개경으로 드는 관문이어서 중국의 문물이 유입되는 길목이었다. 북쪽의 통영이라 불리며 군사적 요충지로 화개산성과 교동읍성이 세워졌고 교동읍성 남문, 교동향교 등 역사의 흔적이 남아 있다.

월선포선착장 앞 바닷길

남산포에서 교동읍성 구간을 따라 걷다 보면, 옛 성벽과 마을길이 어우러져 섬의 역사를 느낄 수 있다.

즐길거리

서울 근교 수변길 대표 코스

📷 화개정원

화개산은 교동도의 중심 산으로 해발 259m의 낮은 산이다. 2024년 봄, 정상부에는 '화개정원'이 새롭게 문을 열었다. 넓은 잔디 광장과 야생화 단지, 전망대, 포토존, 쉼터 등이 조성된 복합 산책 공간이다. 정상 전망대에 오르면 남쪽으로 강화와 석모도, 북쪽으로는 한강 하구와 북한의 산하까지 한눈에 들어온다.

주소 인천시 강화군 교동면 교동동로471번길 6-62
문의 032-932-2336

📷 만물점빵 행복전파사

대룡시장의 필수 방문 스폿으로 옛날 문방구 감성을 담은 추억이 가득하다. 본래 대룡시장의 생활사박물관과 여행자 쉼터로 운영되는 공간으로, 오래된 물건들을 전시한다. 감성과 추억을 담은 문완구로 남녀노소가 아날로그 풍경 속에서 놀다가는 놀이터다. 교동도의 숨은 이야기나 여행 팁을 얻을 수도 있고, 잠시 쉬어가기에도 좋다.

주소 인천시 강화군 교동면 대룡안길 54번길 44-3

먹을거리

🍴 교동대룡리시장

한국전쟁 당시 연백군에서 피난 온 실향민들이 고향에 두고 온 연백시장을 본떠 만든 골목 시장이다. 교동도에서 가장 번화한 거리로 TV 예능 프로그램에 소개되어 유명해졌다. 추억의 골목 점방, 다방, 옛날 문방구 등 흑백의 풍경이 발길을 잡는다.

주소 인천시 강화군 교동면 대룡리 462-1

걷는 거리
14.2km

소요 시간
4시간 30분

⭐ 출발점·도착점 가는 방법(월선포선착장)

- **버스** 강화시외버스터미널에서 월선포행 18번, 월선포에서 하차. 오른쪽 방향으로 강화 나들길 이정표가 보임(배차 간격 95~170분).
- **자가용** 내비게이션에서 '교동도선착장' 또는 '월선포선착장'으로 검색.
- **주차** 월선포선착장 주변 주차 가능(유료).

한탄강 물윗길

주상절리가 아름다운 길
철원역사문화공원 → 한탄강은하수교

겨울철이면 생각나는 곳이 있다. 걷기 좋고 주변 풍경이 심각하게 아름답지만, 딱 겨울에만 개방하는 그런 곳이 있다. 바로 한탄강 물윗길이다. 한탄강은 주상절리 풍경이 으뜸으로 좋아 많은 사람들이 찾지만 협곡 아래는 갈 수 없어 아쉬움이 크다. 겨울이면 이 아쉬움을 해소할 수 있는데 계곡의 물길이 꽁꽁 얼어 그 위를 걸을 수 있도록 부교를 띄운다. 이를 '물윗길'이라고 한다.

철원은 북녘이 가까워 민통선 철책선이 펼쳐진 곳이기도 하다. 그래서 DMZ를 조망할 수 있다. 철원으로 하루 당일치기 여행을 떠나보는 건 어떨까.

둘레길 정보	
둘레길	★★★★☆
난도	★☆☆☆☆
산소	★★★★☆
흙길	★★★☆☆
볼거리	★★★★★

철원역사문화공원

노동당사

소이산전망대 전경

출발 — ① 철원역사문화공원 — ② 소이산전망대 — ③ 차량 이동

① → ② 화려했던 과거의 철원을 경험하는 철원역사문화공원

과거 번성했던 철원의 모습을 재현한 곳이 철원역사문화공원이다. 공원에 들어서면 옛 모습의 시가지 건물이 양옆으로 늘어서 있고 내부를 관람할 수 있도록 개방했다. 공원 가장 중앙에 옛 철원역을 재현한 건물이 있는데 소이산 정상으로 가는 모노레일 탑승지다.

> 공원 입구에 인력거도 있는데 안내소에 신청을 하면 무료로 이용할 수 있으며 30분 동안 사용이 가능하다.

② → ③ 북녘을 가까이 바라보는 전망대, 소이산전망대

철원역에서 출발하는 모노레일은 8인승으로 매시 5분마다 출발하며 정상까지 올라가는 데 약 15분 정도 소요된다. 탑승료는 5,000원이지만 철원지역상품권으로 3,000원을 되돌려준다. 모노레일을 타고 정상 부근 승강장에 내려 데크 계단을 따라 10분 정도 더 걸어서 올라가야 소이산 정상이다. 데크길을 따라 작은 전망대를 지나 소이산평화마을공원 이정표를 따라 올라간다. 소이산전망대는 옛 군사 시설로 쓰였던 막사와 벙커가 그대로 남아 있고 이를 전시장으로 활용하고 있다. 그래서 내려올 때는 막사 건물 안쪽으로 내려오면 좋다.

소이산전망대에 올라 정면을 바라보면 왼쪽부터 화살촉고지, 백마고지, 피의능선, 아이스크림고지 등이 펼쳐져 보인다. 그리고 정면의 너른 벌판이 철원 평야 지대이며, 갈색빛 평야와 북녘의 평야 사이에 짙은 갈색의 띠가 보이는데 바로 DMZ이다. DMZ는 비무장지대로 사람의 흔적이 거의 없는 곳이다. 자연의 흐름에 따라 녹지의 평야가 되어 눈으로 구분할 수 있다는

> 철원문화상품권은 철원 내 카페, 식당, 택시, 전통시장 등에서 사용할 수 있다.

태봉대교 앞 물윗길

고석정 협곡

은하수교

고석정 ④ — 은하수교 ⑤ — 약 6.8km 4시간

점이 흥미롭다.
광활한 평야가 펼쳐진 풍경은 아무리 봐도 질리지 않는다. 아쉬움을 남기고 발길을 돌려 소이산을 내려온다.

③ → ⑤ 주상절리가 아름다운 한탄강 물윗길

철원역사문화공원에서 차로 은하수교주차장까지 이동하면 물윗길 입구에 다다른다. 매년 10월부터 이듬해 3월 말까지 한탄강 물윗길이 운영된다. 하절기에는 부교를 철거하여 다닐 수 없고 오직 가을과 겨울에만 한탄강 아래 풍경을 볼 수 있다. 평소 고석정 아래에서만 볼 수 있었던 풍경을, 물윗길이 개통되는 시기에는, 태봉대교부터 순담계곡까지 부교를 따라 한탄강 주상절리의 아름다움을 마음껏 즐길 수 있다. 한탄강 물윗길은 태봉대교부터 시작하지만 주차장이 넓은 '한탄강은하수교'가 있는 곳에서 출발하는 것이 더 적당하다. 출렁다리를 건너 횃불전망대도 갈 수 있고, 태봉대교까지는 약 1km 정도이고, 고석정 출구까지도 5.5km 정도 소요된다. 어느 쪽으로 가더라도 부담 없이 걷고 주상절리협곡 밖으로 나올 수 있다.

은하수교 바로 옆에는 호수처럼 넓은 물이 흐르는 곳이 있는데 송대소라고 한다. 이곳을 기준으로 양옆으로 부채꼴 모양의 주상절리가 펼쳐져 있다. 하절기에는 물윗길은 없지만 한탄강 위쪽에 평화누리길과 한탄강트레킹 코스가 승일교부터 시작하여 태봉대교까지 이어져 있기 때문에 또 다른 걷는 재미를 선사한다.

> 횃불전망대는 유료로 운영하며 5,000원의 입장료를 내고 (철원 상품권 3,000원 되돌려 받음) 전망대로 올라간다.

즐길거리

서울 근교 수변길 대표 코스

📷 고석정

이곳은 드라마의 단골 촬영지다. 한탄강 중간에 있는 고석정은 임꺽정이 피신하여 숨어 지내던 곳이다. 한탄강 주변은 깊은 계곡 사이로 강물이 흘러 빼어난 풍경을 보여주는데 한탄강 물가 옆으로 내려갈 수 있는 유일한 장소가 고석정이다. 특히 봄과 가을에는 꽃축제가 바로 옆에서 펼쳐지기 때문에 즐길거리가 많다.

주소 강원도 철원군 동송읍 태봉로 1825
문의 033-450-5588

먹을거리

🍴 삼정콩마을가마솥두부집

고석정 옆에 있는 두부집은 가성비와 맛이 좋아 유명하다. 담백한 두부와 슴슴한 나물류가 나와 보리밥에 비벼 먹을 수 있도록 차려준다. 주말에는 대기 시간이 길기 때문에 일찍 가는 것이 좋다.

주소 강원도 철원군 동송읍 태봉로 1834
메뉴 두부구이, 두부청국장, 순두부 보리밥, 두부버섯전골

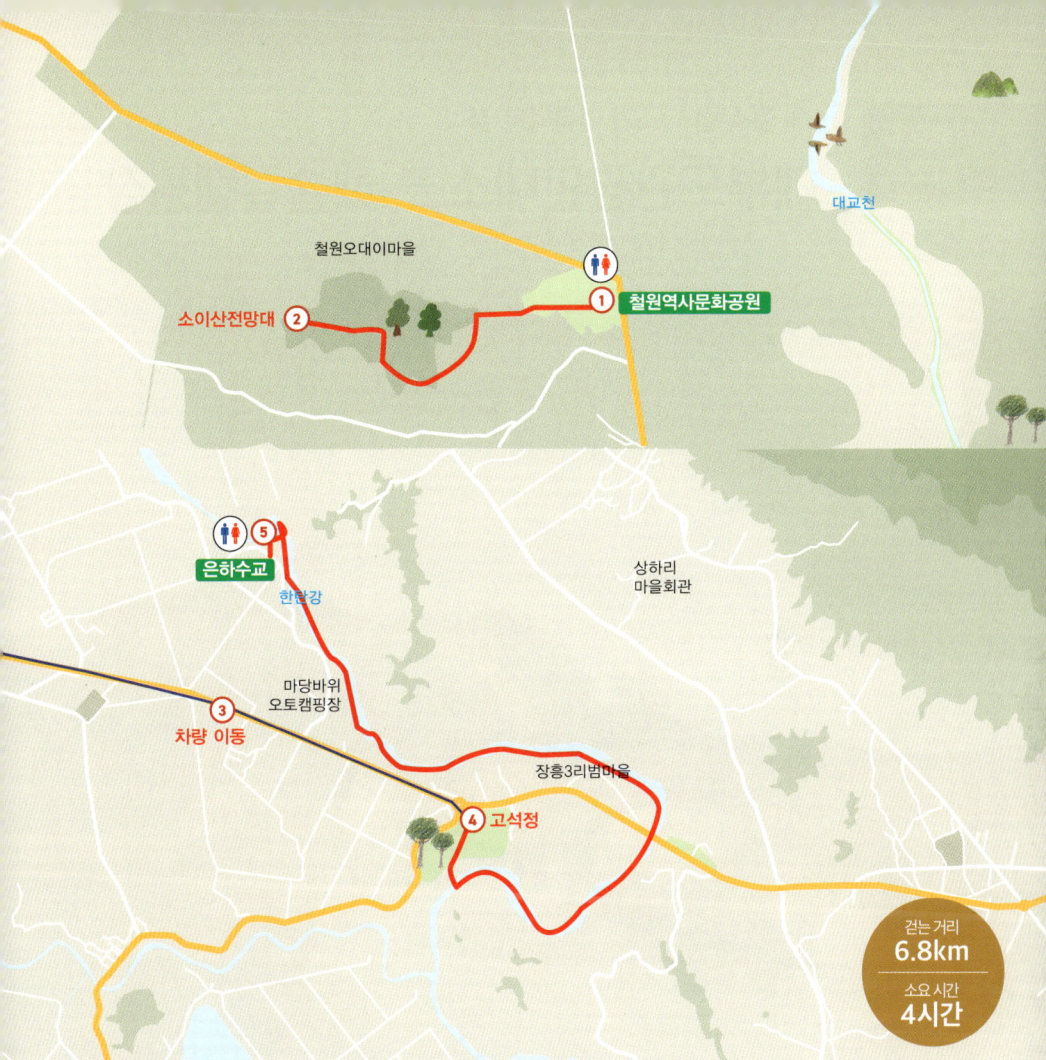

출발점 가는 방법(철원역사문화공원)

- **지하철** 2호선 강변역 3번 출구로 나와 동서울버스터미널에서 환승.
- **버스** 철원동송시외버스터미널 하차, 길 건너 이평리(정한약국 앞)에서 13번 버스 환승 후 노동당사 정류장 하차하면 건너편에 입구가 보임.
- **주차** 철원역사문화공원 주차장 이용(무료).

도착점 가는 방법(은하수교)

- **지하철** 2호선 강변역 3번 출구로 나와 동서울버스터미널에서 환승.
- **버스** 철원동송시외버스터미널 하차, 길 건너 이평리(정한약국 앞)에서 2번 버스 환승 후 장흥초교 정류장 하차하여 은하수교까지 1km 걸어서 이동.
- **주차** 철원 은하수교 주차장 이용(무료).

> **서해랑길 91코스**

해 질 무렵 낙조가 아름다운 길
대부도관광안내소 → 해솔길캠핑장

대부도는 일몰과 바다가 갈라지는 모습을 보기 위해 많은 관광객이 찾는 수도권의 대표적인 여행지다. 최근 서해랑길이 개통되면서 관심이 집중되는 곳으로 특히 서해랑길 91코스는 대부도의 뾰족하게 튀어나온 구봉도를 돌아보는 코스이다. 소나무숲과 해 질 무렵의 낙조를 볼 수 있는 전망대, 밀물과 썰물의 풍경을 볼 수 있는 아름다운 길이다. 비릿한 서해의 갯내음을 맡으며 자연이 살아 있는 섬길을 걸어보자.

둘레길 정보

둘레길	★★★★☆
난도	★★★☆☆
산소	★★★☆☆
흙길	★★★☆☆
볼거리	★★★★☆

🟠 출발점 가는 방법(대부도관광안내소)

- **지하철** 4호선 오이도역 2번 출구. 대부도행 버스로 환승.
- **버스** 오이도역에서 790번, 안산역에서 123번, 방아머리선착장에서 하차. 대부도관광안내소로 직진.
- **주차** 대부도공원 내 주차 가능.

🔵 도착점 가는 방법(돈지섬안길)

- **지하철** 4호선 오이도역에서 112번 버스로 환승, 단원자동차운전전문학원 정류장 하차.
- **버스** 오이도역에서 790A번 탑승, 북동삼거리 정류장 하차. 오른쪽 마을길을 따라 해솔길 캠핑장 방향 걸어서 1.4km 이동.
- **주차** 주차할 곳이 없으니 대중교통 이용을 권장.

 대부도 해변길
 북망산 정상 풍경
 낙조전망대

출발 — ① 대부도관광안내소 — ② 북망산 정상 — ③ 대부해솔길 입구 — ④ 구봉약수터 — ⑤ 낙조전망대

① → ② 푸른 바다와 송림이 어우러진 해안 둘레길

서해랑길은 해남부터 시작하기 때문에 대부도관광안내소에서 출발하는 것은 역방향 코스이다. 대부도관광안내소에서 도로변을 따라 방아머리해수욕장 방향으로 길을 잡는다. 해안선 중심의 둘레길은 무엇보다 시원한 바다를 바라보며 걷는 즐거움이 크다. 단, 햇볕을 가릴 수 있는 모자가 필수다. 캠핑카라반 단지를 지나 백사장 해변까지 지나면 짧은 숲길이 이어진다. 시원한 바람을 맞으며 잠시 쉬어가기에 딱 좋다. 짧은 숲길이 끝나면 포도과수원이 즐비한 마을길이 나타난다. 그대로 오르면 북망산 정상이고 대부도와 송도 신도시의 높은 빌딩까지 조망할 수 있다.

> 해솔길 입구부터 구봉도까지 소나무 숲길 구간에는 산딸기나무가 많아 6월에 가면 야생 산딸기를 맛볼 수 있다.

② → ⑤ 큰 섬으로 변한 9개 봉우리

올라왔던 길의 반대편인 구봉저수지 방향으로 내려선다. 펜션 단지에서 15분을 걸어가면 구봉도산림욕장 입구다. 9개의 봉우리가 늘어서 있었다는 구봉도는 대부도 옆 작은 섬이다. 북망산에 작은 섬들이 파란 바다 위에 옹기종기 놓여 있는데 마치 사발을 엎어놓은 모습 같다. 산림욕장 숲길은 미끄러지지 않도록 야자매트를 깔아놓았다. 군데군데 고슴도치와 웃는 조각상의 조형물이 오르막의 긴장감을 풀어준다. 숲길 중간에 이르면 구봉약수터와 낙조전망대로 갈 수 있는 갈림길이다. 낙조전망대로 가려면 산 능선 방향 숲길을 오르면 된다. 구봉약수터 앞 갈림길에서 소나무 숲길을 따라 걸으면 어느새 섬의 끝자락이다. 탁 트인 조망감이 감탄을 자아낸다. 개미

 낙조전망대

구봉선돌

구봉이개미허리아치교

팔각정 쉼터

구봉선돌 ⑥ → 종현어촌체험마을 ⑦ → 팔각정 쉼터 ⑧ → 돈지섬안길(해솔길캠핑장) ⑨ 약 12km 4시간 50분

허리아치교라는 재미난 이름을 가진 다리를 건너 숲길을 가로질러 가면 구봉도 끝에 낙조전망대가 보인다. 섬을 아우르는 풍경이 일품이다. 날이 맑으면 선명한 낙조를 바라볼 수 있다.

⑤ → ⑨ 바닷길을 따라 낙조를 바라보다

종현어촌체험마을로 돌아가는 길은 숲길로 되돌아가는 방법과 해안을 따라 방파제길로 빠져나오는 방법이 있다. 썰물 때라면 해안을 따라 바다 냄새를 맡으며 편히 나오는 것도 나쁘지 않다. 낙조전망대에서 바닷길을 따라 걸어 내려오면 방파제 중간에 크기가 다른 2개의 구봉선돌이 보인다. 할미바위, 할배바위라고 불리는데, 어느 방향에서 보느냐에 따라 풍경이 각양각색으로 변하는 것이 신기하다. 종현어촌체험마을까지는 방파제를 따라간다. 마을을 지나 구봉펜션단지 삼거리에서 언덕 방향으로 펜션이 늘어선 길을 따라 올가서면 돈지섬 숲길로 접어든다. 섬의 모양새가 둥지를 닮았다고 해서 둥지섬으로 불리다가 돈지섬으로 바꿔었다고 한다.

돈지섬의 숲길은 초여름이 지나면 고추 모양처럼 생긴 하얀 까치수염꽃과 노루오줌꽃이 길 양옆으로 가득 피어나 야생화 꽃길을 이룬다. 사색하며 걷기에 좋다. 팔각정에서 돈지섬 종점까지는 숲길과 마을길이 순차적으로 이어진다. 한적한 갯마을을 지나 도로변에서 오른쪽 방향을 보면 해솔길캠핑장이 나타난다.

구봉선돌

새우젓장수의 길

어서와! 마포 이곳은 처음이지?
마포종점비 → 월드컵경기장

한강 주변에 중요한 나루터가 있었다. 예전부터 물류의 중심지이자 전차의 종점이 존재했던 마포이다. 마포는 마포나루가 있었던 지역으로 물자 교역이 이루어지고 세곡선이 머물면서 주변에 세곡을 저장하던 창고가 있었고, 민간 장빙업이 시작된 곳이다. 경제와 상권이 발달한 곳이자 서울 도심으로 이동하는 물류의 거점이었던 곳이라서 많은 이야기를 품고 있다. 과거 건축물과 역사책에서 보아왔던 인물을 마주할 수 있는 여행을 함께 떠나보자.

둘레길 정보

둘레길	★★★★☆
난도	★★☆☆☆
산소	★★☆☆☆
흙길	★☆☆☆☆
볼거리	★★★★★

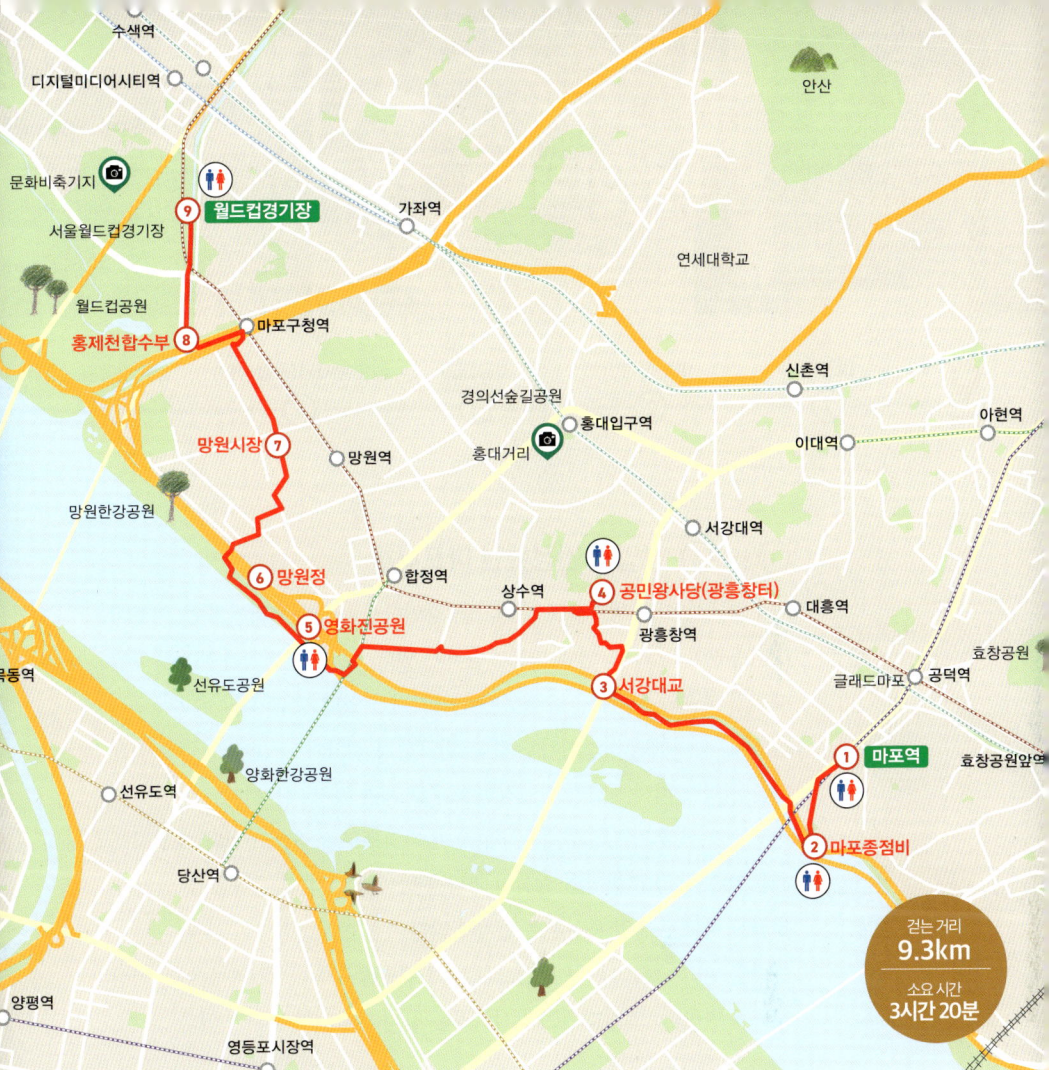

🟥 출발점 가는 방법(마포종점비)

- **지하철** 5호선 마포역 4번 출구로 나와 480m 직진.
- **버스** 7016번, 강변한신코아 정류장 하차. 왼쪽 방향으로 200m 직진. 마포어린이공원아 종점비가 보임.
- **주차** 주차할 곳이 없으니 대중교통 이용을 권장.

🟦 도착점 가는 방법(월드컵경기장)

- **지하철** 6호선 월드컵경기장역 2번 출구.
- **버스** 571, 710, 760, 7019번, 월드컵경기장 서측 문화비축기지 정류장 하차. 오른쪽 주차장을 가로질러 가면 경기장 광장이 보임.
- **주차** 월드컵경기장 내 북측 주차장, 평화의공원 주차장 이용 가능(유료).

마포종점비

공민왕사당

양화진공원

출발 — 마포역 ① — 마포종점비 ② — 서강대교 ③ — 공민왕사당(광흥창터) ④ — 양화진공원 ⑤

① → ③ 상업이 번성했던 마포나루

마포역에서 한강 방향으로 내려가면 강변한신코아빌딩 뒤에 작은 마포어린이공원이 있고 그 옆에 마포종점비가 있다. 1968년 전차운행이 중단될 때까지 마포와 돈의문을 운행하던 전차기지가 있던 장소이자, 3.1만세운동을 위해 운집했던 장소이기도 하다. 마포까지 전차가 다닐 수 있었던 것은 다른 지역에 비해 마포가 상업적인 포구로 제법 컸기 때문이다.

마포는 조선 후기부터 현재까지 중요한 지역으로 조명받고 있다. 조선시대 때는 수심이 깊고 한강의 밤섬이 파랑을 막아줘 큰 배가 올라올 수 있었다. 지금도 마포는 상업 중심지로 인기가 많다.

한강을 따라 오른쪽 하구 방향으로 내려가면 빨간색 아치로 만들어진 서강대교를 만난다. 그 아래에는 밤섬이라는 철새 휴식지가 펼쳐져 있다.

> 밤섬에 존재했던 작은 사당은 창천동으로 이전하여 지금도 유지되고 있다.

③ → ⑤ 녹봉을 받으러 줄을 서던 곳, 광흥창과 공민왕사당

서강대교를 나서 토정로를 가로질러 나와 육교를 건너 왼쪽 골목길을 따라 가면 광흥창터에 세워진 광흥당과 그 옆의 공민왕사당을 만난다. 광흥창은 조선시대에 세금으로 거둔 쌀을 보관하던 창고이자 관리들의 급여를 지급하던 창고였다.

공민왕사당을 뒤로하고 들어왔던 길을 따라 상수역 방향으로 가면, 작은 카페와 식당이 즐비한 상수동 먹자거리다. 상수동 식당가를 지나 당인리발전소부터 합정역까지는 4월 초 벚꽃이 피는 시기에 와야 제격이다. 계속 도로

양화진 선교사 묘역

양절두산 순교지 성당

망원시장

망원정 — 6
망원시장 — 7
홍제천합수부 — 8
월드컵경기장 — 9

약 9.3km
3시간 20분

를 따라가면 예전에 양화나루가 있었던 양화진공원을 만난다. 양화나루는 양화진이라 불렸고 나루로써 중요한 관문 역할을 했던 곳이다.
양화진공원 뒤편에는 외국인 선교사묘지공원이 있다.

⑤ → ⑨ 〈경교명승첩〉의 무대, 망원정과 한강 하류

양화진공원에서 양화대교 방향으로 내려와 한강을 따라가다 보면 너른 광장이 나타난다. 오른편 오르막 계단을 올라서면 망원동에 이르게 되는데 강변북로 오른쪽으로 시선을 돌리면 누각 하나가 살포시 앉아 있는 것을 찾을 수 있다. 그곳이 옛 망원정이 있었던 곳이다. 현재는 없어진 망원정(望遠亭)을 복원하여 설치했다. 망원정은 멀리 있는 경치를 볼 수 있는 곳이라는 뜻을 가지고 있다.

망원정은 세종의 형이었던 효령대군이 한강의 풍경을 보며 쉬기 위해 만들어놓은 정자였다. 1925년 대홍수로 유실되었지만 근대에 재건됐다. 망원정이 있었던 한강 주변은 풍경이 아름다워 명나라 사신이 오면 이곳에서 한강 주변을 관광시켜주었다고 전해진다. 정선의 〈경교명승첩〉에서도 아름다운 한강의 풍경을 볼 수 있다.

망원정을 뒤로하고 동네 골목을 가로질러 가면 젊은 세대에게 인기 많은 망원시장을 만난다. 망원시장을 관통하여 마포구청역을 거쳐 홍제천과 불광천 산책길을 따라가면 월드컵경기장에 도달한다.

> 경기 둘레길 시흥 53코스

생태계의 보고, 갯골을 걷다
관곡지 → 시흥갯골생태공원
(연꽃테마파크)

경기 둘레길 53코스는 시작점인 관곡지부터 갯골생태공원까지 걷는 평화로운 길이다. 갯골은 서해안에 유일하게 존재하는 육지 속 갯벌로 연꽃과 갯골을 보러가는 길이다. 봄에는 갯골생태공원에 벚꽃이 피고 가을에는 억새와 갈대꽃이 핀다. 더불어 염전 체험 프로그램이 운영되어 주말마다 아이들이 부모님과 함께 체험 학습을 한다. 7월에는 관곡지 주변 연꽃테마파크에 연꽃이 가득 피어난다. 또한 갯골 사이 붉은색 꽃과 철새가 노니는 풍경은 걷기 여행에 즐거움을 더한다.

둘레길 정보

둘레길	★★★★☆
난도	★★☆☆☆
산소	★★☆☆☆
흙길	★★★☆☆
볼거리	★★★★★

출발점 가는 방법(관곡지, 53코스 종점)

- **지하철** 서해선 시흥시청역 2번 출구. 건너편에서 버스로 환승.
- **버스** 시흥시청역 맞은편에서 63번, 성원, 동아아파트정류장 하차. 관곡지까지 500m 걸어서 이동. 관곡지 왼쪽길로 보통천까지 이동하면 53코스 종점 안내판이 보임.
- **주차** 시흥시농업기술센터주차장 이용 가능(유료).

도착점 가는 방법(시흥갯골생태공원)

- **지하철** 서해선 시흥시청역 1번 출구에서 버스로 환승.
- **버스** 시흥시청역 1번 출구에서 5번(녹색), 갯골생태공원 정류장 하차.
- **주차** 갯골생태공원 주차 이용(유료).

연꽃테마파크 전경 | 부흥교 | 관곡지 전경

출발 — 관곡지 ① — 보통천길 ② — 부흥교 ③ — 버드나무산책길 ④

① → ③ 연단홍의 시작, 관곡지와 연꽃테마파크

경기 둘레길의 시작은 관곡지에서 시작한다. 낮은 담을 쌓은 언덕 위에 정자가 있고 그 아래 사각형 모양의 연못 가운데 둥그렇게 바위를 쌓아 작은 섬을 만들어 소나무를 심어놓았는데 여기가 관곡지다. 연못 안에는 연꽃이 가득 피어난다. 조선의 문인이었던 강희맹 선생이 명나라에서 연단홍이라는 새로운 종의 연꽃 씨앗을 가져와 처음으로 키워낸 곳이라고 전해진다.

연단홍연꽃

관곡지 맞은편에는 연꽃테마파크가 자리하고 있어 7월이 되면 연꽃과 수련이 가득 피어나는 관광 명소이다. 양평의 세미원 연꽃지는 아담한 정원 같은 느낌이라면, 시흥의 연꽃테마파크는 넓고 커다란 수목원 같은 느낌이다.

③ → ⑥ 시흥의 독특한 풍경 갯골생태공원을 찾다

보통천을 따라 탁 트인 평야 지대를 보면서 걷는다. 하천이라고는 하지만 갯벌이 있어서 짙은 회색빛을 띤다. 갯골생태공원까지 경기 둘레길 리본 표시와 늠내길 이정표가 같이 보인다. 이곳의 하천은 갯골이라 밀물과 썰물의 시기에 따라 풍경이 바뀐다. 갯골에 보이는 무수한 구멍은 해양 보호 종인 붉은발말똥게의 흔적이다. 50분 정도 걸어가면 갯골생태공원 앞 부흥교 앞에 다다른다. 부흥교를 건너면 갯골생태공원으로 바로 진입할 수 있는데, 갈대숲을 보기 위해 직진하여 너른 버드나무길을 걷는다. 걷다 보면 왼쪽에 갯골습지센터가 보인다. 이곳은 갯골에 서식하는 조류나 갑각류 등을 관찰

흔들전망대

염전체험장

갯골풍경

아치교	소금창고	흔들전망대	갯골생태공원 정문
⑤	⑥	⑦	⑧

약 6.2km
3시간 50분

하고 쉬어가는 장소이다.

갯골습지센터를 지나 갈대숲이 끝나는 곳에 갯골을 건널 수 있는 다리가 보인다. 이를 건너 왼쪽길로 방향을 잡는다. 버드나무가 우거진 숲길이 충분한 그늘을 만들어주어 뜨거운 날에도 걷기에 좋다. 정면을 보면 21m 높이의 나무로 제작한 흔들전망대가 있다. 전망대에서 내려다보면 뱀이 기어가듯 구불구불한 갯골의 물길과 그 주변으로 갈대가 지평선을 따라 우거져 있어 독특한 풍경을 자아낸다. 흔들전망대에서 내려와 직진하여 5분 정도 걸어가면 염전체험장이다.

⑥ → ⑧ 가족소풍으로 제격인 염전 체험장

흔들전망대 맞은편에는 염전체험장이 있다. 소금을 저장하던 창고를 재현해놓은 창고 건물과 소금을 실어 나르던 기차를 재현해놓아 사진 찍기 좋은 스폿이 되었다. 경기 둘레길 53코스는 계절에 따라 자연의 색깔이 바뀌기 때문에 갈대가 꽃피는 가을뿐만 아니라 다른 계절에 찾아와도 좋다. 완주가 목표가 아니라면 갯골생태공원까지 걷고 휴식을 취하며 개방감이 좋은 풍경을 즐기는 것이 낫다. 생태공원 정문으로 나오면 시내 버스 정류장과 바로 이어지고 시흥시청역까지 바로 이동이 가능하다.

소금창고 기차 모형

경기 둘레길 김포 1코스

황금색 들판과 덕포진 일몰이 아름다운 길

대명항 → 문수산성 입구

경기 둘레길 1코스는 대명항 김포함상공원 앞에서 시작한다. 갯골과 같은 강화도와 연접해 있는 해안을 따라가는 코스다. 길을 따라 철책선이 길게 이어져 있어 분단의 아픔을 다시 일깨워준다. 민간인이 출입을 풀고 길을 정비해 계단을 놓고 쉼터와 표시판을 조성해놓았다. 1코스는 누런 벼가 익어 황금색 김포 평야가 펼쳐질 때와 덕포진 앞 해안에서 강화도 산 위로 떨어지는 일몰 풍경이 가장 아름답다.

둘레길 정보

둘레길	★★★☆☆
난도	★★★☆☆
산소	★★☆☆☆
흙길	★★☆☆☆
볼거리	★★★★★

🟊 출발점 가는 방법(대명항)
- **지하철** 5호선 송정역 1번 출구. 버스로 환승.
- **버스** 60-3, 8000번, 대명항 정류장에서 하차. 포구를 지나 함상공원 끝까지 이동하면 안내표시판이 보임.
- **주차** 대명항포구 내 주차 가능(유료).

🟊 도착점 가는 방법(문수산성입구)
- **지하철** 5호선 송정역 1번 출구. 버스로 환승.
- **버스** 88, 90, 3000번, 성동검문소정류장에서 하차. 정면 등산로 입구에 이정표가 보임.
- **주차** 주차할 곳이 없으니 대중교통 이용을 권장.

철책선 풍경

쇄암리전망대 쉼터

나루터 풍경

출발 — 대명항 ① — 덕포진 ② — 쇄암리전망대 쉼터 ③ — 원머루나루 ④

> 대명항 주변은 교통이 혼잡하니 가급적 대중교통을 이용한다.

① → ② 잿빛 바다에 은빛 가루가 넘실거리는 덕포진

평화누리길 김포시 구간은 경기 둘레길과 동일한 코스이다. 표시판도 나란히 설치되어 있다. 그래서 도착지를 확인하고 표시판을 따라가면 된다. 함상공원 오른편으로 철책선이 두텁게 펼쳐져 있어 바다 풍경이 선명하게 보이지는 않아 아쉽다. 대명항에서 30여 분을 걸어가면 덕포진에 다다른다. 덕포진 바로 맞은편에는 덕진진이 있어 서로 포구를 겨누고 있다.

손돌목이라 불리는 이곳은 폭이 좁고 물살이 강하여 적으로부터 방비하기에 최적의 장소이자 한양으로 이동하던 세곡선이 쉬어가던 곳이다. 오후 나절에 덕포진에 도착하면 초지대교와 강화 정족산 위로 뉘엿뉘엿 저무는 일몰을 볼 수 있다. 붉은 노을이 잿빛 바다에 부서져, 은빛 가루를 뿌린 듯한 풍경이 아름답게 연출된다.

덕포진 가기 전 출렁다리

② → ④ 철책을 따라 걷는 길

해안 철책선을 따라 1시간 반 정도 걸으면 쇄암리전망대 쉼터가 보이고, 김포와 강화도 사이에 있는 염하강 건너편에는 강화도 해안을 지켰던 광성보와 작은 돈대, 보루 등이 보인다. 그늘이 없는 평지길이기 때문에 양산이나 모자를 필히 준비해야 하는 구간이다.

경기 둘레길 1코스는 갈림길도 거의 없고 철책을 따라 곧바로 걷기만 하면 된다. 최근 들어 둘레길을 찾아오는 길꾼을 위해 시멘트 블록 계단이 나무 데크길로 바뀌었다. 더불어 안전하게 다닐 수 있게 길에는 야자수매트가 깔

원머루나루

옛 강화교 전망대

문수산성 끝자락

```
      군사교육장           옛 강화교전망대         문수산성 입구
         ⑤                    ⑥                    ⑦           약 13.6km
                                                                  4시간
```

려 있다. 곳곳에 쉼터가 마련되어 있는데 초소나 폐타이어 참호 등을 활용하여 꾸민 것이 인상적이다. 쇄암리전망대 쉼터에서 원머루나루까지는 쉴 곳이 거의 없어서 쇄암리전망대 쉼터에서 충분히 쉬어가는 것이 좋다. 쇄암리전망대 쉼터에서 방공호가 있는 언덕을 가로질러 걸어간다.

> 코스 중간에 빠져나올 경로가 없고 대중교통을 이용할 수도 없으니 체력을 감안하고 출발해야 한다.

④ → ⑦ 강화도의 입구를 지키는 문수산성

원머루나루에서 잠시 쉬다가 20여 분 걸어가면 또다른 철책선 사잇길을 만난다. 오른편에 김포씨사이드CC가 보이고 데크 다리를 건너면 초소 건물과 군사교육장 건물이 나타난다. 철책선 길은 걷다 보면 다소 풍경이 밋밋하기 때문에 지루할 수도 있다. 하지만 가을 무렵에 찾으면 길 옆으로 줄지어 서 있는 억새 풍경을 만날 수 있다. 교육장 앞에서 잠시 쉬었다가 다시 철책선을 따라 포내리마을을 가로질러 3km 정도 걸으면 옛 강화교 앞에 도착한다. 강화교 옆 옛 초소 건물은 전망대로 탈바꿈했다. 전망대 위에 올라서면 탁 트인 바다 풍경을 조망할 수 있다. 강화대교 아래로 가로질러 가면 문수산성 입구에 다다른다.

덕포진에서 강화도 길상산과 정족산 위로 붉은 해가 떨어지는 멋진 풍경을 보고 싶다면 문수산성에서 시작하여 덕포진에서 마치는 것을 권한다. 상관없다면 대명항부터 걷는 것이 이정표를 찾기 수월하다.

둘레길에 펼쳐진 황금 들녘

경기 둘레길 여주 34코스

금빛 모래 밟으며 떠나는 길

신륵사 → 강천보(한강문화관)

여주 여강길은 남한강 줄기를 따라 신륵사에서 강을 건너 여강의 자락을 따라 강천보까지 걷는 코스다. 처음부터 여강길을 순차적으로 돌아보기에는 각 코스별 거리가 제법 길어 교통이 편리한 신륵사에서 출발해 금빛 모래가 반짝이는 나루터를 돌아가는 짧은 코스로 구성했다. 금빛 모래를 밟으며 잔잔한 여강의 물길을 바라보자.

둘레길 정보

- 둘레길 ★★★☆☆
- 난도 ★★☆☆☆
- 산소 ★★☆☆☆
- 흙길 ★☆☆☆☆
- 볼거리 ★★★★☆

출발점 가는 방법(신륵사)
- **지하철** 경강선 여주역 1번 출구, 버스로 환승.
- **버스** 여주역, 여주종합터미널에서 130, 981-3, 992-1번, 신륵사정류장 하차. 신륵사 입구까지 430m 이동.
- **주차** 신륵사관광지주차장 이용 가능(유료).

도착점 가는 방법(강천보 한강문화관)
- **지하철** 경강선 여주역 2번 출구, 버스로 환승.
- **버스** 여주역, 여주종합터미널에서 913, 913-2번, 신진동정류장 하차. 길건너 강천보 한강문화관 이정표 따라 750m 이동.
- **주차** 강천보주차장 이용 가능(유료).

신륵사 일주문

자기 체험장 가는 길

여주남한강출렁다리

출발 — 신륵사 ① — 영월근린공원 ② — 여주남한강출렁다리(남단) ③

즐길거리

신륵사

고려시대 마을에 용마가 나타나 제압할 수 없었는데 한 스님이 고삐를 잡으니 순해졌다고 하여 '신륵사'라는 이름이 붙었다. 강변에 지어진 사찰로 남한강의 잦은 범람을 막기 위해 기도를 드렸다.

① → ② 남한강의 다른 이름 여강을 찾다

'여강'은 여주군을 관통해 흐르는 남한강을 부르는 또 다른 이름이다. 여주군 읍내부터 세물머리가 만나는 삽합리, 도리마을, 흥원창을 돌아가는 강변에 둘레길을 조성하고 '여강길'이라 불렀다. 여강길은 문화체육관광부 지정 문화 생태 탐방로 중 하나였다. 그중 4대강 사업으로 강변의 코스가 변경되어 3개 코스가 제방과 도심을 가로지르는 코스로 변했고, 4번째 코스는 세종대왕릉을 찾아가는 도심 숲길이 되었다. 현재 경기 둘레길 여주 구간은 여강길과 같은 코스를 공유하고 있다. 여주 34코스는 가장 짧은 코스이지만 여강을 따라 걸으며 여주의 자연과 문화를 충분히 체험할 수 있다.

여주 제1경인 신륵사를 기점으로 경기 둘레길을 따라 걷는다. 여주종합터미널에서 시내 버스를 타고 신륵사 정류장에 내려 여주도자세상광장을 가로질러 내려가면 신륵사 일주문 앞이다. 신륵사는 강변에 세워진 사찰로 여강 앞에 누각을 세워 강변과 산자락, 강변공원 풍경을 바라볼 수 있다. 특히 누각 앞에 세워진 작은 석탑과 경내의 풍경이 아름다워 많은 이들이 찾는 명소다. 신륵사 일주문을 나서 여주도자기공원을 가로질러 20여 분 걸어가면 여주대교가 나타난다. 다리를 건너 여주 방향으로 향한다. 한여름과 봄에는 여주대교 위로 물줄기를 뿜어져 나와 시원함을 더한다. 여주대교를 건너 왼쪽에 영월근린공원이 있고, 영월루에 올라서면 여강과 여주 시내를 한눈에 내려다볼 수 있다.

영월근린공원 내 영월대

금은모래강변공원

이호대교 남한강 정원

강천보 한강문화관

금은모래강변공원 ④ ——— 강천보 ⑤

약 6.6km
2시간 30분

② → ④ 모래알 반짝이는 금은모래강변유원지

영월루에서 내려와 상리 사거리에서 강천보 방향의 도로를 따라간다. 300m 정도 걸어 강변공원 산책길로 접어들면 금은모래강변유원지다. 백사장의 모래가 금빛을 발하는 금은모래강변유원지는 체육 시설과 캠핑장, 자전거길, 곳곳에 벤치와 작은 정자가 잘 조성되어 있다. 공원 내 큰 나무가 적어 햇빛이 강한 날에는 걷기가 힘들지만, 시원한 강바람 때문에 짧게 산책하기에 좋다. 좀 더 짧게 걷고 싶다면 여주대교를 건너왔다가 새롭게 조성된 남한강 출렁다리를 이용하여 다시 신륵사로 가는 방법도 있다. 금은모래강변유원지에는 황포돛단배 체험을 할 수 있는 선착장이 있고, 여강 일대를 왕복하며 풍류를 즐길 수 있다.

즐길거리

여주남한강출렁다리
2025년에 신륵사와 금은모래유원지를 연결하는 515m의 출렁다리가 완성되었다. 여주대교를 경유하지 않고 경기 둘레길 코스를 이어갈 수 있으며 낮보다 야경이 아름답다.

④ → ⑤ 영월루에서 강천보까지 강변길을 따라

경기둘레길을 따라 걷다 보면 절벽 위로 신륵사의 풍경과 여주시 상류에 세워진 강천보의 풍경을 바라볼 수 있다. 수변 공원으로 내려서 걸으면 강변에 가까워 길의 운치를 더한다. 영월루부터 강천보까지의 구간은 강변을 따라 탁 트인 여강의 풍경을 조망하고 여유롭게 걷기에 좋은 코스이다. 금은모래강변유원지는 무척이나 넓은 수변 공원이다. 경기 둘레길은 야생초화원과 작은 숲이 있는 금은모래공원을 가로질러 이호대교 앞까지 간다. 이호대교부터 강천보까지는 자전거길과 나란히 가야 하기 때문에 안전에 유의해야 한다.

강천보에는 편의점이 있어 간단하게 식사를 해결할 수 있다.

강천보

PART 05

서울 근교 숲과 공원길

구로 올레길 산림형코스

구로 아리랑을 흥얼거리는 숲길

광명사거리역 → 계남근린공원 입구

구로 올레길은 도림천과 개웅산, 계남공원 일대와 안양천을 잇는 도심형, 하천형, 산림형코스로 구분된다. 그중 산림형코스는 해발 100m의 낮은 산자락과 도심을 이어 도시의 편리함과 자연의 상쾌함이 어우러진 길이다. 구획 정리가 잘된 도심 빌딩과 아파트 단지를 걷다 보면 어느새 푸른 산길이 나타나 도심 속 일상에 지친 사람들의 마음을 어루만져준다.

둘레길 정보

둘레길	★★★☆☆
난도	★★★☆☆
산소	★★★☆☆
흙길	★★★★☆
볼거리	★★★★☆

출발점 가는 방법(광명사거리역)

- **지하철** 7호선 광명사거리역 6번 출구. 400m 직진 후 사거리에서 오른쪽 목감천으로 이동, 개명교 건너 구로 올레길 이정표가 보임.
- **버스** 구로04번, 영화아파트입구에서 하차. 정면에 구로 올레길 이정표가 보임.
- **주차** 주차할 곳이 없으니 대중교통 이용을 권장.

도착점 가는 방법(계남근린공원 입구)

- **지하철** 2호선 양천구청역 2번 출구. 계남공원 삼거리 방향으로 700m 직진. 삼거리 건너편에 계남공원 입구가 보임.
- **버스** 5712, 6515, 6516번, 계남초등학교에서 하차.
- **주차** 주차할 곳이 없으니 대중교통 이용을 권장.

개웅산 팔각정

개웅산 팔각정에서 내려다본 풍경

구로 항동철길로

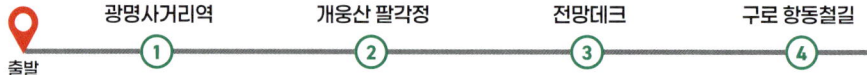

출발 — ① 광명사거리역 — ② 개웅산 팔각정 — ③ 전망데크 — ④ 구로 항동철길

① → ③ 개웅산 울창한 숲길에서 즐기는 산림욕

산림형코스는 개웅산 아래 영화아파트 앞에서 시작된다. 이정표를 따라 오른쪽 공원 끝자락 계단을 밟고 올라선다. 산 옆 자락에 길이 조성되어 울창한 숲 사이로 걸을 수 있다. 계속 오르면 개웅산의 팔각정 전망대로 서울 서부쪽 도심 풍경과 둥그런 UFO 모양의 광명스피돔 건물, 철도 기지가 산 아래로 보인다. 개웅산 전망대에서 올라왔던 방향으로 경사진 계단을 타고 내려서면 왼쪽 팔각정 쉼터 뒤쪽에 작은 숲길이 나타난다. 생태 터널을 지나면 천왕산 아래 자락과 이어지는 구간이다.

③ → ⑤ 코스모스 흐드러진 구로 항동철길

개웅산과 천왕산, 항동철길까지 구간은 생태 육교가 도로 위에 걸쳐 있어 멀리서 보면 능선처럼 보인다. 천왕산 정상으로 오르면 소나무숲 쉼터와 전망대가 나타난다. 너른 공간에 쉼터와 근린 체육 시설이 조성되어 있다. 전망대에서 산자락을 타고 내려서면 일제 강점기부터 주변 광산을 운행하던 항동철길을 만난다. 기차가 거의 운행되지는 않지만 살아 있는 철길이다. 지금도 기차가 다니는 것처럼 양방향으로 길게 뻗어 있어 철길 자체만으로도 하나의 걷기 코스가 된다. 바로 옆에는 서울시 최초의 수목원인 푸른수목원이 어우러져 화려한 색감을 가진 명소가 되었다.

즐길거리

푸른수목원

서울시 1호 공립수목원으로, 20개의 주제를 가진 정원과 저수지공원이 어우러진 생태공원이다. 식물유전자원을 수집하여 보존하는 시설을 갖춰 교육 프로그램도 함께 운영하고 있다.

주소 서울시 구로구 서해안로 2117

구로항동철길 전경

푸른수목원 전경

매봉산 가는 구로올레길

능골정 쉼터

온수역 ⑤ — 국기봉 갈림길 ⑥ — 매봉초교 ⑦ — 능골정 쉼터 ⑧ — 계남근린공원 입구 ⑨

약 11.3km 4시간

⑤ → ⑨ 국기봉과 매봉산 자락길을 걷다

항동철길을 건너 산자락을 오르면 오정초등학교 뒤편 은하수목원 아파트 사잇길로 내려올 수 있다. 와룡산 구간은 부천의 원미산 능선과 이웃하고 있어 부천 둘레길 코스와 겹친다. 능선 자체가 경기도와 서울시의 경계이기 때문에 중복 표시되어 있다. 자칫 실수하면 부천 둘레길을 따라 고적선사유적공원으로 이탈할 수도 있으니 이정표를 잘 확인해야 한다. 와룡산을 내려와 국기봉 갈림길에서 매봉초교 방향으로 걷는다. 와룡산에서 매봉산 능선을 지나면 본격적으로 숲길을 걸을 수 있다. 약 4km의 숲길 코스로 오르막과 내리막이 있지만, 넓은 숲길이어서 마치 구릉 위를 걷는 것 같다. 마을과 인접한 숲의 자연 생태를 그대로 살린 흙길과 데크길이 이어져 편안하다. 매봉초교 앞 참새공원에서 경인로를 마주하고 왼쪽 육교를 건너 골목길로 접어들면 오류중학교 건물이 눈에 들어온다. 오른쪽으로 오류중학교를 따라 돌아가면 계남근린공원 초입이다. 계단을 오르거나 데크길을 따라가면 능골정 쉼터가 나온다. 이를 가로질러 넓은 황톳길을 따라 계남근린공원 정문까지 1.2km 정도 걸어 들어간다. 계남근린공원에는 무장애 탐방로가 조성되어 곳곳에 데크 쉼터와 진입로가 많다. 생태 환경이 개선되어 간혹 오소리를 만나기도 한다.

> 온수역 이후 와룡산 매봉산 구간에 갈림길이 많다. 갈림길에서는 '국기봉' 또는 '매봉초교' 방향으로 가야 한다.

푸른수목원 수변 데크 풍경

| 남한산성 둘레길 |

역사의 향기가 살아 숨 쉬는 산성길

남한산성 로터리 원점회귀

남한산성 둘레길은 남한산성을 크게 한 바퀴 도는 코스다. 산성 4대문 어디에서 시작해도 상관없지만 가장 찾기 쉬운 남문에서 시작하는 게 일반적이다. 4대문 구간 사이사이에 있는 잣나무산림욕장과 수어장대, 연주봉옹성, 장경사 등은 꼭 둘러봐야 할 곳이다. 또 높은 성곽 위에서 바라보는 탁 트인 절경에 마음까지 시원해진다. 역사의 향기가 살아 숨 쉬는 산성의 성벽을 찬찬히 둘러보자.

둘레길 정보

둘레길	★★★★★
난도	★★★☆☆
산소	★★★★☆
흙길	★★★★★
볼거리	★★★★☆

걷는 거리 9.1km
소요 시간 3시간 50분

⭐ 출발점·도착점 가는 방법(남한산성 로터리)

- **지하철** 8호선 남한산성입구역 1번 출구. 버스로 환승.
- **버스** 9, 52번, 남한산성에서 하차. 남한산성 로터리까지 약 48m 이동.
- **주차** 남한산성 로터리 주차장 이용 가능(유료).

 남한산성 로터리 앞 행궁
 잣나무숲
 수어장대

출발 — 남한산성 로터리 ① — 잣나무산림욕장 ② — 남한산성 남문 ③ — 수어장대 ④ — 남한산성 서문 ⑤

① → ② 남한산성에 숨어 있는 잣나무숲을 찾아가는 길

남한산성은 통일신라 때 축조되어 조선시대에 비상 시 피난처로 사용할 목적으로 대대적으로 보강한 산성이다. 병자호란 당시 왕이 피신하여 머물렀던 역사적 장소이기도 하다. 그래서 산성 로터리 주변에는 행궁이 복원되기도 했다.

남한산성은 5개의 탐방로로 구성되어 있다. 성곽을 한 바퀴 도는 코스와 산성 로터리를 출발하여 각각 성문을 중심으로 순환하는 4개의 코스가 있다. 가장 쉬운 코스는 산성 로터리에서 서문전망대까지 다녀오는 2코스로 서울 시내 풍경을 조망할 수 있고, 길이 편하다. 전체 코스를 돌려면, 산성 로터리에서 남문 방향으로 걸어가다 식당가 골목인 남한산성로792번길을 따라 숲이 보일 때까지 낮은 경사길을 올라가야 한다. 숲 앞의 양갈래 길에서 오른쪽 샛길로 접어들면 산성에 숨어 있는 잣나무숲이 나타난다. 인적이 드물고 잣나무 잎이 방석처럼 두툼하게 깔려 있어 잠시 쉬어가기에 좋다. 숲길이 끝나면 남문이 보이고 산성의 웅장한 모습이 눈에 들어온다.

② → ⑥ 동서남북을 두루 살펴보기 좋은 연주봉 옹성

남문에서부터 본격적인 둘레길이 시작된다. 초반 오르막길은 가파른 편이지만 성곽 옆 너른 길을 따라가면 좀 더 편하게 걸을 수 있다. 하지만 능선을 이어가는 성벽 쪽 길에서만 서울과 성남시를 바라볼 수 있다. 남문에서 급한 오르막길을 올라서면 청량산이 보인다. 성의 가장 높은 곳에 위치

남한산성 북문

남한산성 동문 가는 길

남한산성 동문

연주봉 옹성	남한산성 북문	남한산성 동문	남한산성 로터리	약 9.1km
⑥	⑦	⑧	⑨	3시간 50분

한 수어장대에 도착하면 산성 안쪽을 내려다볼 수 있다. 서문 일대는 사방이 내려다보이는 풍경 맛집이다. 산성 서문 바깥쪽으로 나와 옹성 방향으로 100m 정도 걸어가면 서울 도심이 가장 잘 보이는 전망대가 있다. 특히 야경이 아름다워 사진가들이 꾸준히 찾는다. 서문에서 200m 걸어가서 왼쪽 작은 암문으로 들어서면 바로 연주봉 옹성이 나온다.

⑥ → ⑨ 남한산성의 그림자를 따라 오르락내리락

다시 암문으로 들어서서 왼쪽 북문 방향으로 성곽을 따라 걷는다. 북문 구간은 광주와 하남시 쪽을 볼 수 있고, 겹겹이 쌓인 검단산과 예봉산 능선 사이로 좁은 하천처럼 보이는 한강의 모습까지 내려다볼 수 있다. 산성은 대부분 능선을 따라 구축되어서 구불구불하고 오르막과 내리막이 반복된다. 남한산성도 예외가 아니다. 북문에서 장경사로 갈 때와 동문을 지나 남문으로 향하는 오르막길에 숨이 차는 고갯마루가 나타난다.

동문에 이르기 전에 만나는 장경사는 쉼터의 역할을 한다. 이제 동문을 지나 언덕에 올라 뒤돌아보면 남한산성의 실루엣이 산을 가로질러 한 줄의 긴 띠를 이룬다. 낙엽이 지는 가을이면 그 모습이 더 선명하게 드러난다. 동문을 지나 남한산성 로터리로 내려가면 성곽 밖으로 돌출된 방어용 외성과 옹성을 마주할 수 있다. 옹성을 지나 길을 따라 내려서면 출발점인 남문이 멀지 않다.

연주봉 옹성

동문과 남문 사이의 산성 풍경

경기도 잣향기푸른숲 임도길

마음이 치유되는 숲길
잣향기푸른숲길 원점회귀

경기도 잣향기푸른숲 임도길은 가평 축령산 자락의 임도를 따라 사방댐을 크게 돌아 나오는 원점회귀 코스다. 80여 년 이상 된 잣나무가 가득한 축령산 숲을 거닐다 보면 자연의 경이로움에 발걸음을 멈출 수밖에 없다. 경기도 잣향기푸른숲 임도길에는 치유의 숲길, 명상 체험관, 화전민재현마을이 조성되어 있다. 그저 숲에서 쉬고 싶다면 치유의 숲길을 따라 잣향기가 물씬 풍기는 출렁다리 앞에서 돗자리를 펴고 쉬어가도 좋다.

둘레길 정보

둘레길	★★★★★
난도	★★☆☆☆
산소	★★★★★
흙길	★★★★★
볼거리	★★☆☆☆

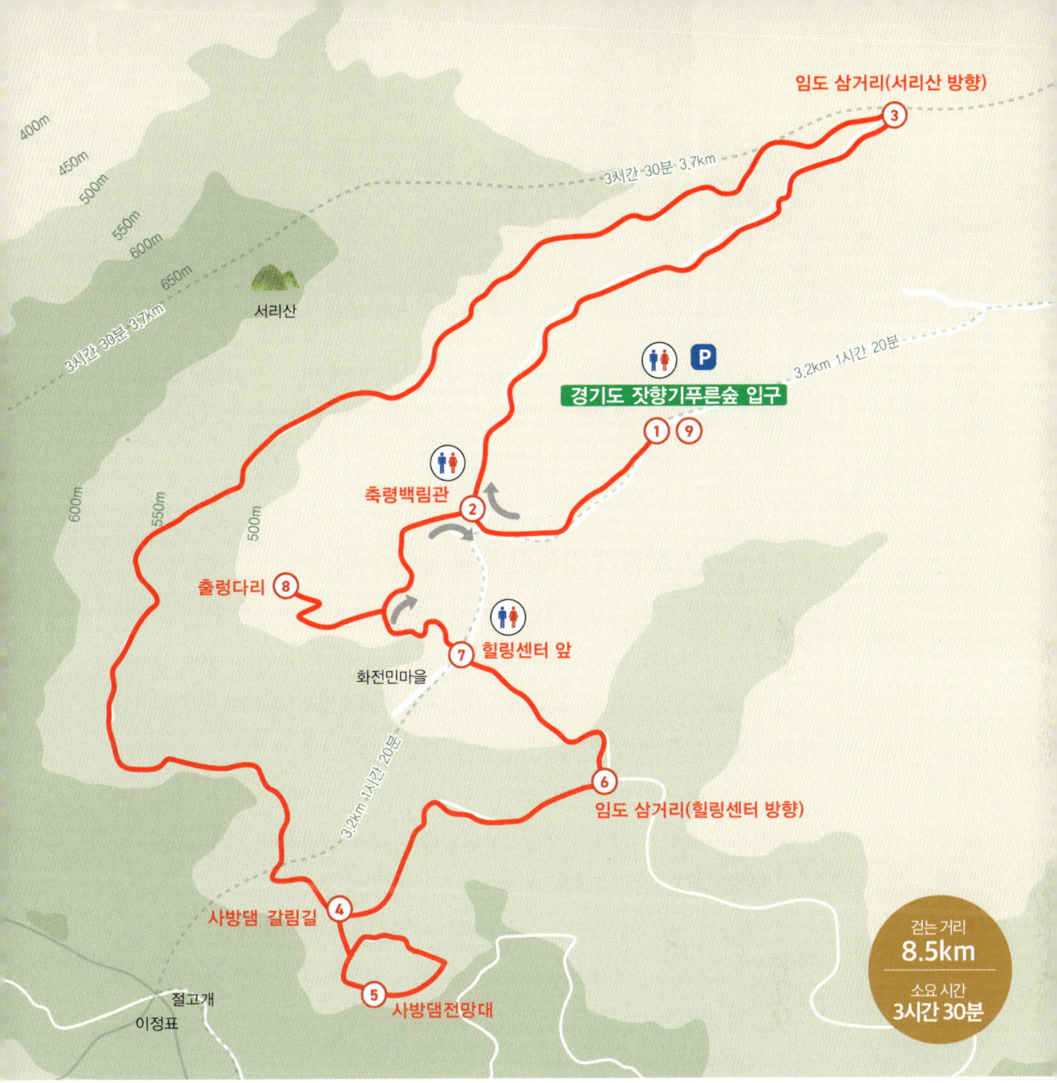

임도 삼거리(서리산 방향)
3시간 30분 3.7km
400m
450m
500m
550m
600m
650m
서리산
3시간 30분 3.7km
3.2km 1시간 20분
경기도 잣향기푸른숲 입구
1
9
축령백림관
2
3
600m
550m
500m
출렁다리
8
힐링센터 앞
7
화전민마을
3.2km 1시간 20분
6
임도 삼거리(힐링센터 방향)
사방댐 갈림길
4
5
사방댐전망대
절고개
이정표
걷는 거리
8.5km
소요 시간
3시간 30분

출발점·도착점 가는 방법(경기도잣향기푸른숲)

- **지하철** 경춘선 청평역 1번 출구. 시내버스로 환승.
- **버스** 31-8번, 행현1리회관에서 하차. 경기도잣향기푸른숲까지 약 2.7km 이동.
- **주차** 경기도 잣향기푸른숲 앞 무료 주차 가능.

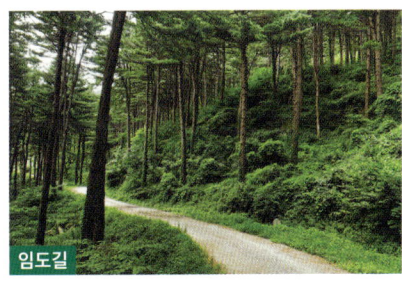

임도길

매표소 앞 오르막길

잣나무숲 올라가는 길

축령백림관 전경

출발 — 경기도잣향기푸른숲 입구 ① — 축령백림관 ② — 임도 삼거리(서리산 방향) ③ — 사방댐 갈림길 ④

① → ④ 잣향기 가득한 푸른 숲에 가다

경기도잣향기푸른숲으로 접근하는 임도는 가평군 현리 백련사 앞에서 시작하거나 축령산 휴양림에서 절고개를 통해 넘어오는 방법이 있다. 하지만 가장 빠른 방법은 잣향기푸른숲 주차장에서 시작하여 축령백림관을 거쳐 잣나무 임도를 따라 걸어가는 길이다. 축령백림관부터 시작하는 숲길을 걸으면 잣나무가 가로수처럼 줄지어 서 있다. 잣나무는 피톤치드가 분비되어 삼림욕하기에 적합하다. 잣향기푸른숲은 쉼터와 산림욕장, 그리고 풍경이 아름다워 치유되는 경험을 만끽할 수 있는 최적의 장소이다. 좌우로 빽빽하게 서 있는 잣나무 군락지 사이로 찬찬히 발길을 내디딘다. 여름이면 길을 걷다 시원한 그늘에서 삼림욕을 할 수 있고, 가을에는 떨어진 잣송이를 주우며 걸을 수 있다. 또 겨울날에는 하얀 눈이 수북이 쌓인 잣나무숲의 절경을 마주할 수도 있다.

절고개를 향해 걷다 보면 잣향기푸른숲의 수량을 조절하는 저수지가 나타난다. 사방댐에 전망대 쉼터가 설치되어 있어 축령산 자락을 내려다볼 수 있다. 다시 1.3km 정도를 찬찬히 걸으면 임도 삼거리로 Y자형 갈림길이 나타난다. 오른쪽 내리막길은 가평군 현리 백련사로 향하는 길이고, 왼쪽 길은 서리산 방향의 순환 코스로 접어드는 길이다.

임도길 옆 비밀의 전망대에서 바라본 풍경

사방댐 전경

힐링센터 가는 잣나무숲길

힐링센터 앞 물레방아

```
사방댐전망대 ─ 임도 삼거리 ─ 힐링센터 앞 ─ 출렁다리 ─ 경기도 잣향기
     ⑤      (힐링센터 방향)    ⑦         ⑧     푸른숲 입구
              ⑥                                   ⑨
```
약 8.5km
3시간 30분

④ → ⑦ 마음을 치유해주는 숲

왼쪽 길로 접어들면 초반만 오르막길이고, 곧 평지의 쉬운 길이 이어진다. 간간이 갈림길이 나타나지만 3km 정도 계속 직진하면 사방댐 갈림길이다. 임도길 곳곳에 통나무 의자가 마련되어 있어 잠시 쉬어가기에 좋다. 사방댐 갈림길에서 오른쪽으로 300m 올라가면 사방댐과 잣나무숲 전체를 바라볼 수 있는 전망대가 나타난다. 사방댐 주변을 한 바퀴 돌아보고 다시 갈림길에서 오른쪽 힐링센터 이정표를 따라 걷는다. 힐링센터는 기체조와 명상을 위한 수련 장소 겸 쉼터이다. 프로그램에 참가하지 않더라도 숲을 바라보며 조용히 명상을 즐기거나 벤치에 기대 쉬어보자.

⑦ → ⑨ 한적하고 고요한 숲길을 걸으며

잣향기푸른숲에서 꼭 가봐야 할 곳은 힐링센터 뒤편 깊은 숲속에 있는 쉼터이다. 여름에도 선선함을 느낄 정도로 조용하고 시원하다. 힐링센터에 닿기 전에 화전민마을을 재현한 곳을 만날 수 있다. 마을 사이로 들어가면 잣나무숲으로 들어가는 계단이 정면에 보인다. 계단에 올라 숲길을 지나면 출렁다리와 쉼터로 오르는 구간이 나타난다. 반대쪽 내리막 길은 앞에 지나쳐 온 축령백림관으로 연결되는 길이니 반드시 오르막길로 가야 한다. 이 구간은 사람들의 발길이 적어 한적하다. 새소리, 물소리를 들으며 길을 걷거나 가만히 숲속에 앉아 있으면 마음이 편안해진다.

출렁다리로 가는 나무 데크길

경기 둘레길 25코스

최초 치유의 숲
산음자연휴양림 휴양관 → 건강증진센터

경기 둘레길 25코스 중간에 있는 국립산음자연휴양림은 양평군에서 가장 안쪽 숲인 봉미산 자락에 있다. 휴양림에서 봉미산 쪽으로 올라가다 보면 낙엽이 가득 덮인 임도길을 걸을 수 있다. 비솔고개를 기점으로 봉미산과 소리산 자락을 구불구불 걸어가는 임도길은 산악자전거를 타는 사람과 숲을 좋아하는 사람들에게 인기가 많다. 치유의 숲길은 잣나무와 낙엽송이 우거져 향기를 더하고, 계곡 물이 뿜어내는 음이온으로 가슴이 시원해진다.

둘레길 정보

둘레길	★★★★★
난도	★☆☆☆☆
산소	★★★★★
흙길	★★★★★
볼거리	★★★☆☆

걷는 거리
6.1km

소요 시간
3시간

⭐ 출발점·도착점 가는 방법(국립산음자연휴양림)

- **지하철** 중앙선(용문행) 용문역 1번 출구. 용문시외버스터미널로 이동하여 시내버스로 환승.
- **버스** 2-2, 2-5, 2-11번, 고복에서 하차. 양평 산음휴양림까지 약 1.3km 이동.
- **주차** 양평 산음자연휴양림 내 주차장 이용 가능(유료).

야영장으로 가는 삼림욕길

단풍 든 임도길

임도길에 핀 누리장나무 꽃

출발 — ① 산음자연휴양림 휴양관 — ② 야영장 — ③ 봉미산 임도 삼거리

> 휴양관 앞 잣나무 숲 아래 나무 데크 산책로가 있다. 출발 전 몸풀기로 걸을 만한 곳이다.

① → ③ 노랗고 붉게 우거진 숲길을 걷다

국립산음자연휴양림은 용문산의 끝자락 봉황산에 위치하는데, 봉황의 꼬리에 있는 산이라고 하여 봉미산이라 불린다. 국립산음자연휴양림은 산림청이 지정한 최초의 치유의 숲으로 잣나무와 낙엽송 등 다양한 수목이 군락을 이루어 삼림욕과 휴식을 즐기며 걷기에 좋다. 특히 전반적으로 임도를 걷는 구간이어서 힘들이지 않고 편한 마음으로 숲을 즐길 수 있다. 휴양관에서 캠프장을 가로질러 봉미산 임도 삼거리까지는 경기 둘레길 25코스에 해당하며 삼거리에서 왼쪽 길로 가야 치유의 숲길로 갈 수 있다. 자칫 방향을 잘못 잡고 오른쪽 고가수(산음2리) 방향으로 가버리면 중간에 휴양림으로 되돌아오는 길이 없으니 주의해야 한다.

휴양관 앞 잣나무숲 아래 나무 데크 산책로에서 몸을 풀고 출발한다. 산음휴양림 내 임도길은 멀리서 보면 길이 보이지 않을 정도로 숲이 빽빽하다. 갈림길이 없고 낮은 경사의 오르막과 내리막길이 이어져 쉬엄쉬엄 자연을 즐기며 걷기에 최적화된 숲길이다. 활엽수와 낙엽송이 많아 여름에는 푸른 잎이 시원한 그늘을 만들어주고, 가을에는 노랗고 붉게 물이 들어 절경을 이룬다.

임도길의 낙엽과 단풍

③ → ⑤ 하늘을 떠받치듯 서 있는 치유의 숲길

임도는 숲을 관리하기 위해 만들어진 넓은 비포장길이지만 둘레길 코스로 활용되기도 한다. 삼거리부터 천사봉 갈림길까지의 임도길은 낙엽송과 단

천사봉 갈림길 앞 쉼터

치유의 숲내 계곡

치유의 숲길 낙엽

천사봉 갈림길 ④ — 치유의 숲길 ⑤ — 건강증진센터 ⑥   약 6.1km 3시간

풍나무가 밀림처럼 우거져 하늘조차 보이지 않는다. 천사봉 갈림길은 근린 체육 시설과 쉼터가 조성된 곳 사이에 있어 미처 보지 못하면 지나칠 수 있으니 주의해야 한다. 천사봉 갈림길에서 다시 휴양관으로 되돌아오는 좁은 숲길이 이번 코스의 백미다. 치유의 숲길이라는 별칭이 붙은 오솔길은 낮은 풀숲과 잣나무, 낙엽송이 마치 하늘을 떠받치듯 서 있다. 길을 걷다 보면 계곡 사이로 흐르는 물줄기마다 쉼터와 잠시 발을 담글 만한 자리가 있어 쉬어가기 좋다.

> 건강증진센터 맞은편에 잣나무숲 군락지가 조성되어 있는데 이곳이 휴양림에서 삼림욕하기 가장 좋은 장소이다.

⑤ → ⑥ 걸을수록 건강해지는 숲

오래된 숲에서만 경험할 수 있는 푹신한 숲길이 이 코스의 매력 중 하나다. 걷는 힘이 덜 들고 나뭇잎이 두껍게 깔려 있어서 넘어져도 다칠 염려가 없다. 특히 이 구간은 국내에서 숲 치유 프로그램을 상시 운영하고 있어 짧은 코스이지만 천천히 걸으면서 숲 치유를 체험할 수 있다. 게다가 야영장과 숲속 오두막 숙소가 있어 1박 2일 휴양을 위한 여행지로도 제격이다. 울창한 잣나무숲길을 걸으며 피톤치드를 들이마시면 몸과 마음이 이완된다. 천천히 걸으면 숲의 신선한 공기에 저절로 마음이 뚫려 일상의 스트레스가 모두 날아간다. 잠시 도시에서 벗어나 지친 마음을 치유하기에 안성맞춤인 힐링 코스다.

건강증진센터에서 치유 중인 사람들

동작충효길

정조 행차의 길목, 노량진과 동작진

숭실대 입구 → 마포대교

한강 전체를 조망할 수 있는 곳 중에 가장 너른 풍경을 볼 수 있는 곳이 서달산이다. 동작충효길은 서달산 정상에서 가까운 달마사 전망대를 경유하여 한강대교를 건너가는 코스이다. 노량진은 예로부터 삼남 지방을 가기 위해 거쳐가야 하는 중요한 길목에 있는 나루터였다. 서달산 잣나무숲과 전망대에서 여유로움을 체험하고 한강대교를 건너며 근대사의 풍부한 볼거리를 누벼보자.

둘레길 정보

둘레길	★★★★☆
난도	★★☆☆☆
산소	★★★☆☆
흙길	★★★☆☆
볼거리	★★★★☆

🟥 출발점 가는 방법(서달산자락길입구)

- **지하철** 7호선 숭실대입구역 3번 출구로 나와 700m 직진. 119센터 옆 서달산자락길 표시판 보임.
- **버스** 040, 742, 752번, 숭실대별관 정류장 하차. 오른쪽 방향으로 150m 직진.
- **주차** 주차할 곳이 없으니 대중교통 이용을 권장.

🟦 도착점 가는 방법(마포대교 북단)

- **지하철** 5호선 마포역 4번 출구로 나와 480m 직진. 마포 어린이공원 앞 지하도를 통해 마포나루터 한강공원으로 이동.
- **버스** 7016번, 강변한신코아 정류장 하차. 왼쪽 방향으로 200m 직진. 마포어린이공원앞 지하도를 통해 마포나루터 한강공원으로 이동.
- **주차** 주차할 곳이 없으니 대중교통 이용을 권장.

서달산 동작대

달마사전망대 풍경

노들역 행차도

출발 — ① 서달산자락길 입구 — ② 서달산 팔각정 — ③ 달마사전망대 — ④ 고구동산공원

① → ③ 한강을 내려다보는 명소, 달마사전망대

숭실대입구역 3번 출구로 나와 숭실대 옆길을 따라 오르막길을 올라가는 것으로 시작한다. 119센터 옆 서달산자락길 표시를 보고 나무 데크길을 따라가면 된다. 산책길은 잣나무가 가득해서 삼림욕하기 좋다. 산림욕장 끄트머리에서 오른쪽 숲길로 올라서면 서달산 정상으로 향한다. 서달산 정상으로 가면 달마사 연결 통로를 통해 거북바위와 보살상이 있는 전망데크에 다다른다. 전망대 아래로 고구동산공원과 한강대교와 한강철교가 선명하게 보이고, 그 아래 유유히 흐르는 한강의 풍경이 눈에 들어온다.

전망대에서 다시 서달산 잣나무산림욕장으로 되돌아 내려가야 한다. 숲길이 끝나고 계단을 내려와서 오른쪽으로 시선을 돌리면 중앙대 후문으로 가는 길이다.

달마사 경내 전경

③ → ⑥ 정조의 행차 길목, 노량진과 용양봉저정

중앙대 후문 삼거리에서 고구동산공원으로 가려면 동작충효길 표시판을 따라가는 것이 가장 수월하다. 살짝 높은 경사의 계단을 밟고 올라서면 고구동산공원에 도착한다. 4월 벚꽃이 필 때 오면 분홍색 꽃길이 열린다. 고구동산공원에서 숲길을 따라 상도터널 옆으로 내려와서 한강대교 방면으로 걸으면 노들역을 만난다.

용양봉저정을 가려면 노들역 지하도를 따라가는 것이 안전하고 볼거리가 있어 좋다. 지하도 벽면에는 정조의 능행 반차도가 타일로 설치돼 있어 보

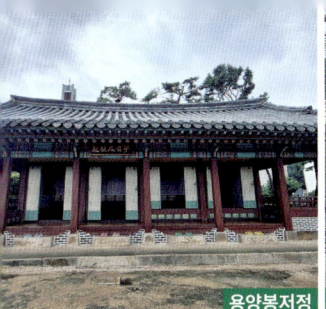
용양봉저정

한강대교

원효대교

노들역 ⑤ — 용양봉저정 ⑥ — 한강대교 노들섬 ⑦ — 원효대교 ⑧ — 마포종점 나들목 ⑨

약 8.1km
3시간

는 재미가 쏠쏠하다. 8개의 행차하는 모습을 확인할 수 있다. 노들역 지하도를 거쳐 3번 출구로 나와 200m 정도 직진하면 오른편 노량진문화원 옆에 작고 오래된 한옥 건물이 용양봉저정이다.

⑥ → ⑨ 시간을 거슬러온 한강의 다리

1917년에 완공되었으나 대홍수로 소실되어 다시 건설하여 만들어진 다리가 지금 우리가 만나는 한강대교이다. 이 다리는 서울미래유산문화재로 등재되어 있다. 아치교 부분을 건너오면 가운데에 노들섬이라는 섬이 있다. 예전에는 중지도라 불렸다. 한강대교가 가설되면서 이곳에 제방을 쌓고 다리 중간을 받칠 수 있도록 만들어진 인공 섬이다. 노들섬을 벗어나 아치가 없는 다리를 건너 한강수변공원으로 내려간다. 한강철교 아래부터 곳곳에 조형물이 세워져 있는데 이곳이 한강예술공원이다. 다양한 조형물과 미술 작품이 곳곳에 설치되어 있어 걷는 재미가 있다.

한강철교를 지나 마포 방향으로 내려가면 V자형 교각으로 세워진 원효대교와 마주한다. 잔잔히 흐르는 한강을 보며 걷다 보면 마포대교 아래 마포나루터가 있었던 곳에 다다른다.

예술공원 내 펭귄 조형물

양평 물소리길 1코스

놀멍쉬멍 걷는 양평 올레길
양수역 → 신원역

물소리길은 제주 올레길 팀이 조성한 둘레길로 전체 9개 코스로 구성되어 있다. 남한강 주변의 마을길과 숲길, 강변길 그리고 역과 폐역사를 잇는 둘레길로 마을 구석구석을 둘러보는 코스다. 특히 봄과 여름 사이에 가면 뽕나무가 탐스럽게 무르익어 사람의 손길을 부르고, 붓꽃은 길을 따라 흐드러지게 자라 옛날 시골 할머니집으로 향하는 길을 떠올리게 한다. 고향의 정취가 느껴지는 시골 흙길을 걷고 싶다면 양평 물소리길을 추천한다.

둘레길 정보

둘레길	★★★☆☆
난도	★★☆☆☆
산소	★★★★☆
흙길	★★★★☆
볼거리	★★★★☆

🔴 출발점 가는 방법(양수역)

- **지하철** 중앙선(용문행) 양수역 1번 출구. 양평 물소리길 이정표가 보임.
- **버스** 8-3, 8-6, 8-33번, 양수역에서 하차. 왼쪽 부용리마을 방향으로 직진하면 양평 물소리길 이정표가 보임.
- **주차** 양수역 앞 공영주차장 가능(무료).

🔵 도착점 가는 방법(신원역)

- **지하철** 중앙선(용문행) 신원역 1번 출구. 왼쪽에 양평 물소리길 이정표가 보임.
- **버스** 3, 3-2, 9-7, 2000-1번, 신원역에서 하차. 횡단보도 건서 신원역 앞으로 가면 이정표가 보임.
- **주차** 신원역 앞 공영주차장 가능(유료).

양수역 전경

물소리길 부용산 앞길

정찬손묘

출발 — ① 양수역 — ② 정찬손묘 — ③ 징검다리 — ④ 이덕형신도비

① → ③ 꽃과 오디가 열리는 마을길

마을 논두렁 옆길

> 양수역 주변에는 물소리길과 물래길 이정표가 설치되어 있다. 반드시 바닥에 그려진 물소리길 화살표를 따라가야 한다.

양수역 1번 출구로 나오면 물소리길 이정표가 큼지막하게 눈에 들어온다. 물소리길은 이정표가 다른 지역 둘레길보다 정확하고 많이 설치되어 있어 길 찾기가 편하다. 양수역에서 왼쪽으로 돌아 철길 아래 지하도를 가로지르면 마을길을 따라 용담마을에 이른다. 용담마을 앞 농로를 따라 걷다 보면 시골 마을 풍경이 발길을 잡는다. 길가에 붓꽃과 작약꽃이 줄지어 피어나고, 농로 옆으로 뽕나무가 늘어서 있다. 6월 중순이면 꺼뭇하고 새콤한 맛을 자랑하는 오디도 맛볼 수 있다. 부용리마을을 지나 낮은 산자락 숲길로 접어들면 흙길 위에 야자수로 만든 가마니가 깔려 있다. 길을 보호하고 자연을 배려하기 위한 것이다. 정찬손묘를 지나 가정천을 따라 하천 상류 방향으로 올라간다. 부용1교를 지난 후 둑으로 된 징검다리를 건너면 다시 마을길이 시작된다. 부용2교를 지나 500m 정도 직진하여 오른쪽 좁은 논두렁길로 접어든다. 논두렁길을 따라 걷다 보면 헤엄치는 우렁이의 모습을 볼 수 있다. 시골 마을길을 따라 마주치는 다양한 풍경에 어릴 적 추억이 떠오른다.

③ → ⑥ 찔레꽃 향기에 취해 걷는 길

물소리길 1코스의 백미는 부용4교를 건너 부용산 아래 자락을 걷는 숲길이 시작될 때부터다. 건너편에서 사람이 올 경우 양보해야만 왕래가 가능할 정도로 좁은 오솔길이다. 숲길을 따라 걸으면 짙은 찔레꽃 향기가 진동한다.

이덕형신도비

전나무 군락지

부용산 갈림길

⑤ 부용약수터 — ⑥ 전나무 군락지 — ⑦ 몽양생가기념관 — ⑧ 신원역

약 9.8km
4시간

경사가 험하지도, 높지도 않아 천천히 걷다 보면 어느새 고개 꼭대기에 다다른다. 샘골고개를 넘으면 부용약수터가 나타난다. 시원한 약수로 목을 축이고 잠깐의 휴식을 취할 수 있다. 약수터를 지나면 전나무 군락지가 나타난다. 하늘로 거침없이 뻗어 올라간 전나무를 바라보는 것만으로도 답답했던 마음이 풀린다. 전나무 아래에는 잔풀과 낙엽이 가득해 쉬어가기 적당하다. 돗자리를 깔고 누워 있으면 이만한 산림욕장이 없다.

⑥ → ⑧ 남한강이 내려다보이는 길을 따라

언덕을 넘어 마을 삼거리에 다다르면 Y자형 갈림길이 나온다. 밑으로 직진하면 신원리마을을 거쳐 4대강 자전거길과 만나 신원역으로 갈 수 있다. 왼쪽 산 언저리로 돌아가는 길을 선택하면 그늘이 가득한 산자락길을 따라 몽양생가기념관을 지난다. 이 길을 따라 내려오면 신원역 공영주차장 앞에 다다른다. 1코스를 제외한 다른 코스는 남한강과 흑천을 따라 걷는 구간이어서 그늘이 없기 때문에 여름에 가면 힘들 수 있다. 물소리길 1코스는 남한강을 따라 걸으며 마을길과 숲길을 번갈아 지나쳐서 계절에 상관없이 걷기에 좋다. 하지만 눈이 가장 즐거운 봄에 가는 것을 추천한다.

몽양생가기념관

증미산 가는 길

상상력이 빚어낸 공원, 월드컵공원과 문화비축기지
월드컵경기장 → 증미산

월드컵공원은 5개의 권역별 공원이 모여 전체를 대표하는 공원 이름이다. 월드컵을 공동 개최할 때 10개 도시에 월드컵경기장이 새롭게 건설되었으며, 서울 지역은 새롭게 건설하기 위해 부지를 물색하던 중에 난지도 쓰레기 매립장이 폐쇄된 자리를 공원화하고 축구장을 건설했다. 그러면서 증산동에서 연결되는 도로가 일부 변경되었고, 불광천의 흐름도 바뀌어 홍제천과 합류하게 되었다.

둘레길 정보

둘레길	★★★★☆
난도	★★☆☆☆
산소	★★☆☆☆
흙길	★☆☆☆☆
볼거리	★★★★★

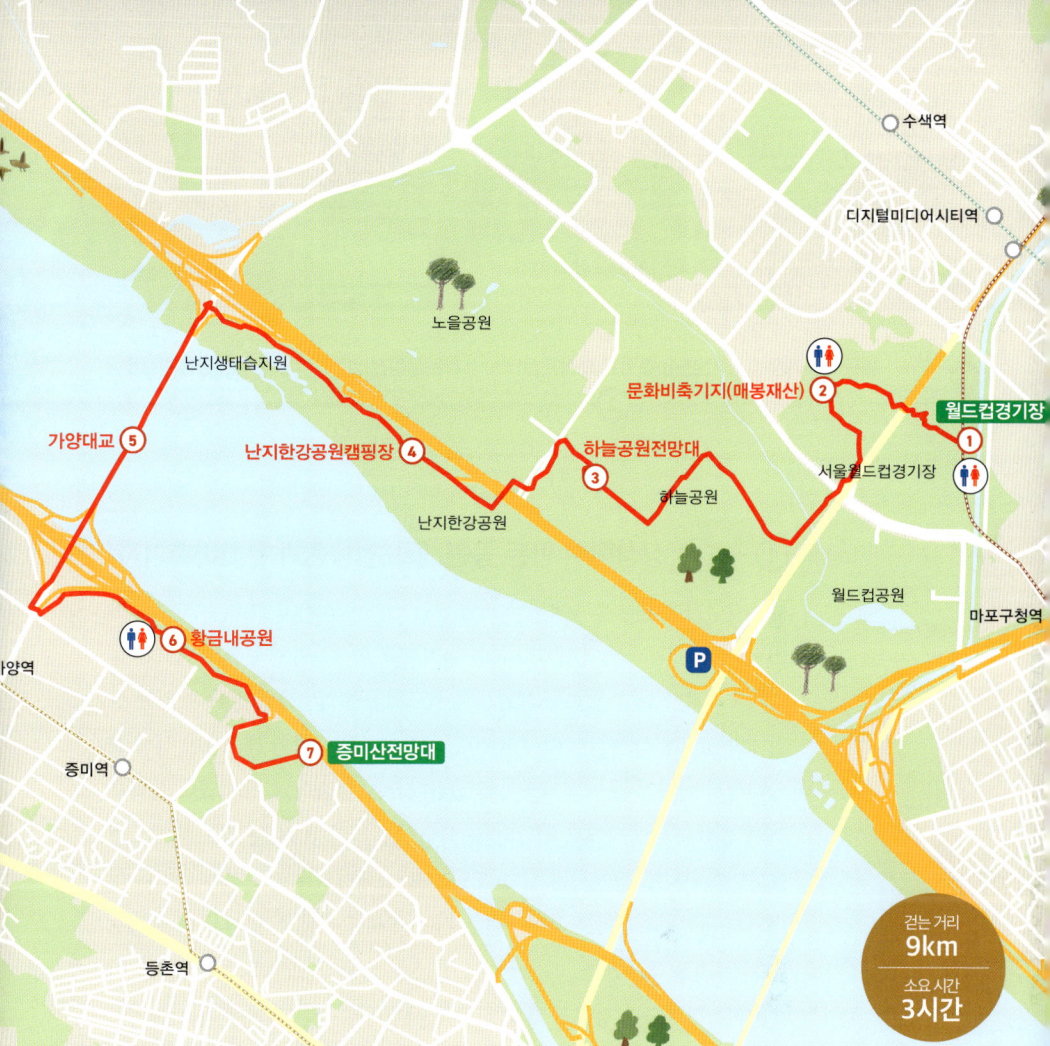

출발점 가는 방법(월드컵경기장)

- **지하철** 6호선 월드컵경기장역 2번 출구.
- **버스** 571, 710, 760, 7019번, 월드컵경기장 서측 문화비축기지 정류장 하차. 오른쪽 주차장을 가로질러 가면 경기장 광장이 보임.
- **주차** 월드컵경기장내 북측 주차장, 평화의공원 주차장 이용 가능(유료).

도착점 가는 방법(증미산전망대)

- **지하철** 9호선 증미역 2번 출구, 사거리에서 왼쪽 도로 따라 직진.
- **버스** 660, 672, 6642번, 증미역 1번 출구, 강서소방서정류장 하차. 왼쪽 사거리에서 성은교회방향 직진. 뒤편에 염창산둘레길 입구가 보임.
- **주차** 주차할 곳이 없으니 대중교통 이용을 권장.

월드컵경기장 전경

문화비축기지

하늘공원 진입 계단

출발 — ① 월드컵경기장 — ② 문화비축기지(매봉재산) — ③ 하늘공원전망대 — ④ 난지한강공원캠핑장

① → ② 상상력이 만든 공원, 월드컵공원과 문화비축기지

> 문화비축기지는 서울시미래유산으로 등재되어 있다.

월드컵경기장 북문에서 왼편을 보면 낮은 산이 자리하고 있고, 산책길이 이어져 있다. 매봉재산 아래에는 석유를 비축했던 시설이 공원으로 변모한 문화비축기지가 있고, 위로는 상암동과 월드컵공원 일대를 조망할 수 있는 전망대와 잣나무 산책길이 이어져 있다. 매봉재산은 완만한 데크길이 정상 전망대까지 이어져 있어 산책하기에 편하다. 잣나무숲이 우거져 있어 삼림욕하며 휴식을 취하기에도 적합하다. 산책길을 따라 10여 분 정도 내려오면 문화비축기지로 들어서는 길과 도로변으로 내려서는 갈림길이 나타난다. 여기서 문화비축기지로 들어가면 공원을 세세하게 볼 수 있어서 이 방향으로 가는 것을 추천한다.

문화비축기지공원 정문을 나와 오른쪽 사거리로 가면 정면에 높은 산처럼 보이는 하늘공원이 눈에 들어온다.

② → ⑤ 쓰레기섬에서 난지하늘공원으로

상상력을 발휘하여 만들어진 공원 중 가장 큰 규모가 난지 쓰레기 처리 시설을 공원화한 월드컵공원이다. 난지도는 서울시가 확장 개발되면서 쓰레기 매립을 위한 장소로 사용됐다가 2002년 월드컵을 계기로 쓰레기섬에서 벗어나 자연 모습 그대로를 느낄 수 있는 명소로 탈바꿈했다. 하늘공원 정상으로 올라가려면 난지천공원 입구에서 맹꽁이셔틀을 이용하거나 탑승장 정면에 보이는 지그재그 계단을 타야 한다. 하늘공원 오른쪽 끝에 있는 전

하늘공원 억새 군락지

가양대교 진입로

증미산전망대

가양대교	황금내공원	증미산전망대	약 9km 3시간
⑤	⑥	⑦	

망대는 일몰을 감상하기 좋다. 왼쪽 끝에 있는 전망대는 한강의 야경을 내려다볼 수 있다. 올라왔던 계단을 따라 다시 내려오면 메타세쿼이아숲길을 오랫동안 걸을 수 있다. 하늘공원과 노을공원이 만나는 중간에 한강으로 이어진 육교를 건너면 난지공원과 캠핑장으로 이어진다.

⑤ → ⑦ 서울의 끝자락 가양대교

서울둘레길 15코스가 가양대교부터 하늘공원을 가로질러 가기 때문에 곳곳에서 서울둘레길 표시판을 만난다. 난지캠핑장을 지나 가양대교에 다다르면 서울시의 동쪽 끝에 다다른다. 가양대교를 통해 한강을 건너려면 엘리베이터를 이용하여 협소한 인도를 따라가야 한다. 가양대교 중간에 서서 오른쪽을 바라보면 붉은색의 방화대교와 너른 벌판의 김포신도시가 눈에 들어온다. 저 멀리 한강 방어의 전초 기지였던 행주산성까지 조망할 수 있다. 가양대교를 건너 사거리에서 왼편으로 횡단보도를 건너 황금내공원으로 접어든다. 공원길을 따라 계속 걷다가 만나는 산이 증미산(또는 염창산)이다. 성은교회 뒤편에 염창산 둘레길 표시가 보이며, 자잘한 갈림길 중에 야자매트가 깔린 산책로를 따라 올라간다. 200m 정도 올라가면 탁 트인 전망대에 다다른다. 한강뿐만 아니라 맞은편 하늘공원과 노을공원 풍경까지 한눈에 담을 수 있다.

방화대교

경기 둘레길 5코스

북녘과 조강을 마주하는 심학산 숲길

이채 사거리 원점회귀

서울에서 자유로를 타고 달려 파주출판도시를 지나면 땅콩처럼 누워 있는 낮은 산이 바로 심학산이다. 심학산 둘레길은 서울에서 가깝고 낮은 산이기 때문에 초보자들이 걷기에 적당하다. 경기둘레길 코스가 심학산을 가로질러 가기 때문에 찾아가기도 수월하다. 소나무가 울창한 숲 사이로 둘레길을 내었는데, 낙조전망대와 정상 전망대에서 펼쳐지는 해 질 무렵 일몰이 백미다. 더불어 맑은 공기를 마시며 흙길을 걸을 수 있으니 반나절 숲 속 걷기 여행으로 최적이다.

둘레길 정보

둘레길	★★★★★
난도	★★☆☆☆
산도	★★★★☆
흙길	★★★★☆
볼거리	★★★★☆

이채 사거리

심학산 입구에 있는 카페

심학산 정상 전망대 풍경

출발 — ① 이채 사거리 — ② 심학산 입구 — ③ 정자 쉼터 — ④ 낙조전망대 — ⑤ 솔향기 쉼터

① → ③ 소나무 숲에 누워 하늘을 바라보다

경기 둘레길 5코스는 동패지하차도에서 시작해 심학산을 가로질러 파주출판도시로 연결된다. 곳곳에 심학산 표시판 대신 경기 둘레길 안내 표시가 더 많이 보이기 때문에 이를 참고하여 찾아가면 수월하다. 심학산은 산 전체가 붉은 소나무숲이어서 사시사철 생생한 솔 향기가 가득하다. 봄부터 가을까지는 울창한 소나무숲에 앉아 삼림욕을 즐기는 이들의 모습을 자주 볼 수 있다. 숲 길목마다 나무 평상이 설치되어 있는데, 잠시 누워 열린 하늘을 바라보며 휴식을 취할 수 있다. 걷기 여행의 목적이 단지 얼마나 빨리 걷느냐에 있지 않은 만큼, 아름다운 숲에서 쉬어가는 마음이 필요하다. 그래서 심학산 둘레길에서는 한적한 길을 걸으며 새소리와 바람 소리에 귀를 기울이고 천천히 여유롭게 걷기를 권유한다.

솔향기쉼터

심학산 둘레길을 올라가는 길은 많은데 자가용 이동 시에는 약천사 앞이나 배수지공원에 주차를 하고 한 바퀴 도는 코스가 편하다. 만일 대중교통을 이용해야 한다면 이채 사거리에서 배밭 입구 쪽을 거쳐 올라가는 코스를 선택한다. 경기 둘레길 대신 심학산만 따로 걷는다면, 심학산둘레길은 코스 전체가 8.6km로 짧은 편이다. 보다 길게 걷고 싶다면 배수지공원에서 산 능선을 타고 정상 전망대까지 가보기를 권한다. 배밭골을 지나면 정자 쉼터에 다다르고 세 갈래로 길이 나뉜다. 좌우 방향은 심학산 둘레길 코스이며, 직진하면 심학산 정상으로 오르는 길이다. 산 정상부로 오르지 않는다면, 어느 쪽으로 방향을 잡아도 무방하다.

> 심학산 입구까지 자가용으로 이동이 가능하다.

> 이채 사거리에서 배밭골 입구까지는 경기둘레길 표식을 따라가면 된다.

배수지공원

약천사

약천사 약사여래상

배수지공원	약천사	정자 쉼터	이채 사거리	약 8.6km
⑥	⑦	⑧	⑨	3시간 30분

③ → ⑦ 편안하게 반나절 걷고 쉴 수 있는 길

심학산둘레길은 둘레길의 정석이다. 7부 능선을 따라 순환하고 좁은 오솔길이면서도 난도가 낮기 때문이다. 오른쪽 방향으로 걸으면 낙조전망대로 한강 하구의 다른 이름인 조강과 독특한 건물이 눈에 띄는 파주출판도시가 보인다. 특히 해 질 무렵이면 조강으로 떨어지는 붉은 해의 일몰을 바라볼 수 있어 데이트 코스로도 유명하다. 길을 걷다 보면 곳곳에 설치된 평상에 앉아 잠시 휴식을 취하거나 담소를 나누는 사람들, 낮잠을 자는 사람들의 모습을 볼 수 있다. 배수지공원과 약천사 구간의 소나무숲에도 평상이 놓여 있어 휴식을 즐길 수 있다.

⑦ → ⑨ 출발점으로 돌아오는 길에 조강을 바라보다

약천사 뒤편 오른쪽으로 숲길을 걸어간다. 거대한 약사여래상이 있는 약천사에서 잠시 약수물로 목을 축이고 걷는다. 약천사는 드라마 배경 촬영지이기도 하다. 팔각정 쉼터에 못 미쳐 나타나는 숲 사이의 바위나 대지는 자연 그대로의 전망대다. 바위에 올라앉아 심학산 둘레길의 풍경을 바라볼 수 있다. 오른쪽으로 걸음을 옮기면 팔각정 쉼터를 지나 배밭골로 내려서는 길이 나온다. 배밭골에서 파주출판도시로 접어들어 이채 사거리 방향으로 걷는다. 만일 시간 여유가 있다면 팔각정 쉼터 뒤쪽 오르막길을 이용해 심학산 정상까지 오르거나 파주출판도시와 문발리 헌책방 골목을 살펴봐도 좋다.

 즐길거리

서울 근교 숲길 대표 코스

📷 파주출판도시

파주출판도시는 책을 만드는 데 필요한 모든 자원이 모인 곳이다. 기획과 편집, 인쇄와 물류, 그리고 유통까지 출판에 필요한 모든 과정이 이곳에서 이루어진다. 1989년 출판 유통 구조를 현대화하기 위해 뜻이 맞는 출판인들이 모여 조성된 공간으로 서울에서 가깝고 아름다운 경치와 이색적인 건물로 주말에는 관광객으로 북적인다. 책의 고향, 파주출판도시로 나들이를 떠나보자.

주소 경기도 파주시 회동길 145 아시아출판문화정보센터
문의 031-955-0054

먹을거리

🍴 심학산도토리국수

도토리 음식 전문점이다. 하지만 정작 더 인기 있는 메뉴는 들깨수제비이다. 진한 육수에 들깨의 고소함이 가득 들어 있다. 도토리전과 쟁반국수는 거드는 정도이다. 대기가 길지만 맛보면 후회하지 않는 곳이다.

주소 경기 파주시 교하로681번길 12
문의 031-941-3628
메뉴 도토리쟁반국수, 도토리사골들깨수제비, 도토리전

걷는 거리
8.6km

소요 시간
3시간 30분

★ 출발점·도착점 가는 방법(이채 사거리)

- **지하철** 2, 6호선 합정역 1번 출구. 버스로 환승.
- **버스** 9030-1, 2200번, 이채쇼핑몰에서 하차. 이채 사거리에서 왼쪽 출판도시 내로 경기 둘레길 표식을 따라 직진. 좁은 숲길을 가로지르면 심학산 등산로 안내판이 보임.
- **주차** 출판도시 내 헤르만하우스 도로변 주차 가능.

PART 5 서울 근교 숲과 공원길 · 333

화성성곽길

수원의 작은 한양 수원화성
팔달문 원점회귀

유네스코 세계문화유산으로 등재된 수원화성은 최초의 공격형 도성으로 정조의 효성과 백성을 생각하는 마음이 담겨 있다. 수원화성은 정조가 아버지인 사도세자의 묘가 있는 화성의 현륭원에 올 때 머물기 위해 행궁과 함께 지은 성곽이다. 수원화성 주변은 TV 드라마의 촬영지로 유명해지면서 관광객들이 몰리고 있다. 성곽의 장엄한 풍경과 화성행궁, 성곽 안팎에 자리한 벽화 골목, 시장과 카페 골목 등 볼거리가 많아 골목골목을 다니는 즐거움이 가득하다.

둘레길 정보	
둘레길	★★★★☆
난도	★★☆☆☆
산소	★☆☆☆☆
흙길	★★★☆☆
볼거리	★★★★★

팔달문

서남암문

화서문 가는 성곽길

출발 — 팔달문 ① — 화성매표소 ② — 서남각루 ③ — 서장대 ④ — 화서문 ⑤

① → ⑤ 서장대에 올라 수원화성을 내려다보다

수원화성의 성곽 여행은 팔달문 로터리를 기점으로 잡는 것이 좋다. 성곽을 따라 서남암문까지는 가파른 계단을 올라가야 한다. 화성의 전체 모습을 보기 위해 서장대로 걸어가는 길을 택한다. 수원화성에서 가장 높은 장소인 팔달산 서장대에 오르면 성곽의 세세한 모습이 한눈에 들어온다. 화성의 안쪽은 높은 건물이 없어 성곽이 도드라져 보이기 때문이다. 서장대 옆에는 '서노대'라는 다연장 화살포를 발사하던 망대가 설치되어 있다. 서노대에서 내려다보면 360도 파노라마 영상을 보듯 화성 주변을 둘러볼 수 있다.

서장대에서 오른쪽으로 내려서면 화서공원 구간을 지나 화서문에 다다른다. 화서문, 장안문은 성문을 보호하기 위한 겹성이 설치되어 있는 문으로 성 바깥쪽으로 조금 떨어진 곳에서 봐야 입체적인 모습을 감상할 수 있다. 화서문을 지나면서부터 서서히 읍성의 모습이 보이기 시작한다. 읍성의 바깥쪽은 커다란 바위로 성을 쌓고 안쪽은 흙을 덧대어 높이 쌓아 완만한 경사로 성을 받치고 있는데 해미읍성과 같은 모습이다.

화서문

⑤ → ⑨ 읍성의 모습, 그리고 화성 건축물의 백미

대부분 성곽은 남문을 주로 사용하는데 수원화성만 북문인 장안문을 주로 통하는 문으로 사용했다. 정조가 한양에서 내려올 때 화성에 먼저 닿는 곳이 장안문이기 때문이다. 그래서 여타의 성문보다 규모가 크고 화려하다.

성곽을 따라 걸으면 누각과 성치, 그리고 돈대를 볼 수 있는데, 모두 각각

동북공심돈

화홍문

청룡문

장안문 ⑥ — 화홍문 ⑦ — 동장대 ⑧ — 창룡문 ⑨ — 동일치 ⑩ — 팔달문 ⑪ 약 5.9km 3시간 30분

하나의 조형물처럼 아름답기 그지없다. 특히 검은 벽돌의 색감이 단청과 어울려 조형미를 더한다. 방화수류정에 다다르면 화성의 아름다움이 절정에 이른다. 수원천 위로 세워진 방화수류정과 아치 모양의 수문인 화홍문은 작은 광화문처럼 보이고, 동북각루가 연이어 붙어 있어 사방에서 바라볼 때마다 달리 보인다. 화홍문 본연의 모습을 보려면 수원천 아래 돌다리 가운데에서 바라볼 때가 가장 으뜸이다. 특히 저녁 조명이 켜진 화홍문의 모습은 CNN이 선정한 한국을 대표하는 50대 절경으로 손꼽히기도 했다.

⑨ → ⑪ 성곽길의 풍류를 더하는 벽화마을

암문을 지나면 성 밖으로 살짝살짝 보이는 벽화가 눈에 띈다. 바로 지동리 벽화마을이다. 골목마다 그림이 그려져 있는데, 마음 내키는 대로 걸어도 곳곳에 벽화가 그려져 있어 눈이 즐겁다. 자연을 표현한 벽화도 있고 익살스러운 동물 모양의 벽화도 눈에 띈다. 담벼락 위의 화분을 무지개 색깔로 칠하여 맑은 날에도 무지개를 보는 듯하다. 대문 앞 문고리도 상상력을 발휘해 귀여운 사자로 그려내어, 가던 발걸음을 멈추게 한다. 지금은 성곽 곳곳에 벽화가 그려진 골목길이 생겼고 드라마 촬영지로 소개되었던 곳은 카페가 자리하고 있다. 점차 한옥 건물이 늘어나면서 골목을 누비는 여행객들도 많아지고 있다.

지동벽화마을

즐길거리

서울 근교 숲길 대표 코스

📷 화성행궁

정조가 사도세자의 무덤이 있는 화성 현륭원으로 행차를 가기 위해 머물렀던 행궁이다. 다른 성곽에 비해 벽돌을 많이 사용하여 축조하였고, 노대, 각루 등 지형 관측 및 적의 공격을 방어하기 위한 시설이 많다. 수원화성은 실학을 바탕으로 세워진 건축물이며, 한국 근대 건축의 시초라고 보는 견해도 있다.

주소 경기도 수원시 팔달구 정조로 825
문의 031-5191-4480

📷 수원화성박물관

수원행궁 맞은편에 있으며 수원화성의 축성 과정, 정조의 행차 모습 등을 전시하고 기획전, 체험 교육 프로그램을 운영하고 있다.

주소 경기도 수원시 팔달구 창룡대로 21
문의 031-5191-4242

먹을거리

🍽 남문통닭

영화에 나오는 왕갈비 맛 통닭을 가장 먼저 시작한 식당이다. 달큰한 간장 소스에 버무려진 왕갈비통닭은 가마솥 그릇에 나온다. 모닝빵 사이에 닭고기 살을 발라 올려 먹어야 제맛이다. 브랜드 치킨집에 비해 닭이 커서 양이 푸짐하다.

주소 경기 수원시 팔달구 정조로800번길 16
문의 1522-8818
메뉴 원조수원왕갈비통닭, 명동후라이드통닭

⭐ 출발점 · 도착점 가는 방법(팔달문)

- **지하철** 1호선, 수인분당선 수원역 하차, 지하상가 9번 출구 밖. 버스로 환승.
- **버스** 11, 13, 35, 46, 400번, 팔달문에서 하차. 오른쪽 인도를 따라 이동.
- **주차** 수원화성박물관, 화성행궁 공영주차장 이용 가능(유료).

화성 성곽

젓갈장수의 길

만리동 너머 젓갈장수가 걷던 길

마포종점비 → 시청광장길

마포는 예로부터 한강의 나루터 중에 상업적인 물류가 발달하여 세곡선이 머물기도 했고, 서부 지방의 길목 역할도 했다. 포구에 내려진 물품들은 마포를 출발해 만리재를 넘어 현재의 염천교 쪽으로 넘어와 도성 안 시장으로 옮겨지거나 주변 시장에서 거래되었다. 지금도 흔적이 남아 지명과 옛 건물터의 비석이 곳곳에 있다. 서울 변두리지만 볼거리 가득한 골목길을 따라 걷는 코스이다.

둘레길 정보

둘레길	★★★★☆
난도	★★☆☆☆
산소	★★☆☆☆
흙길	★☆☆☆☆
볼거리	★★★★★

⭐ 출발점 가는 방법(마포종점비)

- **지하철** 5호선 마포역 4번 출구로 나와 480m 직진.
- **버스** 7016번, 강변한신코아 정류장 하차. 왼쪽 방향으로 200m 직진. 마포어린이공원아 종점비가 보임.
- **주차** 주차할 곳이 없으니 대중교통 이용을 권장.

⭐ 도착점 가는 방법(시청광장)

- **지하철** 1, 2호선 시청역 5번 출구.
- **버스** 402, 709, 799번, 프레스센터 정류장 하차. 오른쪽 방향으로 160m 직진.
- **주차** 주차할 곳이 없으니 대중교통 이용을 권장.

PART 5 서울 근교 숲과 공원길 · 341

마포종점비

백범김구기념관

손기정기념관

출발 — ① 마포종점비 — ② 복사꽃어린이공원 — ③ 경의선숲길 — ④ 백범김구기념관 — ⑤ 만리동고개

① → ③ 젓갈장수가 걸었던 길, 마포

마포종점비가 있는 곳을 시작하여 마포의 중심인 먹자 골목길을 따라 공덕역까지 걸어가면 경의선숲길에 다다른다. 경의선숲길의 공덕역 구간인 이곳은 예전부터 높고 낮은 언덕이 많았던 곳이라 '공덕'이라 불렸다. 공덕동 일대는 만리현(또는 만리재), 아현(애오개), 대현(큰고개) 등으로 불리는 고갯마루가 있었고 그중에 한양으로 가장 빨리 갈 수 있는 길은 아현이지만 편하게 넘을 수 있는 길이 만리재였다.

③ → ⑥ 이 고개만 넘으면 한양이네, 만리동고개, 약현고개

공덕역 10번 출구에서 직진하면 브라운스톤 아파트 사이로 공원과 도로가 연결된 길이 보인다. 여기로 나와 횡단보도를 건너 백범로39길과 임정로13길을 따라 가면 효창공원과 만난다.

효창공원 후문을 나서 만리시장으로 이어지는 오르막길에 접어들면, 용산구와 마포구가 도로를 사이에 두고 구분되어 있는 독특한 표시판을 볼 수 있다. 만리재 주변은 남대문의류시장이 성행할 때 옷을 만들고 납품하던 봉제공장이 모여 있던 곳이라 지금도 소규모 봉제공장이 곳곳에 남아 있다. 고층건물이 없는 만리재는 시골 변두리 같은 옛 모습이 남아 있는 마을이라 정겹게 느껴진다.

만리고개에서 100m 정도 내려와 왼쪽 고층 아파트 사이로 올라서면 손기정기념체육관과 기념관을 찾을 수 있다.

김구묘역

약현성당

덕수궁 중화전

칠패시장터비

손기정기념관	약현성당(염천교)	덕수궁 고종의 길	시청광장
⑥	⑦	⑧	⑨

약 8.2km
2시간 45분

⑥ → ⑨ 소의문 밖 만초천 흐르던 저잣거리, 염천교 앞

만리재를 넘어 중림동 삼거리에 다다르면 뒤쪽에 명동성당을 닮은 약현성당이 보인다. 약현성당은 서양식 벽돌로 지은 건물로 명동성당보다 6년이나 앞선 시기에 지어진 우리나라 최초 서양식 성당이다. 1896년 한국 땅에서 최초로 사제 서품식이 거행된 장소이기도 하다. 아름다운 외관으로 드라마의 단골 촬영 장소이다. 삼거리에서 정면의 너른 도로를 따라가면 기차가 다니는 것을 내려다볼 수 있는 염천교가 있다.

칠패시장터에서 숭례문 방향으로 따라가다 세종대로7길로 접어들어 계속 직진하면 서소문로를 만나 배재학당역사박물관 앞으로 들어서면 덕수궁 돌담이 있는 정동에 다다른다. 정동은 조선시대 말 외국의 문물이 들어오기 시작하면서 학당, 교회, 병원, 외교관들이 곳곳에 들어선 역사의 장소이다. 덕수궁의 원래 이름은 '경운궁'이었으나 순조가 고종을 위해 덕을 누리며 오래 살라는 의미로 '덕수궁'이라고 칭했고 지금까지 덕수궁으로 불리고 있다. 정동은 다른 도심에 비해 역사의 가치가 넘쳐나는 곳이라 찬찬히 둘러보는 것만으로도 반나절이 걸린다. 덕수궁 뒤편에 조성돼 있는 고종의 길을 따라 태평로를 건너면 시청광장에 도착한다.

염천교

INDEX

봄과 가을에는 둘레길을 걸으며 꽃구경을 할 수도 있고, 마음이 복잡한 날에는 나무와 물을 보고 걸으며 마음의 평온을 찾을 수 있다. 둘레길을 걸으며 살아 숨 쉬는 역사와 문화를 엿보고, 아름다운 전망에 감탄하기도 한다. 추천별 코스를 가나다라 순으로 정리했다.

꽃구경하기 좋은 둘레길

경기 둘레길 시흥 53코스 286
서울 둘레길 2코스 덕릉고개 28
서울 둘레길 9코스 대모·구룡산 62
서울 둘레길 10코스 우면산 68
서울 둘레길 15코스 노을·하늘 공원 90

나무와 물을 보며 걷기 좋은 둘레길

경기 둘레길 여주 34코스 294
남산 2코스 174
두물머리 물래길 256
서울 둘레길 3코스 불암산 32
서울 둘레길 7코스 일자산 52
서울 둘레길 8코스 장지·탄천 58
서울 둘레길 13코스 안양천 상류 82
서울 둘레길 14코스 안양천 하류 86
양평 물소리길 1코스 320
청계천 1코스 234
청계천 2코스 242

삼림욕하기 좋은 둘레길

경기 둘레길 25코스 312
경기도 잣향기푸른숲 임도길 308
구로 올레길 산림형코스 300
서울 둘레길 1코스 수락산 24
서울 둘레길 12코스 호암산 76

역사와 문화가 살아 숨 쉬는 둘레길

강화 나들길 1코스 260
강화 나들길 9코스 266
고궁코스 226
근대문화 1코스 186
근대문화 2코스 194
낙산 2코스 156
남산 1코스 168
남한산성 둘레길 304
동대문 성곽코스 162
동작충효길 316
북정마을 순례길 218
북촌순례길 202

새우젓장수의 길 282
서울 둘레길 6코스 고덕산 48
서울 둘레길 20코스 북한산 강북 116
서울 둘레길 21코스 북한산 도봉 120
서촌순례길 210
젓갈장수의 길 340
증미산 가는 길 324
청계천길 252
화성성곽길 334

서울 둘레길 16코스 봉산·앵봉산 96
서울 둘레길 17코스 북한산 은평 102
서울 둘레길 18코스 북한산 종로 106
서해랑길 91코스 278
인왕산 1코스 126
인왕산 2코스 132
한탄강 물윗길 272

전망이 아름다운 둘레길

경기 둘레길 5코스 328
경기 둘레길 김포 1코스 290
낙산 1코스 150
남산 3코스 180
북악산 1코스 138
북악산 2코스 144
서울 둘레길 4코스 망우·용마산 36
서울 둘레길 5코스 아차산 42
서울 둘레길 11코스 관악산 72

언제나 걷기 좋은
서울 둘레길

펴낸날 초판 1쇄 2015년 3월 25일 | 개정증보판 2025년 9월 30일

지은이 강세훈·이강

발행인 임호준
출판 팀장 정영주
책임 편집 김경애 | **편집** 조유진 박인애
디자인 김지혜 | **마케팅** 이규림 정서진
경영지원 박정식 유태호 신혜지 최단비 김현빈

인쇄 갑우문화사

펴낸곳 비타북스 | **발행처** (주)헬스조선 | **출판등록** 제2-4324호 2006년 1월 12일
주소 서울특별시 중구 세종대로 21길 30 | **전화** (02) 724-7637 | **팩스** (02) 722-9339
인스타그램 @vitabooks_official | **포스트** post.naver.com/vita_books | **블로그** blog.naver.com/vita_books

ⓒ강세훈·이강, 2025

이 책은 저작권법에 따라 보호를 받는 저작물이므로 무단 전재와 무단 복제를 금지하며,
이 책 내용의 전부 또는 일부를 이용하려면 반드시 저작권자와 (주)헬스조선의 서면 동의를 받아야 합니다.
책값은 뒤표지에 있습니다. 잘못된 책은 서점에서 바꾸어 드립니다.

ISBN 979-11-5846-451-6 13980

비타북스는 독자 여러분의 책에 대한 아이디어와 원고 투고를 기다리고 있습니다.
책 출간을 원하시는 분은 이메일 vbook@chosun.com으로 간단한 개요와 취지, 연락처 등을 보내주세요.

비타북스 는 건강한 몸과 아름다운 삶을 생각하는 (주)헬스조선의 출판 브랜드입니다.